本作品受国家社会科学基金一般项目
（编号：13BFX081）资助

知识产权交叉案件专门化审判改革研究

ZHISHI CHANQUAN JIAOCHA ANJIAN
ZHUANMENHUA SHENPAN GAIGE YANJIU

安雪梅 著

人民出版社

目　录

第二编 审判模式

引　言

作为社会主义核心价值观的重要组成部分，公平正义是人民群众获得安全感和幸福感的重要保障。在一个现代文明国家里，司法就是守护公正的最后一道防线。

纵观世界上的大多数法治国家，均以公正和效率作为司法追求的终极目标。司法何以能够实现公正？一般认为，除了制备良好的法律之外，建立一整套具有公信力的司法审判机制至关重要。

当今中国，社会矛盾呈现，政府和司法机关的公信力受到考验，司法作为维护社会公平正义的最后一道防线，如何在推进改革的过程中铸牢国民信心，成为当下各界普遍关注的现实问题。2012 年 4 月 6 日发布的《国家知识产权战略实施推进计划》明确指出，"进一步推进由知识产权审判庭集中审理知识产权民事、行政和刑事案件的试点工作，建立知识产权民事、刑事和行政审判协调机制"，更是将知识产权审判改革推向了战略高度，知识产权交叉案件的审判模式及相关规则的探索与改革已势在必行。

诚然，近年来我国司法领域开展的诸项改革措施，其最终要意在于实现公正司法，切实提高司法的公信力，"努力让人民群众在每一个司法案件中都能感受到公平正义"①。这既是习近平总书记对政法机关提出

①　中共中央宣传部：《习近平总书记系列重要讲话读本》，人民出版社 2016 年版，第 94 页。

的明确要求，也体现了人民群众的殷殷期待。

第一节　问题的提出

在人类数千年的文明史上，从来没有一项权利像知识产权这样，始终紧随科技和社会的变化却仍难解决人类基于创新渴望而产生的一系列法律问题。

从封建特许权嬗变而来的知识产权对传统的私法体制造成了巨大冲击。在法律发展史上，知识产权是自罗马法以来财产非物质革命的制度创新成果，也是西方国家三百多年来不断发展的制度文明典范。就我国的国情而言，知识产权制度堪称一个"舶来品"。①

知识产权脱胎于公权却又隶属于私权，由此导致了大量的知识产权民事、行政甚至刑事交叉案件，而审判中法律规范和技术规范的双重适用为法官审理此类案件增添了不小的困难。此外，知识产权本身是一项极为特殊的权利，表现在多个方面。其一，知识产权虽为私权，却与公共利益密切相关。其权利的行使与公共利益之平衡始终是知识产权立法、执法乃至司法都必须关注的问题。其二，知识产权虽为一国法律所授予，但其适用的领域早已超越一国的法律范畴，而上升为国家政策调整的工具。各国可以在一定的政策空间内调整知识产权制度，以适应本国经济文化和社会的发展。其三，知识产权案件往往并非单一法律关系。在多数情况下，一个知识产权案件中交织有民事、行政甚至刑事法律关系，这使得案件的处理遭遇到不同于一般民事或行政案件的审判难题。其四，知识产权案件往往需要同时查明技术事实和法律事实，才能

---

① 吴汉东：《中国知识产权法制建设的评价与反思》，《中国法学》2009 年第 1 期。

实现公正裁判。有些时候，就案件的审判结果而言，技术事实的查明可能会比法律事实更为关键。其五，知识产权案件的审判更容易受到国内国外力量的干预和影响，也更容易引起社会公众的普遍关注。① 这些都是其他民事或刑事案件难以企及的。

众所周知，中国知识产权法治建设起步于 20 世纪 80 年代中期。《专利法》、《商标法》、《著作权法》的先后颁布，拉开了我国知识产权法治进程的序幕，知识产权法治建设进入了一个全新的时期。

在立法方面，经过 30 多年的建设，我国已经构建起了较为完善的知识产权法律制度，有些地方达到甚至超越了国际标准，其立法成就获得国内外普遍赞誉。

知识产权案件的特殊性和复杂性带动了案件审判组织机构的革新。在司法方面，面对持续增长的知识产权案件审判需求，北京高级人民法院及北京市第一、第二中级人民法院于 1993 年率先在全国创设知识产权庭，迈出了知识产权审判庭单独设立审判庭的第一步。随后，最高人民法院和全国 31 个高级法院、400 多个中级法院以及被指定的数以百计的基层法院相继设立了知识产权庭。②

1996 年，上海浦东新区法院自下而上地率先开启了知识产权司法组织革新的地方性探索。此后，多个地方法院紧随其后，相继开展知识产权专门审判庭的改革实践，形成了各具特点的"三审合一"抑或"二审合一"的专门化审判模式。

2008 年《国家知识产权战略纲要》的颁布，可谓是我国知识产权法治建设的一个分水岭。知识产权战略上升为国家战略，知识产权成为

---

① 如广为人知的"加多宝诉王老吉系列案"、"华为诉三星专利侵权案"、"苹果公司的系列商标诉讼案"等，在短期内引起了全民的关注，有些甚至成为老百姓茶余饭后的谈资。
② 陶鑫良：《我国知识产权法院建设的新一步和进一步》，载"知产力"公众号，发布时间：2018 年 5 月 28 日，http://news.zhichanli.cn/search.html，访问时间：2018 年 8 月 12 日。

备受各界关注的热词，受到了前所未有的重视。一时间，知识产权变法修订频率加快，知识产权司法体制改革也频现新举措。尤以党的十八届三中全会以来的变革最为剧烈。北京、上海、广州三地知识产权专门法院先后挂牌成立，跨区域的地方知识产权法庭纷纷设立。

截止于 2018 年 3 月，我国已形成了以北京、上海、广州三家知识产权法院为主，深圳、南京、武汉、青岛、杭州等 15 家知识产权法庭为辅，为数不少的各地方法院原有民事审判庭为补充的"3+15+M"知识产权司法保护格局，由此形成了知识产权司法审判领域的崭新局面。①

在行政领域，与知识产权有关的改革措施也不鲜见。早在 2004 年，深圳市秉承先行先试的改革魄力，率先在全国将专利与版权行政管理机构合二为一，实现了知识产权行政管理模式的"二合一"探索。《国家知识产权战略纲要》出台以后，知识产权管理多头并存、管理效能低下的现象受到各界诟病，要求变革我国当下知识产权行政管理体制"多头管理、分别执法"的呼声更起。

2016 年 12 月 30 日，《知识产权综合管理改革试点总体方案》经国务院正式发布。2017 年 1 月，我国知识产权行政体制改革正式启动。2018 年 3 月 13 日，国务院机构改革方案正式向社会公开。根据该改革方案，国务院组建新的市场监督管理总局，将知识产权局的业务并入其中并加挂知识产权局的牌匾。

上述从行政与司法领域展开的改革措施，使得知识产权保护工作再次成为一片热土。其改革力度之大、改革范围之广堪称前所未有，改革

---

① 党的十八届三中全会对司法体制改革做出了重要部署。根据中共中央关于重大改革事项先行试点的要求，上海市率先设立了全国首个跨行政区划法院与检察院。经地方报请，最高法院批复，深圳、南京、武汉等地先后建成跨区域的知识产权法庭或知识产权巡回法庭，知识产权审判组织呈现多种审判机构并存的新格局。

成就举世瞩目。这些改革措施的共同目标在于建立"科学立法、严格执法、公正司法、全民守法"的现代化法治中国，提高政府机关的执政能力和执政水平，切实增强司法的公信力。

然而，司法公信力是一个具有极为丰富内涵的概念。诚然，司法公信力不是天赋的，而是司法机关和司法人员通过一个个具体案件的公正审判、处理在人民群众中自发形成的。公信力的形成需要依赖多方机制的长期养成。

在这样一个改革频繁的年代，知识产权司法体制面临着重大的变革，知识产权行政体制刚刚步入新一轮体制转型的关键时刻，迫切需要学者理性看待和分析现有知识产权司法案件处理机制的理性与困惑，认真分析多重审判格局下审理机制的整合与协同，研究司法公信力的养成机制以及制约因素等问题，都显得更为及时和必要。这将是一个各界期待又颇具时代意义的话题。

进一步地，当我们将研究视角从案例审判机制改革上升到司法公信力构建的层面，我们会发现，行政权与司法权的配置关系、司法权抑或是司法事权的分配、行政执法与诉讼的协调以及审判组织机构的模式都是我们需要解决的问题。这一发现，迫使我们必须采取更为宏大的视野。唯有如此，才能够从这张业已展开的知识产权司法改革之壮丽画卷中窥得一二。

第二节　国内外相关研究概览

从词源上分析，司法公信力是将信用概念引入司法领域衍生而来的一个名词，拥有着丰富的内涵与外延，其与一国的法律信仰、司法权独立甚至法律文化都有着极为密切的关系。

进入现代，庞德（Pound，1984）指出，权威的合法性是司法活动具有公信力的法源基础。韦伯（Weber，1998）进一步研究了司法具有公信力的三种类型（强权威慑型、理性权威型与自觉遵从型）。法官马丁（Martin，2006）认为，独立公正的司法制度和审判组织将给整个社会带来一种长期的信用体系，司法公信力本身也将随之得到提高。

就知识产权交叉案件审判而言，更多学者将视角转向合理的诉讼体制、正当的程序以及设计精密的制衡机制等方面。

囿于法律传统和法律文化的巨大差异，各国关于知识产权案件的审判模式差异颇多。在审判组织及诉讼规则方面，世界范围内存在专门化审判和分别审理两种做法以及与之相辅的诉讼程序、证据规则等两大诉讼体系。

分别审理模式以我国最为典型，知识产权案件依据其所侵犯的法律关系将之分别交由民事、行政或刑事法庭处理。但近年来，知识产权审判的专门化组织模式日渐占据主流。在专门化模式中，既有内设于法院的专门法庭，亦有区域性的知识产权法院，以英国、德国为典型。但究竟何种方式为最佳尚难定论。

20世纪80年代末期，部分学者针对我国司法体制改革展开了大量的理论阐述。而知识产权司法体制改革的相关问题则源于实践，亦须服务于实践。前已述及，部分地方法院于1993年率先开展的民事、刑事及行政法庭三庭合一的改革试点以及由此引发的审判组织、诉讼规则、证据规则等方面的诸多困惑与障碍引起了学者和实务界的热切关注，相关成果不断涌现。

2014年8月31日，第十二届全国人大常委会第十次会议表决通过了全国人大常委会关于在北京、上海、广州三地设立知识产权法院的决定。同年12月，三地知识产权法院陆续挂牌成立。围绕知识产权案件审判模式的讨论告一段落。在此形势下，学者的观察视野逐步转向精细化。如，更多学者选择特定案例作为研究对象，就知识产权法律规范的适用规则展开探讨，也有一些学者将时下比较新颖的技术调查官以及专家辅助人等制度纳入研究的范围。

前人的成果为研究我国知识产权案件审判司法公信力的提高提供了必要的学术营养。但是，从整体上看，上述成果仍呈现出"四多四少"的局面。

首先，从广度上看，针对知识产权交叉案件审判模式缺陷的单一维度的成果居多，而展开立体研究的成果较少。

其次，从深度上看，研究交叉案件的现状、诉讼机制等基本问题的成果多，但以司法公信力作为衡量指标，评价诉讼规则优劣的成果少，因而缺乏说服力。

再次，从研究视角上看，对知识产权独立审判弊端的研究成果多，而对知识产权专门化审判模式改革的成果少。

最后，从成果的关联度上看，针对单一具体问题而引发的成果较多，而从宏观与系统的层面，对知识产权专门化审判模式这一重大知识产权司法体制改革制度展开理论上回应的成果较少。进一步地，结合具体的司法实践活动，将相关研究上升到知识产权司法审判改革的公信力层面的成果则更少，有待学者展开深入系统的研究。

第三节　关注的研究内容

基于以上论述，本书的研究目标确立为：以我国知识产权交叉案件专门化审判改革的司法公信力构建为终极研究目标，研究脉络起于案件审判革新之经验的分析与总结，发展于司法权与行政权和谐关系之构建，落脚于知识产权未来审判体系的精细化。力图从多视角、多维度开展深入研究，以期能够较全面地体现知识产权交叉案件专门化审判改革所涉及的多层级问题，为后续研究积累有益的思想资料。

鉴于司法公信力所蕴含的博大内涵，结合知识产权交叉案件的特殊性，本书拟由引言和三个研究部分组成。

第一部分为权力制衡。在知识产权交叉案件的审判过程中，始终存在着司法权与行政权的交锋。知识产权行政保护与司法保护像一对难解的矛盾，相助相离又相辅相成。

第二部分为审判模式。分别从知识产权案件审判模式改革的缘起、实践以及审判效能分析三个方面展开研究。

第三部分为制度建构。分为司法辅助人制度建构和专门化审判制度建构两个方面。

本书基本观点有：

其一，司法公信力理论是开展知识产权交叉案件专门化审判模式改革研究的恰当视角和理论基础，可以统摄相关研究，确保研究成果不发散。

其二，知识产权案件具有特殊的保护权利人和促进社会创新的双向效应，更易引发"群体围观"。以知识产权案件专门化审判的司法公信力为研究的切入点，可为我国未来民主法治进程和深化司法体制改革的开山试金之石。

其三，我国业已形成的知识产权行政机构兼具管理和执法职能的特有"双轨制"是构建知识产权行政机关与司法机关和谐关系时必须考虑的因素，研究中应给予足够正视。

其四，知识产权交叉案件专门化审判模式的公信力铸造是一个多维度的命题，其关涉我国知识产权司法体制的改革，但又不单囿于司法体制的改革问题。为此，以司法公信力理论统摄下的伞状研究结构更为合理。

其五，在我国当前国情下，司法鉴定、技术调查官、技术咨询专家、专家证人以及人民陪审员均获得了参与诉讼的合法身份，多元架构内各司法辅助人的冲突势必产生。面对如此情势，确立各诉讼参与人的证据效力先后，实属必要。就各类司法辅助人所出具的证言之法律效力位阶而言，以司法鉴定证据效力最强，技术调查官次之，专家证人证言、技术咨询专家和专家陪审员的意见依次减弱为妥。

其六，在普通法院系统之外设立的知识产权专门审判模式，客观上扰乱了既有的法院体系，导致了"王侯与将相"并存的新型知识产权大审判格局，有必要进行规整。而且，"体制内"的知识产权法院和跨区域设立的知识产权法庭在审理知识产权案件时，并不比"体制内"的原有法院系统内设的民事审判庭更具司法公信力。为此，组建体系完备、结构规整的知识产权司法审判体系恰逢其时。

第一编 权力制衡

公正和效率是司法改革追求的终极目标，而其关键在于建立具有公信力的司法审判模式。2008 年国务院印发的《国家知识产权战略纲要》明确指出，完善知识产权审判体制，研究设置统一受理知识产权案件的专门知识产权法庭，将知识产权审判改革推向了战略高度，知识产权交叉案件的审判模式及相关规则的探索与改革已经刻不容缓。

中共十八届三中全会之后，司法领域变革的多项措施相继落地。"推动省以下地方法院、检察院人财物统一管理，探索建立与行政区划适当分离的司法管辖制度"的改革措施正面回应了多年来学术界和社会舆论要求司法"去地方化"的强烈呼声，获得了普遍赞誉。一时间，建立跨区法院、设立巡回法庭等一系列改革措施相继落地。知识产权司法审判改革也不甘其后，一批跨行政区划的知识产权法庭在多地陆续设立。①

诚然，跨区域管辖的审判组织易于满足人们对破除司法地方化痼

---

① 中共十八届三中全会对司法体制改革做出了重要部署，根据中央关于重大改革事项先行试点的要求，上海市第三中级人民法院、上海市人民检察院第三分院揭牌，这标志着全国首个跨行政区划法院、检察院宣告成立。两天后，第二个跨行政区划法院、检察院——北京市第四中级人民法院、北京市人民检察院第四分院成立。2017 年 1 月，经地方法院报请，最高人民法院同意在南京、江苏、武汉、成都四地的中级人民法院内部增设知识产权法庭，跨区域管辖知识产权案件。加上青岛、宁波、珠海等地设置的知识产权巡回法庭，跨区域管辖法院在知识产权民事诉讼中呈现多种格局。

疾、降低案件"主客场"现象的功能期待。① 就已公开的各类材料可知，无论是设立之初的最高人民法院巡回法庭，还是运行良好的三地知识产权法院都在打破行政垄断、破除司法地方化、推进法制统一乃至重塑我国法院系统的司法公信力等方面有所作为。② 然而，民众对破除司法地方化的功能期待能否确因行政区划的跨越得以实现？仍是一个值得探讨的问题。

---

① 《中共中央关于全面推进依法治国若干重大问题的决定》在"四、保证公正司法，提高司法公信力"的大标题下之"（二）优化司法职权配置"的小标题下，明确规定了最高人民法院设立巡回法庭，审理跨行政区划重大行政和民商事案件。

② 在第十二届全国人民代表大会第四次会议上，最高人民法院院长周强作的《2015年法院工作报告》指出，深圳、沈阳两大巡回法庭全年共妥善审理跨行政区划重大民商事案件1653起；北上广知识产权法院共审结案件9872起。

第一章　行政权与知识产权

公信力是公民在社会生活中对社会组织体系、社会公共政策的实施以及其他社会性活动的普遍认同感、信任度和满意程度，是公民对社会组织及公共政策的一种积极评价。①

行政权作为与司法权相互制衡的权力，历来占据国家治理体系中的重要位置。在知识产权保护体制中，更是发挥着极其重要的作用。纵观各国知识产权制度与知识产权行政权的发展历程，知识产权行政管理往往直接产生于知识产权制度，并与知识产权司法保护相伴随。由此，塑造知识产权司法保护的公信力，有必要从行政视角展开考察。

中共十六届四中全会以来，我国政府已开始重视政府公信力的塑造。伴随着我国构建社会主义和谐社会目标的确立和依法治国方略的逐步推进，尤其是建设"创新型国家"宏伟目标的提出，如何切实提高政府行政执法的公信力已成为各级行政机关乃至社会公众共同关注的问题。②

在知识产权政务管理的体制设计上，我国实行的是知识产权行政机关兼具行政管理和行政执法职能的特有模式。多年来，我国的知识产权

---

① 参见吴汉全：《论行政裁决社会公信力的提升》，《江苏行政学院学报》2005 年第 5 期。

② 在广义上，执法（Enforcement）是法律得以实施、权利得以保护的途径，包括行政执法与司法审判两方面。笔者要讨论的是狭义上的知识产权行政执法，即国家行政机关依照法定程序执行和适用法律、法规、规章，对行政管理相对人采取一定的行政措施，从而直接影响行政相对人权利义务的具体行政行为。

行政执法工作已取得显著成效。在不断强化知识产权行政执法的背景下，知识产权行政执法公信力的提升已成为维护国际声誉、建设责任型政府和服务型政府，实现依法行政的关键要素。

第一节　知识产权行政管理模式和发展历程

一、我国知识产权行政管理基本模式

在我国，行政机关是按照国家宪法和有关组织法的规定设立、代表国家依法行使行政权、组织和管理国家行政事务的国家机关。按照管辖范围，行政机关可分为中央行政机关和地方行政机关。其中，地方行政机关又可分为若干层次。一般认为，中央行政机关是国家权力机关的执行机关，有权制定行政法规，发布决定和命令等，指导所属各部门、下级国家行政机关、企事业单位、社会团体的行政活动。而地方行政机关主要负责执行政策、规定和上级的命令等管理事务，仅在某些情况下，享有一定范围的制定政策、发布决定的权限。

鉴于知识产权的特殊性，除版权之外的大多数知识产权都需要经过行政机关的审查程序，在审查授权的过程中，必然产生一系列具体行政行为。理论上，这些具体行政行为是可诉的。

行政主体是指享有行政职权，以自己的名义行使行政职权并独立承担责任的组织。这样，一个问题随之产生了，即我国的知识产权行政管理机关是否享有行政法意义上的行政主体资格。

我国行政法对于这个问题没有做出明确的回答。实践中，除了机构改革前的国家知识产权局隶属于国家行政机关以外，地方上各级知识产权局的身份复杂多样。有些地方将知识产权局列为行政机关，职工属于公

务员系列；有些地方将知识产权局归类于事业单位，员工属于事业单位编制；还有一些地方的知识产权管理机构将两种编制并存于一个单位之中。这种复杂局面在 2018 年国务院启动的新一轮机构改革之后有所改观。

还有一个现象，不同于国际上大多数国家的知识产权行政权划分，我国采取了双轨制的权限设置模式。即我国知识产权行政机关不仅具有行政授权的管理职能，还享有行政执法权限。导致在知识产权行政执法过程中，容易出现大量可诉行为，这些形成了我国独特的知识产权管理模式。

二、我国知识产权行政管理的发展历程

我国知识产权行政管理体系自 20 世纪 80 年代初步确立以来，保持了基本稳定的态势，虽有变化，但整个架构没有发生根本性改变。管理体系的发展大体上可以划分为五个阶段：筹备初建阶段（1978—1984年）、完善发展阶段（1985—1997 年）、调整强化阶段（1998—2007 年）、战略实施阶段（2008—2012 年）和强化改革阶段（2012 年以后）。

1. 筹备初建阶段（1978—1984 年）

1978 年，中共十一届三中全会确立了改革开放的方针政策，做出了"把全党工作的着重点转移到社会主义现代化建设上来"的决定。然而此时，我国刚从"文化大革命"的十年动乱中走出来，百废待兴。市场经济、知识产权是何物在国人的头脑中还没有概念，而国家经济体制正面临着脱胎换骨的变化，商品经济和市场机制开始进入经济领域。伴随着对外开放的不断扩大，亟须建立一个与国际接轨的知识产权制度。

1979 年 1 月，邓小平访美，迈出了中美科技合作和贸易合作的第一步。中美两国先后签署《中美科技合作协定》和《中美贸易关系协定》。在这两个协定中，出现了知识产权的有关条款，智力成果开始成为一种

特殊的商品和财产进入社会生活的各个领域并要求得到法律的确认与保护。正是在这样的背景下，我国适时成立了商标法、专利法起草小组，组建了国家商标局、专利局，开始了我国知识产权制度的建设工作，也开启了知识产权行政管理工作。

在行政机构建设上，多元知识产权行政管理机构体系雏形初现。1978年在国家工商行政管理总局内设置了商标局，1979年11月恢复商标全国统一注册制度。

1980年1月14日，经国务院批准，成立了中国专利局。1984年8月，国家经委、国家科委、劳动人事部、中国专利局联合发布了《关于在全国设置专利工作机构的通知》。在行政职能上，初步确定了地方专利和商标行政机构的管理和查处职能。

在制度建设上，1982年8月23日，《中华人民共和国商标法》（以下简称《商标法》）经第五届全国人民代表大会常务委员会第二十四次会议审议通过；1984年3月12日，第六届全国人民代表大会常务委员会第四次会议审议通过《中华人民共和国专利法》（以下简称《专利法》）。1980年6月4日，我国加入世界知识产权组织，《建立世界知识产权组织公约》对中国生效。

2. 完善发展阶段（1985—1997年）

这一阶段，我国对内改革国有企业经营制度，对外推行沿海开放城市，改革开放不断扩大，亟须健全与国际接轨的知识产权制度。

在行政机构建设上，多元知识产权行政管理机构体系已经形成。1985年在文化部下设立国家出版局（国家版权局），1987年设立直属国务院的副部级新闻出版署（国家版权局）。1993年中国专利局列为国务院公务员管理的直属事业单位。

1994年7月，国务院决定建立国务院知识产权办公会议制度并下发了

《关于进一步加强知识产权保护工作的决定》。随后，各省区市相继建立了省级知识产权办公会议制度。

1994 年 1 月 1 日，中国成为《专利合作条约》（PCT）成员国。1997 年农业部设立了植物新品种保护办公室。在行政管理上，知识产权管理工作逐步加强，特别是在加强执法保护等方面做了大量的工作，使得知识产权的作用得到初显。

在制度建设上，1985 年 4 月 1 日，《专利法》开始施行，专利授权与确权工作正式开始。据统计，仅在《专利法》施行第一天，中国专利局共受理专利申请 3455 件，被世界知识产权组织誉为创造了世界专利历史的新纪录。[①]

1989 年 11 月，中国专利奖设立，这是我国传统科技奖励制度的一个突破。1990 年 9 月 7 日，经第七届全国人民代表大会常务委员会第十五次会议审议通过的《中华人民共和国著作权法》（以下简称《著作权法》）正式施行。

1992 年，立法机关先后对《专利法》、《商标法》进行了第一次修订。1995 年 7 月 5 日，国务院颁布了《知识产权海关保护条例》，将知识产权保护延伸到边境进出口贸易中。1997 年 3 月 20 日，《植物新品种保护条例》颁布，原国家质量技术监督局开始探索建立我国地理标志产品专门保护制度。知识产权法律体系基本形成。这一阶段的知识产权制度完善，与源自西方发达国家的外在施压是分不开的。

3. 调整强化阶段（1998—2007 年）

进入 21 世纪，产业结构的调整和优化已经成为我国经济发展的主

---

① 参见贺化主编：《中国知识产权行政管理理论与实践》，知识产权出版社 2018 年版，第 79—81 页。

题，科学技术进步和创新成为促进国家经济发展的重要因素。为了适应加入世界贸易组织和 TRIPs 的需要，以适应日益加深的国际一体化趋势，更好地融入世界经济环境，我国全面加快了知识产权制度调整强化的步伐。这一阶段的制度调整，是我国主动调整本国知识产权制度的过程，源自经济发展的内生动力。

在行政机构建设上，1998 年，在国务院机构改革大力压缩编制、精简机构的背景下，中国专利局更名为国家知识产权局，作为国务院直属行政机构，增加了统筹协调涉外知识产权的事宜，并承担国务院知识产权办公会议办公室的协调职能，充分体现出党中央、国务院对知识产权工作的高度重视。

2001 年，新闻出版署（国家版权局）更名为新闻出版总署（国家版权局），并升格为正部级单位，地方知识产权行政机构全面建立起来。1999 年，国家林业局成立了植物新品种保护工作领导小组及植物新品种保护办公室，正式受理植物（林业部分）新品种权申请，发布了首批植物新品种保护名录。

在制度建设上，1999 年 8 月 17 日，国家质量技术监督局颁布了《原产地域产品保护规定》，开始认定并管理原产地产品的专用标志。2001 年 12 月 11 日，我国加入了世界贸易组织，签署了《与贸易有关的知识产权协定》（TRIPs）。这意味着我国的知识产权制度向国际知识产权制度一体化进程的加快。

为了履行入世承诺，尽快与国际知识产权制度保持一致，自 2000 年起，国家开展大规模的第二次法律修订工作，先后对《专利法》、《商标法》、《著作权法》以及《知识产权海关保护条例》进行再次修订。基本形成了门类比较齐全的、符合国际通行规则的知识产权法律体系。

在管理职能上，针对多元分散的知识产权行政管理体系，知识产权综合协调管理职能开始确立。在管理能力上，经费投入大幅度提高，开展了一系列专项知识产权工作，大大增强了知识产权行政机构的行政能力，知识产权行政管理的成效显著。2007 年 10 月，中共十七大报告明确提出"实施知识产权战略"。

4.战略实施阶段（2008—2012 年）

随着改革开放，我国国民经济获得了持续高速的增长，知识产权总量（无论是申请量还是授权量）均大幅度上升。但总的来看，我国的经济发展大多是以自然资源的大量消耗和环境污染日益严重为代价换来的，是不可持续发展的。此外，由于我国企业掌握的核心知识产权很少，每年要向发达国家缴纳价值不菲的知识产权使用费。如果不能通过自主创新掌握大量所需技术的知识产权，就不可避免地将受制于人。

这一阶段，中共十七大提出，提高自主创新能力、建设创新型国家，加快转变经济发展方式，推进经济结构战略性调整，推动我国经济社会全面、协调、可持续发展。由此，如何充分发挥知识产权制度的作用，更好地促进我国经济发展方式的转变，进一步提高国际竞争力，成为摆在我国知识产权宏观管理者面前的一项新的课题。

2008 年 6 月 5 日，国务院发布实施了《国家知识产权战略纲要》，确定了"激励创造、有效运用、依法保护、科学管理"的方针。知识产权行政管理的工作重心发生改变，由注重知识产权制度的构建转为知识产权战略的实施，从单纯的加强保护转为创造、运用、保护和管理协同推进。知识产权的影响也从经济发展扩展到更为广阔的社会领域。同年，根据国务院机构改革方案，国家知识产权局新增加了管理职能，承担已撤销的国家知识产权战略制定工作领导小组和国家保护知识产权工作组的工作，负责组织协调全国保护知识产权工作和会同有关部门组织实施《国家知识产权战略纲要》，增强了统筹协调知识产权工作的职责，增加了指导和规范知识产权资产评估的管理职能。建立了由国家知识产权局主持的国家知识产权战略实施工作部际联席会议。

2011 年，商务部成立了全国打击侵犯知识产权和制售假冒伪劣商品工作领导小组。

为了适应日益变化的科技革命，我国政府主动调整知识产权制度，开展了第三轮较大的知识产权法律修订工作。在这一阶段，知识产权法律体系进一步完善。此次法律修订是我国为适应本国经济发展需要，主动开展的立法活动，其法律修订动因和目标与前两次法律修订大不相同。此次修订更多的是基于满足我国经济社会自身发展的内在需要，更全面地保护国内外专利权人的利益，同时也兼顾了公众利益的平衡。修订后的《专利法》和《著作权法》将鼓励创新和加强保护贯穿始终，充分发挥知识产权制度的政策工具属性，在国际知识产权制度的框架下寻找适合本国国情的具体制度设计。

5. 强化改革阶段（2012 年以后）

该阶段以中共十八大的召开为分水岭。自中共十八大以来，知识产权的重要性日益凸显。在这一阶段，知识产权工作的重点也发生了改变，由注重制度的构建转为注重制度的实施，国家知识产权管理部门开始加大知识产权执法的力度。与以往不同，推动知识产权行政管理向前发展的动力更多的是来自我国国内经济自身发展的需要，而不是来自发达国家施加的压力。知识产权管理的主体由政府主导转变为政府引导，引导各方力量积极运用知识产权制度。知识产权的影响也从日常的经济生活扩展到更为广阔的社会领域，知识产权成为各界频繁使用的一个"热词"，逐步渗入到市民的日常生活中。

在这段时间里，从基层到顶层，知识产权的重要性得到广泛的认同。2014 年 11 月 5 日，国务院总理李克强在国务院第 68 次常务会议上明确指出:"要努力建设知识产权强国,催生更加蓬勃的创新、创造、创业热潮。"国务委员王勇在国家知识产权战略实施工作部际联席会议上要求。谋划我国建设知识产权强国的发展路径。①

与此同时,国务院办公厅发布的《深入实施国家知识产权战略行动计划(2014—2020年)》也提出,要努力建设知识产权强国目标,明确要求各级知识产权局组织开展知识产权强国建设研究,提出知识产权强国建设的战略目标、思路和举措,积极推进知识产权强国建设。2015年,国务院办公厅印发了《国务院关于新形势下加快知识产权强国建设的若干意见》,知识产权强国建设走进新时代、迈入了新征程。围绕知识产权强国建设目标,国家知识产权战略实施工作部际联席会议制度得到进一步完善,《专利法》第四次修订全面启动,知识产权体制机制改革持续推进。

习近平总书记高度重视知识产权工作,就知识产权行政管理体制改革提出了具体的要求。②2017年7月17日,习近平总书记在中央财经领导小组第十六次会议上再次指出,产权保护特别是知识产权保护是塑造良好营商环境的重要方面,要完善知识产权保护相关法律法规,提高知识产权审查质量和效率。要加大知识产权侵权违法行为惩治力度,让侵权者付出沉重代价。

---

① 参见贺化主编:《中国知识产权行政管理理论与实践》,知识产权出版社2018年版,第82页。

② 2016年12月5日,习近平总书记在中央全面深化改革领导小组第三十次会议上指出:"开展知识产权综合管理改革试点,要紧扣创新发展需求,发挥专利、商标、版权等知识产权的引领作用;打通知识产权创造、运用、保护、管理、服务全链条,建立高效的知识产权综合管理体制,构建便民利民的知识产权公共服务体系,探索支撑创新发展的知识产权运行机制,推动形成权界清晰、分工合理、责权一致、运转高效的体制机制。"参见新华网报道:《习近平主持召开中央全面深化改革领导小组第三十次会议》,2016年12月5日。

第二节　知识产权行政管理体制改革

行政机关的行政权限与行政管理体系的设置密不可分。自改革开放以来，我国逐步建立了一套有别于西方大多数国家的知识产权行政管理体系。该体系主要表现为条块管理模式，表现为不同的知识产权事务交由不同的部门或机关管理。而且在这个体系内，专利授权、商标注册、版权登记、植物新品种授权、集成电路布图设计登记由中央一级的行政机关负责，地方各级行政机关仅负责各自行政区域内的知识产权行政管理工作。①

经统计，在 2018 年 3 月 13 日国务院机构改革方案正式公布之前，在我国中央政府行政管理机构中，拥有知识产权直接管理权的部门近10 个，与知识产权密切相关的管理部门有 20 余个。除常设管理机关外，2009 年 10 月 9 日，国务院批准建立了国家知识产权战略实施工作部际联席会议制度。知识产权行政管理机关呈现多头管理、条块分割、权力交叉、执法程序及尺度不一的问题。知识产权行政保护与司法保护途径一道，成为颇具中国特色的知识产权保护体系。

改革方案出台之前，我国的知识产权管理机构可以划分为国家层面的知识产权管理机关和地方层面的知识产权管理机构。国家层面的知识产权管理机关大致包括国家知识产权局、国家工商行政管理总局、国家新闻出版广电总局、国家质量监督检验检疫总局、农业部、海关总署以及国家知识产权战略实施工作部际联席会议。地方知识产权行政管理机构包括地方专利行政管理部门、地方商标行政管理部门和地方版权行政管理部门等。

---

① 虽然我国知识产权行政管理机关在各地设置了一些分支机构，能够进行简单的注册审查工作，但鉴于授权机关仍为中央一级行政机关，其授权事权依然归属于国家知识产权行政机关。

就行政权限的划分而言，国家层面的知识产权行政管理机关享有行政立法权限、行政管理权限以及一定限度的行政执法权。简言之，这些知识产权行政管理机关同时拥有管理权限和立法权限，这是与国外知识产权机关仅享有管理权限相区别之处。此外，某些知识产权行政管理机构还享有一定程度的行政调处权限，可以参与调解当事人之间的知识产权纠纷（如农业部、国家知识产权局的专利管理司等）。

国家知识产权战略实施工作部际联席会议是一个特殊的制度，其机构隶属于国务院。联席会议由国家知识产权局、中央宣传部、最高人民法院、最高人民检察院、外交部、国家发展和改革委员会、教育部、科技部、工业和信息化部、公安部、司法部、财政部、人力资源和社会保障部、环境保护部、农业部、商务部、文化部、国家卫生和计划生育委员会、中国人民银行、国务院国有资产监督管理委员会、海关总署、国家工商行政管理总局、国家质量监督检验检疫总局、国家新闻出版广电总局（国家版权局）、国家统计局、国家林业局、国务院法制办公室、中国科学院、国家国防科技工业局、中央军事委员会装备发展部、中国国际贸易促进委员会等 31 个部门和单位组成，国家知识产权局为牵头单位。联席会议办公室设在国家知识产权局，承担联席会议的日常工作。联席会议设联络员，由各成员单位有关司局负责同志担任。可以想象，在这样一个庞大的机关里，知识产权行政事宜的协调将是一件相当耗时、耗力的工作。

中共十八大以后，深化重要领域改革，构建系统完备、科学规范、运行有效的制度体系，对知识产权行政管理产生了巨大的影响。2013 年11 月 12 日，中国共产党第十八届中央委员会第三次全体会议通过了《中共中央关于全面深化改革若干重大问题的决定》。这是我国知识产权行政体制改革方面的重要文件，对于知识产权行政机构改革产生重要影响。

在中共十九大报告中，习近平总书记就深化机构改革做出了重要部署。中共十九届三中全会审议通过的《中共中央关于深化党和国家机构改革的决定》和《深化党和国家机构改革方案》，同意把《深化党和国家机构改革方案》的部分内容按照法定程序提交十三届全国人大一次会议审议。

2018 年 3 月 13 日，国务院机构改革方案公布。根据该方案，改革后的国家机构发生较大的变更。其中，国务院正部级机构减少 8 个，副部级机构减少 7 个，除国务院办公厅外，国务院设置组成部门 26 个。

根据公布的方案，重新组建国家市场监督管理总局，将国家知识产权局的职责、国家工商行政管理总局的商标管理职责、国家质量监督检验检疫总局的原产地地理标志管理职责整合，重新组建国家知识产权局，由国家市场监督管理总局管理。其主要职责是，负责保护知识产权工作，推动知识产权保护体系建设，负责商标、专利、原产地地理标志的注册登记和行政裁决，指导商标、专利执法工作等。商标、专利执法职责交由市场监管综合执法队伍承担。

在过去很长一段时间里，鉴于我国实行的是分散式的知识产权行政管理体制，不同的知识产权交由不同的知识产权管理机构管理，执法工作各自开展，难免会出现执法尺度不一、多头执法等问题。此次机构改革，组建新的国家市场监督管理总局，是为了强化知识产权行政执法，是加快建设创新型国家的重要举措。其改革的初衷，在于解决商标、专利分头管理和重复执法的问题，从体制上进一步完善知识产权管理制度，理顺多头管理的难题。

国务院机构改革方案尘埃落定之后，接下来的工作是理顺各级各类行政管理机关的职权划分。根据国务院机构改革方案，国家组建新的市场监督管理总局之后，知识产权的行政管理权限（主要表现为授权管理）由新设立的国家市场监督管理总局行使，知识产权执法工作分别由市场监管执法队伍和文化执法队伍承担。上述知识产权行政管理体制的变革显示出行政管理进一步放权、强化监管、提高宏观调控能力和优化公共服务的趋势。相信在未来一段很长的时间里，知识产权行政管理机构之间的磨合、行政权限的理顺都将是国家以及地方知识产权管理机构需要解决的问题。在这样一个特殊的转型时期，知识产权行政机构的执法标准以及权限划分将是制约知识产权行政执法公信力的一个重要因素。

第三节　行政权执法公信力的要素

具体到知识产权案件，鉴于知识产权的特殊性，知识产权案件审判与行政权之间形成了密切的关系。表现在：执法公信力是社会公众对行政执法权的运行及运行结果所持有的信任和心理认同感，进而自觉地服从并尊重执法权运行规律的一种状态和社会现象。[①] 在国家与社会二元结构的转型时期，执法公信力的内涵呈现双重维度，其核心在于执法对于社会公众的信用以及社会公众对执法的信任。公民一旦对政府的行政执法行为形成社会公信力，则会对政府的执法活动起巨大的支持作用，并形成有益于政府推行政策的舆论环境和社会心理基础，进而成为社会秩序实现良性循环的精神力量。单纯凭借暴力来引起服从与以公众的信任和信赖来引起服从，正是执法强权与执法权威的分水岭。

一、知识产权执法公信力的信用基础

具有公信力的执法首先必须得到社会公众的遵从。现代化的执法权

---

① 参见郭鲁生：《关于检察机关执法公信力问题的若干思考》，《中国司法》2008 年第 9 期。

威是一种理性化的权威，它建立在理性化的法律制度以及人们对法律制度执行效果本身的信任和期待之上。如果法律制度本身是非法的或者非理性的，必然使人们对执法权威产生怀疑。"如果大多数公民都确信权威的合法性，法律就能比较容易和有效地实施，而且为实施法律所需的人力和物力耗费也将减少。"①

1. 法律授权是政府行政执法获得公信力的首要基础

政府行政执法的信用基础首先在于法律的授权，执法公信力的权力属性也内在地要求政府的执法行为具有政治合法性。只有在行政行为具有合法性的基础上，有关行政执法公信力的讨论才具有意义。"合法性研究绝非毫无必要或无关紧要的假命题、小问题，而是分析社会政治、法律现象时必不可少的方法和观察视角"。② 在现实的政治运行过程中，公共权力主体掌握着制约和影响权力客体的力量。一般而言，权力主体在权力关系中居于主导地位，并成为公共权力的正式代表与象征。因此，政治合法性实际上是指公共权力主体的合法性。由此，在政府行使执法权的过程中，公信力的基础应当首先源于执法主体、执法权限以及执法程序等方面的政治合法性。

就我国的知识产权行政保护而言，知识产权行政执法主体的合法性源于众多法律规范的相关规定，相关国际公约亦有不断强化知识产权行政保护的趋势。不过，与世界上许多国家不同的是，我国采取了极为特殊的集权管理模式。在这种模式下，知识产权行政机关同时具备了行政执法和行政管理两项职能，使我国的知识产权行政管理工作显得更为复杂。

---

① ［美］罗·庞德：《通过法律的社会控制　法律的任务》，沈宗灵、董世忠译，商务印书馆 1984 年版，第 55 页。

② 张星久：《论合法性研究的依据、学术价值及其存在的问题》，《法学评论》2000 年第 3 期。

在新一轮机构改革方案实施以前，我国的知识产权行政执法机关呈现多头并存，各有分工的局面，形成了庞大的执法主体和行政管理主体。① 改革方案实施后，知识产权执法工作整合成四大体系：第一个体系是国家市场监督管理局体系，该体系包括原知识产权局专利局系统的专利行政执法工作、工商行政管理局的商标执法工作、质量监督检验检疫总局以及国家食品药品监督管理局的执法工作；第二个体系包括文化部与版权局系统的文化执法大队系统；第三个体系仍然在农业部门和林业部门系统，负责植物新品种的执法工作；第四个体系主要由海关系统构成，负责查处进出口货物侵犯知识产权的行为，并向国家市场监督管理总局及时通报相关信息。上述四大体系内部又由中央和地方两级组成，各级知识产权管理部门按照分工和授权负责本领域的知识产权事务管理和行政执法工作。由此，即使是新的机构改革方案实施以后，知识产权行政执法多头并举的现象仍未得到完全消除。

知识产权行政机关拥有的执法权限主要包括行政调解、行政查处和行政裁决。当面临知识产权违法行为或侵权行为时，行政机关可以视具体情况采取责令改正、没收违法所得、罚款、销毁侵权产品等行政措施。与专利行政执法相比，工商行政管理部门拥有更大的执法空间，必要时可以行使询问当事人、查阅资料、现场检查、查封或扣押侵权产品等一系列职权；行政机关认定侵权成立的，可以责令侵权人立即停止侵权行为、没收专门用于制造侵权商品的工具或材料。

2. 民众期待是政府行政执法获得公信力的外部要求

行政执法的信用基础还在于民众对政府行政行为所持有的法律期

---

① 参见中国社会科学院知识产权中心编：《中国知识产权保护体系改革研究》，知识产权出版社 2008 年版，第 23 页。

待。在社会公众确信法律制度已经具备了公正性与合理性的前提下，纠纷当事人很容易选择将个人的经济利益和社会利益维系在具有执法职能的行政机关之上。此时，行政机关所做的工作只能是忠实履行执法职能，尽力提高法律执行的效果，规范执法程序和手段，使公众对法律执行的效果具有可期待性，从而满足公众的合理期待。因此，在满足制度合理性的情况下，执法权必须通过行政机关的执法行为来赢得公众对执法的信任和信赖，从而获得公信力。

相对于司法途径而言，公众倾向于选择知识产权行政机关解决其诉求还有其深刻的心理因素。一方面，"无讼"是中国古代法律文化中最重要的价值取向，由"无讼"而导致的"厌讼"心理，至今仍构成国人逃避诉讼的深层心理根源。另一方面，千百年来"官本位"思想以及对公权的过分依赖，加之行政执法具有的程序简便、处理快、效率高的优势，可以满足民众对行政行为的法律期待。当前民众普遍存在的法律信仰缺失和知识产权意识的长期淡漠，也促使公众更易对行政机关寄予极高期望。① 这些都导致我国的知识产权行政机关承担了繁重的知识产权行政纠纷的处理任务，客观上造就了知识产权行政执法的广泛信用基础。

二、知识产权执法公信力的价值目标

公正和效率是行政执法公信力的两个重要价值目标。现代政府既需要公正行政，又需要高效行政，只有公正的执法才能获得社会公众的信赖。公正的重要性早已为先哲们所强调："一次不公的（司法）判断比多次不公平的举动为祸尤烈。因为这些不公平的举动不过是弄脏了水

---

① 参见邓建志：《WTO 框架下中国知识产权行政保护》，知识产权出版社 2008 年版，第 171—173 页。

流，而不公的判断则把水源败坏了。"①行政执法与司法具有同质性，执法公正具有同样的重要意义。

1.执法公正应追求的价值目标

在现代社会中，执法公正已经与法治紧密联系在一起，法律的权威和尊严、公民对法律的信任，都有赖于执法公正的建立。执法公正是提高行政执法公信力的强有力手段，是产生执法公信力的基础。反过来，公信力的作用，更易引导包括当事人在内的社会公众认同执法的公正性。不过，公正作为全社会共同追求的永恒价值目标，不同的价值主体具有不同的利益需求和评判维度，由此决定了执法公信力评判维度的多样性。

就行政执法而言，至少应包括实体公正、程序公正和执行公正三方面的含义。②三者对于执法公信力的提升都具有举足轻重的作用，共同构成执法公正的有机整体。实体公正体现的是案件的结果价值，其目标是通过法律程序产生具有社会公信力的裁判结果；程序公正反映的是过程价值；执行公正体现的是裁判结果的现实价值。只有三者兼备，才是真正尽善尽美的执法公正。

知识产权权利客体具有非物质性的特征，可以同时为多人所占有而不减损其经济价值，由此造成知识产权侵权行为和违法行为的易发性和隐蔽性，有关涉案证据难以收集。同时，知识产权案件一般都涉及知识产权的确权程序，专业性很强。尽管我国的知识产权行政执法工作已经取得了非常显著的成效，但现有集权模式的执法体制严重制约了执法公正的实施效果，使知识产权行政执法较一般的行政执法呈现出更为复杂的一面。

---

① ［英］弗·培根：《论司法》，《培根论说文集》，水天同译，商务印书馆1983年版，第193页。

② 参见关玫：《司法公信力初论——概念、类型与特征》，《法制与社会发展》2005年第4期。

要做到实体公正，必须具备案件事实被准确认定和相关法律规定被准确适用两个前提条件，禁止枉法裁判。因此，执法人员在整个执法活动中居于核心地位，拥有较高的综合业务水平是实现实体公正的第一要素。现有集权模式要求知识产权行政执法人员具有更广泛的专业知识和特殊法律知识。

在我国，知识产权行政执法人员由行政管理人员兼任，人员遴选并无特别门槛。通常行政案件中，行政管理机关只需查明事实，获得证据，依照证据进行判断并依法做出裁定即可，普通行政管理人员可以胜任。但是，知识产权是法律拟制的权利，除著作权不需行政机关授权外，专利权、商标权等知识产权的有效性是可质疑的，其权利的有效性往往处于不稳定状态，需要在具体的案件中通过司法程序进行确认。进一步地，对案件的客观事实认定时常需要通过将被控侵权产品与知识产权产品进行比对而得出侵权与否的结论，进而选择适用法律规范，做出处罚决定。因而，知识产权行政执法较一般的行政执法过程显得较为复杂。这就要求执法人员必须同时具备知识产权专业技术知识和相关法律知识，方能做出准确的判断，然后依法做出裁定。此外，知识产权违法情节的衡量，立法上很难提出一个具体标准，需要借助执法人员的业务素质依据具体情况自由裁量。入世前后，迫于国际上的压力，在国家"保知办"牵头建立的多部门协调机构组织下，各级知识产权管理机关集中力量发起了多项知识产权保护专项行动，取得了显著的执法效果。但是，这些工作仍难以使我国摆脱国际上"知识产权保护不力"的指责，也得不到国内的普遍理解和支持。究其原因，执法工作往往流于短期行为，执法行为流于形式，片面追求结案率和执法速度，为追求政策目标而忽视了执行公正和程序公正的价值，执法效果不甚理想。

程序公正不仅要求执法过程必须按照法定程序进行。还要求杜绝单纯追求效率而阻碍实体公正的"执法冒进"行为。但是，多头管理的集权模式造成知识产权执法程序无法统一，形成执法不力和执法冒进两种极端情况同时出现的特殊现象，尤以针对商标违法案件的执法为重。①一方面，"机构不健全，物质无保障，执法缺手段，管理成本高，标准不一致"等问题使得执法成效难以提高，造成行政执法低效和执法不力。不同行政执法部门按照自身职能开展的行政执法活动相互冲突，责任不明乃至相互掣肘，职能交叉和空白两种弊端并存，在社会公众中造成不良影响。

另一方面，受执法权限和执法体制的制约，执行公正容易被效率和功利化目标所左右。每当不同职责的执行在资源上发生冲突时，因一时政治、政策和行政管理方面的考虑优先次序不同，往往导致对违法案件实施查处的执法随意性大，缺乏应有的透明度、可预知性及公平性，社会公众常常遇见行政机关不作为、拖延及权利滥用等情形。

执行公正要求执行机关公正严明地执行生效判决、裁定和其他法律文书，统一执法权限，杜绝自由裁量权的滥用行为。但是，在知识产权行政执法实践中，不同的知识产权行政管理机关拥有不同的执法权限。比较而言，负责商标执法的工商行政管理机关拥有最为丰富的执法手段，负责专利执法的管理部门的处罚幅度相对较小，负责著作权执法的版权局和文化部的执法权限也相差较大。权限不一的必然后果是执行力度差别较大，行政执法中轻责重罚、重责轻罚、显失公正、以罚代刑、一罚了事等现象都比较严重。近年来，我国相关部门虽连续出台了一系列规范知识产权行政执法的法律文件，以罚代刑等现象有所好转，但在侵权同样严重的版权领域目前还未出台类似法规，知识产权犯罪惩治方面的不平衡现象依然存在。其结果是在处罚措施与社会危害行为之间没

---

① 参见马维野等：《加强知识产权行政执法　努力建设创新型国家》，《知识产权》2006年第 5 期。

有形成显见的对应关系，从而造成社会公众对行政执法工作的误读和偏见，影响了执行公正的实现。

2. 集权模式为知识产权行政执法公信力的塑造埋下隐患

将行政管理和行政执法集于一身的集权模式使我国政府承担了极重的知识产权行政执法负担，需要动用大量的社会公共资源用于为少数知识产权权利人维护权利。这种做法不符合法律保护知识产权等"私权"的基本原则，而且给其他国家权利人传递了一个错误的信号，使其一味要求中国政府直接干预司法、执法等法律事务，甚至直接或间接通过其政府向中国政府施加压力，一定程度上影响了中国的国际形象，给接受服务的社会公众造成了困扰，无法满足社会公正的合理预期。机构设置的分散性和多头负责格局还造成对国家利益至关重要的国际事务处理效率低下，降低了行政执法的公信力。

"管"、"罚"主体同一化的集权模式也造成监督乏力。知识产权管理主体集管理和处罚职能于一身，使其在行政执法时缺乏监督，不能强化上下之间的层级监督和执法的内部监督，从而使执法失之过宽，行政权力不受约束。相关法律法规不健全又加剧了权力"寻租"现象的发生，客观上使知识产权行政执法的公信力大打折扣。

由此，集权模式的执法体制为我国知识产权行政执法的公信力塑造埋下了制度缺陷，对行政执法人员的业务素质提出了更高的要求；立法的不完善以及随之而来的监管乏力从客观上造成了执法随意性大的不当执法行为屡屡发生；基于即时政策目标和国际压力而发起的知识产权专项执法行动容易滑向片面追求结案率和执法速度的误区。这些在一定程度上影响了我国的国际形象，不能满足公众对行政执法的合理期待，降低了执法效率，有碍于行政执法公信力的提升。

有必要指出的是，强化知识产权专业行政执法、淡化行政管理直接执法、实施知识产权行政执法与行政管理职能相分离是世界范围内的总发展趋势。[①] 世界上许多国家通过设立专业的行政执法队伍，集中使用行政资源，提高了专业化执法水平和执法效率，有效地保护了本国的知识产权。

三、知识产权执法公信力的载体表征

执法的目的在于使法律得到严格遵守，执法正义得以完全实现，正当的社会秩序得以维持。执法的功能在于裁决纠纷，恢复正当的社会秩序，其他功能皆源于此。"裁决如果是通过公众认同的公平方式做出的，裁判就可以获得更大范围的认可，就更容易使各方服从。"[②]

行政机关执法公信力生成的关键在于社会公众对执法权及其实施过程或结果有一个准确的社会知觉，然后才能在此基础上形成社会印象，并根据其对整个执法活动的体察做出执法是否公正的判断。作为法律的化身和政府机构的形象体现，执法人员、执法人员所实施的行为以及其所制作的各类裁判文件则是社会公众得以了解执法者是否遵循了正当程序和做出了公正裁判的依据，也是执法获得公信力的主要信息载体。

1. 公信力的"物化"载体

与一般的行政执法案件相比，知识产权案件具有突出的专业性。这种专业性不仅源于许多知识产权案件都有可能涉及专业技术问题，还在于其具有比一般技术问题更为复杂的法律特殊性。而这种与技术相关的法律特殊性是非经专业训练的执法人员所无法准确理解和把握的。只有

---

① Christopher Wadlow, *Enforcement of Intellectual Property in European and International Law,* London: Sweet & Maxwell, 2003, p.372.

② 王利明：《司法改革研究》，法律出版社 2001 年版，第 3 页。

独立的具有现代专业化执法知识与思维理性的执法人员才能做出有公信力的执法判断，使公正不仅被实现，也能以能够看得见的方式实现。这就要求执法人员必须同时具备法律知识能力和专业技术能力。这不仅是其职业本身所提出的要求，也是建立法治社会的必然要求。

但是，具有何种标准的执法知识和理性思维方能达到执法人员的素质标准，实践中并无定论。毋庸置疑的是，特定的专业素养和人格品质是必须考虑的因素。在知识产权行政执法实践中，具备特定专业水平和相关专业经验的人往往能够应对纷繁复杂的侵权现象。[①] 执法人员的专业素养可以通过一定方式进行量化，如学历、专业、培训经历等等，而执法人员的人格品质相对来说则显得更抽象化。

我国并无专业的知识产权行政执法队伍，行政执法人员由各级行政事务管理人员兼任，行政管理人员的任职条件并无任何技术门槛，也没有相应的选任程序和制度规范。伴随着科学技术的迅猛发展，知识产权行政执法范围涉及面不断增大，知识产权行政执法任务日益繁重。限于专业知识和业务水平的局限，各级行政执法人员的执法能力与不断增长的执法需求形成巨大反差。在以往的知识产权行政执法实践中，屡屡出现因不同的执法机关和人员对于法律术语和规则的理解偏差过大，导致基本相同的案情在不同执法部门做出的裁定结果差别很大的情形，给社会公众带来了一定程度的困惑和不解，影响了社会公众对行政执法公正性的期待。

2. 公信力的信息载体

执法机关所实施的执法行为是承载执法公信力的另一个信息载体。

---

① 参见李明德：《中国知识产权司法体制的改革思路》，中国社会科学院知识产权研究中心编：《中国知识产权保护体系改革研究》，知识产权出版社 2008 年版，第 193 页。

当前责任型政府和服务型政府等价值目标的实现，都内在地要求将公信力的涵义蕴含于行政执法行为之中方能得以实现。鉴于执法人员的专业素质，行政组织在执行国家意志而拥有强制力的情况下可能会部分地丧失公众的信任。在侵权现象最为严重的著作权执法和商标权执法领域，侵权者往往是人数众多却屡禁不止的小摊贩，他们普遍缺乏赔付能力却游走于执法行为的"边缘"。在与此类违法行为博弈的过程中，文明执法和规范执法比较难以实现。同时，在行政行为的运作过程中，可能基于短期政治和社会情势的考虑，某些知识产权执法行为难免失之过严；而面对一些确实无法消除的侵权案件，执法行为又不免失之过宽。使国家所传承的公信力受损，由此导致执法的公信力下降。

3. 公信力的文字表征

执法机关依法做出的裁判文件是承载执法公信力的最重要书面载体。各类裁判文件具有表征执法公信力的天然效果。首先，从法律角度上看，行政执法的各类裁判文件有建立和提升执法公信力的政治资源；从执法行为的后果看，以体现国家意志的行政机关代表国家来裁断与行政相关的民事纠纷所形成的各类裁判文件具有提升社会公信力的特殊优势；从行政执法行为的实际运作来看，表现政府公权力实施的行为使裁决文件有扩大执法公信力的可能和条件。

知识产权行政执法产生的各类裁判文件记载着执法人员裁判案件的程序公正和结果公正的全貌，它所承载的内容关系到执法结果是否能够获得公众的认可和信任。理论上，作为公正载体的裁判文件应该是执法人员秉承公正和效率的理念。要使执法公信力得以昭示和强化，就必须使当事人及社会公众能够从裁判文件中认识到裁判结果的合法性与正当性，增强当事人对行政执法的信任，促使社会关系达到一种真正的和谐状态，推动执法工作定分止争功能的发挥和执法公信力的确立。因此，从某种程度上，裁判文件应当具有与司法裁判文书相同的特质。进一步地，在法制语境下，裁判文件应当成为向社会公众展示执法公正形象的载体，是进行法制教育的生动教材。①

行政调解协议书、行政处罚决定书和行政裁决书是知识产权执法过程中形成的三类主要裁判文件。

行政调解是知识产权行政管理部门主持下、就当事人之间的民事纠纷进行协调的执法活动，需要遵循一定的程序。行政调解在较为成熟的专利执法领域运用广泛，但是，行政调解不具有强制执行的效力，其作用极其有限。商标行政调解主要运用于侵犯注册商标专用权的民事纠纷。法律未对其规定明确的程序。有关著作权行政调解范围非常有限，仅用于著作权及其相关的权属纠纷或合同纠纷，同样缺乏相关执行程序的规定，对于裁决书亦缺乏明确的形式要求。

在上述各种裁判文件中，最能昭示执法公信力的裁判文件当属执法机关依法做出的行政处罚决定。这不仅是因为其具有较为规范的格式和内容要求，还因为它是行政机关最为常见的执法结果。但是，实践中，处罚决定随意性大，处罚决定书并未完全体现出执法过程，未写明执法依据的文件大量存在。甚至有些执法部门一罚了事，单纯追求惩治力度而轻视文书的制作。长此以往，执法公信力何以树立？

小　结

知识产权行政执法公信力的提升攸关我国国际声誉和行政执法的实际效果，也是实现政府职能转变和依法行政等政策目标的内在要求。现

---

① 参见王建国：《司法公信力的生成机制初探》，《江苏社会科学》2009年第3期。

有的知识产权行政机关兼具行政管理职能和行政执法职能的集权模式，为执法公信力的塑造埋下了制度缺陷，应当进一步夯实行政执法的信用基础，树立公正和效率并重的价值理念，通过各种行政执法的信息载体昭示执法公信力之所在，共同维护法律的权威，促进形成益于政府推行政策的舆论环境和社会氛围。

　　强化知识产权行政执法、促进知识产权执法公信力的提升是实行知识产权制度的国家共同面临的一个问题。集行政事务管理职能和行政执法职能于一体的集权模式为行政执法公信力的提升埋下了制度隐患，急需改革；片面追求执法成果和缺乏相关法律规定又使知识产权执法工作难以在公正和效率之间谋得两全；执法裁判文件尚待规范的现实降低了行政执法的公信力，使知识产权行政执法的效果受到严重影响。要切实提升我国知识产权行政执法的公信力，增强社会公众对行政机关执法行为的信赖和服从，并进而形成全社会尊重知识产权、保护知识产权的良好氛围，还有很长的路要走。

第二章　知识产权行政执法公信力塑造

　　知识产权作为一种关涉社会公共利益的私权，具有典型的"外溢性"特征。知识产权行政复议是行政法上的一项重要制度，其目的在于为行政相对人提供一个针对违法或者不当行政行为的救济通道，促使行政机关依法行政。而行政诉讼则着眼于对政府机关不当具体行政行为的矫正。

　　近年来，随着知识产权行政执法的力度不断加大，知识产权行政管理部门遭遇行政诉讼、行政复议的比率越来越高。知识产权案件的行政诉讼、行政复议除涉及《专利法》及其《实施细则》中规定的专利侵权纠纷案件的处理、查处假冒专利的行政处罚外，还涉及一些地方性法规、规章中规定的行政处罚事项。知识产权行政复议呈现出数量多、专业性强的特点。相应的，当事人提出行政诉讼、行政复议的目的和事由多变，往往一个案件需要经过复议、诉讼等多道程序。维权所需的时间和成本相对高昂，有些时候貌似保证了当事人的救济权利，却常常会造成合法权益人的权益难以被及时保障，也使得行政管理部门疲于应诉。

　　从制度上看，知识产权行政机关所面临的被动局面既源于法律保护知识产权权利人及相关社会公众的制度需要，又源于知识产权行政机关与司法机关的权力分配机制不明及相互制约的尴尬关系。

　　从本质上而言，知识产权行政保护权与司法保护权之间的关系包括三方面：一是监审关系，人民法院有权对地方知识产权行政管理部门的具体行政行为是否合法进行审查，进而实现监督的职能，这层关系是知识产权行政管理部门疲于应诉和当事人权益难以被及时保障的制度原因。

二是分工关系，司法权主要通过被动保护的方式保护知识产权；而行政保护权则往往以主动保护的方式间接地通过维护知识产权市场秩序和周围环境来保护知识产权，两者有着不同分工，无法相互取代。

三是协作关系，知识产权行政管理部门与司法部门都有义务保护权利人的合法权益，营造并维持公平竞争的市场环境是两者的共同职责，在此分工上，两者各自发挥优势，形成协作互补关系。

解决问题需要溯本求源，找到了问题产生的根源也就找到了解决问题的方向。过分强调司法权对知识产权行政权力的监督审查，必然导致知识产权行政管理部门疲于应诉和合法权益人的权益难以获得及时保障。而解决问题的关键恰好是两者关系的另一面——分工与协作关系，如果两者在制度上能够对接、程序上相互衔接，将有助于困局的破解。

基于以上，本书将从知识产权行政保护与司法保护之间的关系出发，探讨两种制度对接所需要遵守的基本原则。

要提高知识产权行政执法的公信力，就应当从充分发挥人民法院与知识产权行政管理部门的作用入手，促使知识产权行政执法和司法程序从相互配合、相互协调到全面发展，降低知识产权行政行为被复议、诉讼的次数，深度维护知识产权行政机关的权威，增强行政执法公信度，推进知识产权行政处理程序向更加便捷、灵活、高效的方向发展。

第一节　知识产权行政执法的法律依据

我国知识产权管理体制采取的是双层双轨制。一方面，知识产权司法保护和行政保护构成我国知识产权行政保护的基本双轨体制。这一制度设计与世界上大多数国家的做法是不相一致的。另一方面，我国知识产权行政管理机关既具有行政管理职能（授权、复议），还具有行政执法功能（查处、调解纠纷）。这一制度设计与世界上多数国家存在显著差异。2018 年的国家机构改革方案实施后，知识产权管理职能归属于国家市场监督管理总局。从国家到地方，机构改革的工作方案逐步向纵深推进。然而，从权限划分情况看，知识产权管理机构同时具有执法职能和管理职能的现状并没有大的改观。

一、国家层面的现行行政执法依据

我国专利法及商标法都有明确规定，地方知识产权管理部门享有一定的执法权限，可以就发生的知识产权侵权行为处以行政处罚，行政处罚的措施主要是罚款和没收违法所得。① 表 2-1 显示了我国现行法律规范中，涉及知识产权行政管理机构及执法职能的法律文件。

表 2-1　我国知识产权行政执法主要法律法规一览表

序号	类别	文件名称	版本时间及修订情况
1	法律	中华人民共和国著作权法	1990 年 9 月通过；2010 年 2 月第二次修正
2	法律	中华人民共和国专利法	1984 年 3 月通过；2008 年 12 月第三次修正
3	法律	中华人民共和国商标法	1982 年 8 月通过；2013 年 8 月第三次修正
4	法规	计算机软件保护条例	2002 年 1 月施行；2013 年 1 月第二次修订
5	法律	中华人民共和国反不正当竞争法	1993 年 9 月通过；2019 年 4 月修正

---

① 我国主要的知识产权单行法均规定了知识产权行政管理机构，常见的有：著作权行政管理部门、管理专利工作的部门和地方工商行政管理部分。参见《中华人民共和国著作权法》第四十八条、《中华人民共和国专利法》第六十条及《中华人民共和国商标法》第五十二条的规定。

续表

序号	类别	文件名称	版本时间及修订情况
6	法规	中华人民共和国知识产权海关保护条例	1995 年 7 月通过；2010 年 3 月第一次修订
7	法规	集成电路布图设计保护条例	2001 年 3 月通过；2001 年 10 月施行
8	法规	中华人民共和国植物新品种保护条例	1997 年 3 月通过；2014 年 7 月第二次修订
9	法规	特殊标志管理条例	1996 年 7 月通过；1996 年 7 月施行
10	法规	传统工艺美术保护条例	1997 年 5 月通过；2013 年 7 月第一次修订

从表 2-1 中可知，知识产权行政管理不仅存在于著作权、专利权和商标权这些常见的知识产权种类中，还存在于计算机软件、植物新品种、特殊标志以及传统工艺美术的保护中。这些行政保护的机关分属于不同的知识产权行政管理机构，历次法律法规修订工作并未根本改变知识产权行政管理的权限及执法职能。

需要特别一提的是，知识产权海关保护是一类较为特殊的知识产权行政保护途径。它与境内的知识产权行政机关一起，共同发挥着保护知识产权的行政职能，与其他机关的知识产权保护工作一道，共同构成我国知识产权行政保护体系的一部分。

表 2-2 是对我国加入的主要国际知识产权条约的简单梳理。进入 21 世纪以来，知识产权制度日益显示出一体化、国际化和标准化的趋势。受此影响，我国知识产权制度的历次修订均显示了向国际知识产权行政执法水平的靠拢。当前，我国已有的知识产权行政保护措施已经达到了公约的最低要求。

表 2-2　我国加入的主要国际知识产权条约一览表

序号	类别	文件名称	版本时间及生效情况
1	综合类	建立世界知识产权组织公约	1980 年 3 月递交加入书，同年 6 月生效

序号	类别	文件名称	版本时间及生效情况
2	综合类	保护工业产权巴黎公约	1984 年 12 月递交加入书，1985 年 3 月生效
3	商标	商标国际注册马德里协定	1989 年 7 月递交加入书，同年 10 月生效
4	著作权	保护文学和艺术作品伯尔尼公约	1992 年 7 月递交加入书，同年 10 月生效
5	著作权	世界版权公约	1992 年 7 月递交加入书，同年 10 月生效
6	邻接权	保护录音制品制作者防止未经许可复制其录音制品公约	1993 年 1 月递交加入书，同年 4 月生效
7	专利	专利合作条约	1993 年 9 月递交加入书，1994 年 1 月生效
8	商标	商标注册用商品和服务国际分类尼斯协定	1994 年 5 月递交加入书，同年 8 月生效
9	专利	国际承认用于专利程序的微生物保存布达佩斯条约	1995 年 3 月递交加入书，同年 7 月生效
10	商标	商标国际注册马德里协定有关议定书	1995 年 9 月递交加入书，同年 12 月生效
11	外观设计	建立工业品外观设计国际分类洛迦诺协定	1996 年 6 月递交加入书，同年 9 月生效
12	专利	国际专利分类斯特拉斯堡协定	1997 年 6 月递交加入书，同年 6 月生效
13	植物新品种	国际植物新品种保护公约	1999 年 3 月递交加入书，同年 4 月生效

二、广州市知识产权行政执法依据

　　鉴于执法权限一般由地方管理知识产权工作的部门享有，加之专利行政执法相较于商标执法更为普遍，也更为典型，我们拟选取专利行政执法为考察对象。

　　考虑到不同地区的知识产权行政执法幅度、措施会有一些差异，以及广州市作为一线城市和知识产权行政保护前沿阵地，其地方知识产权管理部门的执法活动对于全国大多数地区具有较好的参考借鉴价值。因此，选择广州市作为研究区域有利于更为清晰地展现地方知识产权行政执法的特点以及趋势。我们现以广州市的知识产权行政执法规范作为研究对象，展开近景分析。①

据不完全统计，广州市知识产权局专利行政执法的法律依据共涉及 5 种类型（法律、行政法规、地方性法规、部门规章、地方性法律文件）、8 个立法主体所立的 15 部规范性法律文件，如表 2-3 所示。

表 2-3 广州市知识产权局专利行政执法法律依据一览表

序号	类别	名称	版本时间及文号
1	法律	中华人民共和国专利法	1984 年 3 月全国人大常委会通过，2008 年 12 月第三次修正
2	行政法规	中华人民共和国专利法实施细则	国务院令 2001 年第（306）号，2010 年 1 月 9 日修订
3	地方性法规	广东省专利条例	2010 年 9 月广东省人大常委会通过
4	地方性法律文件	广东省知识产权局关于行政处罚自由裁量权的适用规则	粤知〔2013〕177 号
5	地方性法规	广州市专利管理条例	2001 年 6 月广州市人大常委会通过
6	部门规章	专利行政执法办法	2001 年国家知识产权局令第 19 号
7	部门规章	专利标记和专利号标注的规定	2003 年国家知识产权局令第 29 号
8	地方政府规章	广州市处理专利纠纷办法	2002 年广州市人民政府令第 5 号
9	地方政府规章	广州市亚洲运动会知识产权保护规定	2008 年广州市人民政府令第 14 号
10	地方政府规章	广州市规范行政执法自由裁量权规定	2009 年广州市人民政府令第 18 号
11	地方政府规章	广州市展会知识产权保护办法	2009 年广州市人民政府令第 21 号
12	地方政府规章	广州市专利奖励办法	2010 年广州市人民政府令第 37 号
13	地方政府规章	广州市专利行政执法办法	2014 年广州市人民政府令第 105 号
14	地方性法律文件	广州市知识产权局规范行政处罚自由裁量权规定	穗知〔2011〕17 号
15	地方性法律文件	广州市知识产权局行政处罚自由裁量适用标准	穗知〔2011〕17 号

① 本部分内容是本人主持的教育部人文社科项目的阶段性成果之一，在成果的完成过程中，我的同事陈叶茂硕士、吴雨辉博士和唐珺博士共同参与了课题的研究工作，在此对他们的辛勤工作一并表示衷心感谢。

这些执法依据表现出以下特征：

（1）执法依据数量偏少，职能集中。相较于其他执法部门，专利行政执法依据在数量上是偏少的，且其主管事项仅限于专利，职能非常集中。

（2）依据类型、立法主体遍及各层次。在15部规范性法律文件中，涉及法律、行政法规、地方性法规、部门规章、其他规范性法律文件等5种类型，立法主体涉及全国人大常委会、国务院、省市地方人大和政府，国家、省和设区以上市知识产权局等。立法层次和立法主体的复杂性易出现相关规定的不一致性，加大了协调监督的难度。

（3）专业性强。依据集中在专利领域，包含大量的技术判断，专业性极强，执法权适宜由具备相应技术能力和经验丰富的专门部门来行使。

（4）自由裁量的弹性空间较大。在侵权判断和罚款数额方面存在较大的自由裁量空间，这对行政执法权的合理行使提出了更高的要求，对行政自由裁量权的限制也更为精致。

表 2-4 广州市知识产权局专利行政处罚权

序号	违法行为	具体表现	处罚措施	依据
1	行为人假冒专利	行为人在未被授予专利权的产品或者其包装上标注专利标识，专利权被宣告无效后或者终止后继续在产品或者其包装上标注专利标识，或者未经许可在产品或者产品包装上标注他人的专利号	责令改正，没收违法所得，罚款	《中华人民共和国专利法》第六十三条
		行为人销售上述项所述产品		《中华人民共和国专利法实施细则》第八十四条
		行为人在产品说明书等材料中采取上述行为，使公众将所涉及的技术或者设计误认为是专利技术或者专利设计		
		行为人伪造或者变造专利证书、专利文件或者专利申请文件		
		行为人有其他使公众混淆，将未被授予专利权的技术或者设计误认为是专利技术或者专利设计的行为		

续表

序号	违法行为	具体表现	处罚措施	依据
2	行为人重复侵犯专利权	认定专利侵权的行政处理决定、民事判决或者仲裁裁决生效后,侵权人再次侵犯同一专利权,扰乱市场秩序	没收违法所得,罚款	《广东省专利条例》第五十四条
3	行为人滥用专利权	行为人以现有技术或现有设计申请专利并获得专利授权后,向专利行政部门提出专利侵权的处理请求	责令改正,警告,罚款	《广东省专利条例》第三十九条
		行为人强制专利实施被许可人购买其他专利使用权		
		行为人强制专利实施被许可人只能将基于专利权人专利作出的改进专利卖回给专利权人		《广东省专利条例》第五十五条
		行为人禁止专利实施被许可人对该专利有效性提出异议		
4	行为人非法执业	行为人未依法取得专利服务的执业资质或者资格,以营利为目的从事专利服务	责令改正,没收违法所得,罚款	《广东省专利条例》第五十六条
5	行为人使用亚运会知识产权	行为人侵犯亚运会知识产权,有关法律、法规、规章没有规定处罚措施	罚款	《广州市亚洲运动会知识产权保护规定》
6	展会主办单位拒不履行展会知识产权义务	展会主办单位拒绝受理知识产权权利人或者利害关系人投诉,未按规定或者合同约定对涉嫌侵权的参展项目采取处理措施	责令改正,罚款	《广州市展会知识产权保护办法》第二十四条
		展会主办单位拒绝出具相关事实证明,或者拒绝对涉嫌侵权的参展项目拍照取证,或者拒绝配合公安机关进行取证		
		展会主办方违反《广州市展会知识产权保护办法》第十三条的规定,允许参展商继续参加同一展会		
7	行为人提交虚假投诉材料	行为人提交虚假投诉材料	警告,罚款	《广州市展会知识产权保护办法》第二十五条

（5）体系比较完备。虽然执法依据数量较少，但基本涵盖了各种专利实施行为，为行政管理提供了较为完整的法律依据，基本实现"有法可依"的要求。①

上述法律规范为广州市的知识产权行政执法提供了基本依据。

根据我国相关法律规定，知识产权行政执法职权主要包括以下行政处罚、行政强制、行政裁决、行政检查以及其他行政执法行为等多种类型。

（1）行政处罚（7 种情形）

行政处罚来自法律的明确规定，且应当由专门的机关行使。知识产权行政处罚权，系指知识产权管理机关依法对违反知识产权行政管理法律规范但尚未构成犯罪的行政相对人给予行政制裁的权力。该项处罚涉及到当事人的人身、财产或精神方面的利益。由此可见，行政处罚法对行政处罚的设定权是严格限制的。

表 2-4 列出了广州市知识产权局专利行政处罚权的依据和处罚措施。从表中可知，广州市的知识产权法律规范设定了相对完善的处罚机制，这些为加强知识产权行政执法提供了强有力的制度保障。

（2）行政强制（4 种情形）

专利行政强制权，是指专利行政执法主体依法对有关行政相对人实施行政强制手段的权力。表 2-5 主要规定了强制扣留权。但对冒充专利行为，专利法没有规定执法主体的行政强制执行权。② 实践证明，这不利于及时有效地打击冒充专利行为，专利管理机关的行政处罚权也难以真正落到实处。因此，赋予专利管理机关一定的采取强制执行措施的权

---

① 鉴于广州市在全国知识产权行政执法的表率作用，以及专利行政执法方面核心资料的可得性，笔者选取广州市专利行政执法为切入点，力图窥一斑而见全豹，进而分析总结我国行政机关行政权的运作机制。

② 《专利法》第三次修订之后，假冒专利和仿冒专利行为一并成为假冒专利行为，仿冒专利行为不再在法条中显示。

力是必要的。

表 2-5　广州市知识产权局专利行政强制权

序号	实施行政强制的法定情形	行为名称	强制行为依据
1	专利行政部门处理专利侵权纠纷案件时，当事人有可能转移与案件有关的物品而造成他人损失	封存暂扣	《广东省专利条例》第三十二条
2	调查收集证据专利行政部门处理专利侵权纠纷案件时，在证据材料可能灭失或者可能转移的情况下	查阅、复制资料，抽样取证	《广东省专利条例》第三十条，《专利行政执法办法》第二十九条
3	专利行政部门处理专利侵权纠纷案件时，在证据材料可能灭失或者可能转移的情况下	登记保存	《广东省专利条例》第三十条，《专利行政执法办法》第三十条
4	有证据证明是假冒专利的产品	查封扣押	《中华人民共和国专利法》第六十四条

（3）行政裁决

专利行政裁决权，系指执法主体以中间人的身份决断专利纠纷的权力。广州市知识产权局把对专利侵权纠纷的行政处理作为行政裁决来对待，如表 2-6 所示。

表 2-6　广州市知识产权局专利行政裁决权

序号	裁决行为名称	裁决行为依据
1	处理专利侵权行为	《中华人民共和国专利法》第六十条，《广东省专利条例》第五条

（4）行政检查

专利行政强制检查权系指行政执法主体依法对行政相对人的有关事实作单方面强制了解的权力。在专利执法领域，强制检查主要是针对物及场所的检查，如表 2-7 所示。

表 2-7 广州市知识产权局专利行政检查权

序号	检查行为名称	检查行为依据
1	对当事人生产经营场所的检查	《广东省专利条例》第三十条
	检查与案件有关的物品	
2	对当事人涉嫌违法行为的场所实施现场检查	《中华人民共和国专利法》第六十四条
	检查与涉嫌违法行为有关的产品	

（5）其他行政执法行为（9项）

表 2-8 主要规定了专利行政奖励权、调解权、确认权等其他一些行政职权。

表 2-8 广州市知识产权局其他专利行政执法权

序号	行政执法行为名称	执法行为依据的内容
1	专利奖励	《广州市专利奖励办法》第二条
		《广州市专利奖励办法》第七条
2	对专利费用减缓申请资料的审查	《专利法实施细则》第一百条
		《专利费用减缓办法》第七条
3	责令规范标注专利标识	《专利法实施细则》第八十三条
		《专利标记和专利号标注方式的规定》第七条
4	责令展会主办方公布知识产权行政管理部门接受处理请求的联系方式和立案标准	《广州市展会知识产权保护办法》第二十三条
	责令展会主办方向参展商提供知识产权方面的宣传咨询服务	
	责令展会主办方报送展会知识产权保护信息与资料	
5	对侵犯专利权的赔偿数额进行调解	《中华人民共和国专利法》第六十条
6	对专利纠纷的调解	《中华人民共和国专利法》第八十五条
7	专利技术的科研成果认定审查	《广州市专利管理条例》第十三条第五项
8	申请专利服务援助审查	《广州市专利管理条例》第二十二条
9	专利服务机构人员培训考核	《广州市专利管理条例》第二十一条第二款

从表 2-4 至表 2-8 的职权汇总可以看出，五类专利行政执法权并未穷尽所有的专利行政执法主体的行政执法权。① 但无疑是知识产权管理机关及其他有关机关所拥有的最主要、最重要的部分。

随着我国市场经济建设的进一步深入，知识产权行政保护力度的进一步加强，我国的知识产权行政执法机制会进一步完善，知识产权行政执法权的配置将更为合理。这将是国家市场监督管理总局成立之后，对于行政机关执法的期待。

第二节　知识产权行政执法现状考察

知识产权行政执法作为知识产权行政保护的一个重要途径，历来受到各国政府的普遍关注，我国政府亦是如此。多年来，我国知识产权行政执法饱受业界及国际社会诟病，盖因我国知识产权行政管理机构不仅拥有行政管理权限，还享有知识产权执法权，某些知识产权行政机关甚至享有一定程度的立法权限。这一现象与国际上大多数国家的制度设计有所差异。但是，不可否认的是，我国知识产权行政执法具有司法机关所没有的优势，如执法速度快、打击侵权犯罪效率较高、能够迅速矫正市场竞争环境等。尤其是进入 21 世纪以来，各地行政执法机关在打击知识产权侵权、维护社会公平竞争环境等方面做出了大量的努力，取得了显见的效果。

2018 年 6 月，国家发布了《2017 年中国知识产权发展状况评价报告》（以下简称《报告》）。《报告》显示，2017 年我国知识产权综合发展水

---

① 表 2-4、表 2-5、表 2-6、表 2-7 和表 2-8 的内容来自广州市知识产权信息网，http://www.gzipo.gov.cn/web/html/index/contents/4256.html。

平稳步提升，知识产权发展与经济社会发展日益融合，2016年知识产权综合实力国际排名快速提升。2018年4月24日，国家知识产权局发布的《2017年中国知识产权保护状况》白皮书显示，知识产权保护社会的满意度提高到76.69分。这些成绩的取得与我国知识产权制度日益完善、知识产权行政保护和司法保护共同努力是分不开的。

图2–1显示，①2010—2017年，我国企业所面临的知识产权环境持续向好，这与知识产权行政保护是分不开的。

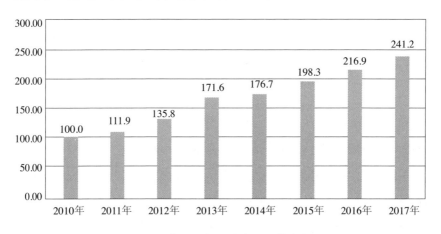

图2–1   知识产权环境发展指数变化图

一、全国知识产权行政执法情况分析

根据资料统计，截至2013年，中国管理知识产权的工作部门已经立案的知识产权行政保护案件总数为63280件，其中行政处理的知识产权民事纠纷案件有28039件，行政查处的知识产权违法行为案件有

---

① 《2017年中国知识产权发展状况评价报告》，https://www.sohu.com/a/237806775
99944179。

35241 件，行政处理知识产权民事纠纷案件的数量长时间高于行政查处知识产权违法行为案件的数量，但行政查处知识产权违法行为案件的数量在 2012 年和 2013 年有了爆发式的增长，最终在总量上多于行政处理知识产权民事纠纷案件的数量，如表 2-9 所示。①

表 2-9 1985—2013 年全国管理专利工作的部门受理的专利执法案件统计表

(单位：件)

年份	行政处理的专利民事纠纷			行政查处的假冒专利案件		
	侵权纠纷	其他纠纷	合计	冒充专利行为	假冒专利行为	合计
1985—2001	5908	1830	7738	5255	37	5292
2002	1399	56	1455	1124	116	1240
2003	1448	97	1545	1419	160	1579
2004	1414	66	1480	1587	102	1689
2005	1360	132	1492	2218	191	2409
2006	1227	43	1270	933	33	966
2007	986	27	1013	681	32	713
2008	1092	34	1126	601	59	660
2009	937	26	963	548	30	578
2010	1077	18	1095	—	—	728
2011	1286	27	1313	—	—	1704
2012	2225	268	2493	—	—	6512
2013	4684	372	5056	—	—	11171
合计	25043	2996	28039			35241

表 2-9 的数据表明，自我国有专利制度以来的近 30 年中，专利行政保护制度在实践中发挥了巨大作用。同时，我国知识产权行政保护制度主要涉及知识产权行政管理部门行政处理知识产权纠纷和行政查处知

① 此表数据来源于国家知识产权局统计年报，http://www.sipo.gov.cn/tjxx/。表中"—"表示年报中没有提供此数据，原因是新法修订后，把冒充和假冒专利行为合并计算了。

识产权违法行为两个方面的保护机制，其中只有知识产权行政管理部门行政处理知识产权纠纷的职能与司法保护的职能重合，但司法保护无法完全替代知识产权行政保护的该项职能。

表 2-10　1985—2013 年全国专利案件民事诉讼一审、行政执法受案统计表

（单位：件）

年份	专利执法案件 （专利民事纠纷 + 假冒专利案件）	一审专利民事案件
1985—2001	13030	11914
2002	2695	2081
2003	3124	2110
2004	3169	2549
2005	3901	2947
2006	2236	3196
2007	1744	4041
2008	1786	4074
2009	1541	4422
2010	1823	5785
2011	3017	7819
2012	9005	9680
2013	16227	9195
合计	63298	69813

表 2-10 显示 [1]，专利民事纠纷司法保护的案件数呈现出逐年上升的趋势，私权司法保护的主渠道作用日显突出，但地方知识产权行政管理部门实际受理的知识产权民事纠纷数量依然在整体上保持平稳发展态势。

---

[1]　此表专利执法案件数由表 2-7 合计而得；一审专利民事案件数中的 1985—2010 年数据来源于邓建志：《中国专利行政保护制度绩效研究》，《中国软科学》2012 年第 2期；2011—2013 年数据来自最高人民法院发布的《中国法院知识产权司法保护状况》（2010—2013），http://www.court.gov.cn/zscq/bhcg/。

表 2-11　1985—2015 年全国各省级管理专利工作的部门专利执法统计表

（单位：件）

序号	地区	侵权纠纷		其他纠纷		查处假冒专利案件
		立案	结案	立案	结案	结案
1	北京	581	485	224	221	338
2	天津	188	163	28	26	601
3	河北	602	473	95	95	1074
4	山西	103	81	51	38	78
5	内蒙古	129	116	11	11	1083
6	辽宁	399	382	178	146	919
7	吉林	218	165	56	48	202
8	黑龙江	434	390	177	159	289
9	上海	669	638	68	69	242
10	江苏	1578	1089	158	138	4407
11	浙江	2731	2309	359	287	492
12	安徽	434	308	29	22	1053
13	福建	623	477	39	39	779
14	江西	364	208	39	26	699
15	山东	2478	2000	185	176	6319
16	河南	1640	981	130	80	1430
17	湖北	1028	831	189	141	1329
18	湖南	1007	784	250	222	4920
19	广东	6291	4903	209	182	2331
20	广西	163	137	54	37	93
21	海南	91	87	9	8	232
22	重庆	249	182	151	43	161
23	四川	983	835	143	118	1253
24	贵州	172	119	25	21	1120
25	云南	256	187	29	22	591
26	西藏	11	9	0	0	10
27	陕西	325	249	31	28	1115
28	甘肃	230	145	25	18	138
29	青海	23	20	9	10	64
30	宁夏	177	162	27	18	97
31	新疆	866	692	18	15	1124
合计		25043	19607	2996	2464	34583

这充分说明知识产权行政保护制度在我国依然存在一定的"市场"。并且，这个"市场"并没有因为司法保护"市场"的扩大而相应地缩小。可以预见，在较长的一段时间内，知识产权行政保护制度仍将继续发挥作用，退出历史舞台还需时日，或者根本就不会完全消失。

这一预测在 2018 年得到了验证。2018 年 4 月发布的《2017 年中国知识产权保护状况》白皮书中数据显示，2017 年全国专利行政执法办案量 6.7 万件，同比增长 36.3%；商标行政执法办案量 3.01 万件，涉案金额 3.33 亿元；版权部门查处侵权盗版案件 3100 余件，收缴盗版制品 605 万件；海关查获进出口侵权货物 1.92 万批次，涉及侵权货物 4095 万件，案值 1.82 亿元。各知识产权行政管理机关深入开展"护航""雷霆""清风""龙腾""剑网""溯源"等行政执法专项行动取得了较好的效果，知识产权保护社会满意度提高到 76.69 分。

从表 2-11 中可以看出①，广东省知识产权局在侵权纠纷立案和结案量上排名全国第一，分别占 25.121% 和 25.006%，遥遥领先其他省区市，但侵权情况也比较严重；在其他纠纷的立案和结案量上紧随浙江省、湖南省和北京市，排名全国第四，分别占 6.976% 和 7.386%；在查处假冒专利案件的结案数量上，紧随山东、湖南、江苏三省，占 6.74%。

表 2-11 数据同时也表明，在知识产权行政保护方面，广东省占据重要地位，其知识产权行政执法工作的好坏具有全局性的影响。

二、广东省主要地市知识产权行政执法状况

在广东省，广州市知识产权局的知识产权行政执法案件数量长期处于排头兵的位置，其工作的好坏在全省范围内起到风向标的作用，这可

---

① 此表数据来源于国家知识产权局统计年报，http://www.sipo.gov.cn/tjxx/。

以从表 2-12 的数据中得到验证。①

表 2-12　2008—2013 年广东省各主要地级以上市（区）专利行政执法统计表

（单位：件）

执法部门	项目	2008	2009	2010	2011	2012	2013	合计
省知识产权局	受理	23	22	33	0	—	1115	1193
	结案	26	13	33	10	—	1106	1188
	假冒立案	16	0	0	0	—	0	16
	假冒结案	20	1	0	0	—	0	21
	行政诉讼	7	12	1	0	—	0	20
广州市	受理	23	25	17	69	56	159	349
	结案	27	6	20	22	81	124	280
	假冒立案	9	0	16	30	184	125	364
	假冒结案	12	4	17	16	161	125	335
	行政诉讼	0	0	0	0	2	3	5
深圳市	受理	35	17	34	24	36	59	205
	结案	36	5	29	34	43	43	190
	假冒立案	1	3	2	0	46	51	103
	假冒结案	2	2	1	0	35	51	91
	行政诉讼	0	1	0	0	0	0	1
佛山市	受理	17	21	13	11	24	10	96
	结案	15	19	11	11	25	7	88
	假冒立案	6	1	0	0	27	33	67
	假冒结案	6	1	0	0	21	33	61
	行政诉讼	1	2	1	1	0	0	5
汕头市	受理	27	10	4	22	35	22	120
	结案	25	9	8	12	31	190	275
	假冒立案	0	4	0	0	76	80	164
	假冒结案	0	3	4	0	68	80	155
	行政诉讼	0	0	0	0	0	0	0

---

① 此表数据来源于广东省知识产权局官方网站的历年广东省各主要地级以上市（区）专利行政执法统计表，http://www.gdipo.gov.cn/tjxx/tjxx.aspx。表中广州市知识产权局 2012 年和 2013 年的行政诉讼数，按照广州市知识产权局提供的数据进行了修订。表中"—"表示年报中没有提供此数据。

续表

执法部门	项目	2008	2009	2010	2011	2012	2013	合计
潮州市	受理	24	35	24	32	41	26	182
	结案	21	32	0	37	29	24	143
	假冒立案	2	1	1	1	24	23	52
	假冒结案	2	1	0	1	24	23	51
	行政诉讼	1	0	0	0	1	0	2
广东全省	受理	199	144	145	220	484	1857	3049
	结案	198	92	107	147	410	1574	2528
	假冒立案	40	14	36	41	627	435	1193
	假冒结案	45	15	29	23	544	435	1091
	行政诉讼	9	15	2	1	3	3	33

三、广州市知识产权行政执法状况

广州市知识产权局与广东省知识产权局均有权限调解和处理广州市辖区内的知识产权行政纠纷，在受案数量上可以分开计算。从表2-13中可以看出①，广州市知识产权局的知识产权行政执法案件数仍处在快速上升通道内，其对专利权的保护作用并没有出现弱化。

表2-13   2010—2014年广州市专利行政执法案件受案统计表

（单位：件）

年份	调处专利侵权纠纷	查处假冒专利	合计
2010	21	48	69
2011	67	30	97
2012	58	178	236
2013	135	141	276
2014	67	192	259

---

① 此表数据由广州市知识产权局提供。

广州市在展开知识产权保护方面的理论和实践居于全国前列。一方面原因是由于，广州市各类展会的建设历史悠久，各方面经验积累较为丰富。尤其以每年两次广交会为例，在展会上的知识产权服务已经相当完备。据现场考察，隶属于商务部的中国对外贸易中心专门针对广交会中的知识产权侵权、知识产权执法问题发布了一系列制度文件，有力地维护了广州市知识产权行政执法的良好环境。①

表 2-14　2010—2014 年广州市处理展会知识产权侵权纠纷统计表

（单位：件）

	2010	2011	2012	2013	2014
处理展会知识产权侵权纠纷	809	528	740	441	255

表 2-14 的数据表明②，除了在行政调处知识产权侵权纠纷和查处假冒专利案件两大传统领域外，在处理展会知识产权侵权纠纷方面展现出了强大的生命力。随着知识产权利用方式的不断翻新，可以预见，知识产权行政保护制度所固有的灵活性将是应对新形势、新挑战的"一把利剑"。

第三节　域外知识产权行政执法制度借鉴

知识产权行政执法制度为我国的一项特色制度，但并不为我国所独有，如英国、美国、墨西哥也存在类似的规定。比较法研究视角有助于

---

① 这些制度文件包括：《广交会涉嫌侵犯知识产权的投诉及处理办法（2017 年修正）》、《中国进出口商品交易会质量与贸易纠纷投诉监控办法》、《广交会出口展展品质量及贸易纠纷投诉监控办法（修订）》等。
② 此表数据由广州市知识产权局提供。

认识和完善我国的知识产权行政执法制度。

一、英国、美国、墨西哥三国知识产权行政执法制度

1.英国知识产权行政执法制度

现代意义上的知识产权法最早出现在英国，其知识产权规范相当成熟。1977 年制定的《专利法》开辟了英国知识产权行政保护制度，后虽经几次修改但其立法框架得以延续，行政处理知识产权纠纷也就成了英国知识产权保护制度的一大特色，这一特色在各发达国家中是非常少见的，与我国的知识产权行政执法制度相似度也颇高，比较两国知识产权行政执法制度的异同将具有非常重要的借鉴意义。

英国知识产权行政主管部门（专利局）的行政权是受到严格限制的，具体而言，英国对知识产权行政执法权的限制主要体现在以下三点：一是权利人启动知识产权侵权行政处理程序，必须以当事人达成相关协议为前提，而我国无此规定。二是英国专利局对知识产权侵权纠纷的行政处理权力仅限于要求赔偿损失和宣布专利有效并构成侵权，而我国管理知识产权的工作部门可以做出侵权成立、责令停止侵权行为、销毁侵权物品等众多行政处理权力，但侵权赔偿数额只能调解。三是英国专利局处理侵犯专利权纠纷主要通过行政处理方式，对侵犯专利行为采取行政查处的权力仍掌握在司法机关手里，而我国的知识产权行政执法机关则同时拥有行政处理和行政查处的权力。另外，英国专利法还规定专利局能以相关纠纷由法院处理更为合适为由而拒绝受理，我国则是属于法定职责而必需受理。①

---

① 参见李永明、郑淑云、洪俊杰：《论知识产权行政执法的限制——以知识产权最新修法为背景》，《浙江大学学报（人文社会科学版）》2013 年第 5 期。

2.美国知识产权行政执法制度

英美两国知识产权行政执法制度的最大差别在于对行政权的限制程度。

美国作为现代工业技术的超级大国，是知识产权保护国际化的主要倡导者和推动者，其知识产权行政保护制度具有指标意义。就知识产权行政保护制度而言，美国的知识产权行政保护分为知识产权行政主管部门的行政保护和非知识产权行政主管部门的行政保护。主管部门对知识产权的行政保护通过行政管理、行政服务和行政处理三种方式，且重点为前两项。行政处理属于行政执法的范畴，但美国的行政处理主要集中于知识产权申请过程中的行政纠纷，并不涉及因知识产权侵权产生的纠纷，侵权纠纷主要通过民事诉讼的方式解决，司法保护仍是美国知识产权保护的重心和主要途径。非知识产权主管机关的行政保护则不针对国内的知识产权侵权行为，主要针对与国际贸易相关的事务，特别是涉及海关执法的内容，主要表现为对知识产权侵权行为的行政裁决、行政调查、行政处罚、行政强制等。所以，对于国内的知识产权民事侵权行为和违法行为，美国知识产权法律实际上未赋予行政权介入的权力，这与我国极为不同。

3.墨西哥知识产权行政执法制度

在域外实行知识产权司法、行政保护双轨制的国家里，墨西哥的知识产权行政执法制度是比较有特色的一个，其知识产权行政主管部门——墨西哥工业产权局拥有行政处理和行政查处权。这里所说的行政处理是指墨西哥工业产权局对各种工业产权纠纷或者争议的行政解决，行政处理对象包括技术裁决，无效、失效或撤销争议裁决，行政侵权裁决，对行政侵权纠纷的调解，损害赔偿金纠纷裁决和行政复审等五类。根据侵权的严重程度，墨西哥《工业产权法》将工业产权侵权分为三种情形：一是仅仅影响私人权利的纯民事性质的侵权；二是行政侵权；三是构成犯罪的侵权。对于这三种侵权行为，除行政侵权行为由工业产权局管辖外，其他两种侵权行为均由法院管辖。墨西哥工业产权局对纯民事性质的侵权行为无管辖权，这一点是与英国专利局和我国地方知识产权行政主管部门的管辖权不相同的地方。墨西哥《工业产权法》一共明确规定了 25 种行政侵权行为。①

墨西哥工业产权局为了保证《工业产权法》及依据该法产生的其他法规得以遵守和执行，还设置了行政查处权：有权对未经证实的行政侵权行为进行调查；有权进行查访；有权要求提供资料和详情；有权命令和实施一些防范措施来预防或停止侵害工业产权的行为；有权采取合适的行政制裁措施。墨西哥行政查处权的目的和内容基本与我国管理知识产权工作的部门的行政查处权一致。

另外，墨西哥也非常注重知识产权行政服务，其知识产权法律用了很大篇幅规定知识产权行政机关的服务职能，特别强调鼓励知识产权主体开发、实施和利用专利信息，以实现相关技术发明的产业化。

二、上述三个国家知识产权行政执法制度的启示

1.明确司法、行政权的界分

在上述实行知识产权司法、行政保护双轨制的三个国家里，美国知识产权法律实际上未赋予行政权介入国内知识产权民事侵权行为和违法行为的权力，墨西哥工业产权局对纯民事性质的侵权行为也无管辖权，英国虽然和我国一样，知识产权行政主管部门具有行政处理知识产权民

---

① 参见邓建志：《WTO 框架下中国知识产权行政保护》，知识产权出版社 2008 年版，第105 页。

事侵权的权力，但英国是以当事人达成行政处理协议为前提，且专利局能以相关纠纷由法院处理更为合适为由而拒绝受理。

上述区别其实都遵守一个基本的法治分权原理，即明确并维持行政权与司法权调整范围的法律界分。行政管理部门本质上是政府机构，其设置的目的是维护社会秩序和公共利益，其职能的设置亦应以其性质和法律地位为依据。

可以预见，如果缺乏有效的法治约束或科学的制度安排，政府部门的盲目介入不仅无法解决知识产权领域的"市场失灵"，还会导致更为严重的"政府失灵"。因此，各国对知识产权行政管理部门的职能规定总是基于对政府部门性质的充分认识，以法治分权为准则，明确与市场调整和司法救济的分界。我国《专利法》在行政执法职权方面的几次修改，从发展趋势上看是逐渐弱化行政机关的行政执法权力，而非对其进一步扩张，这是符合现代法治理念和市场需要的一种改变。

2. 知识产权行政执法权和司法审判权可通过制度设计进行衔接

知识产权本质上为一种私权，公权力的介入需要满足特定的条件，以维持行政、司法权力的界分。英国知识产权行政执法制度在这方面树立了典型，其通过"行政管辖协议"和"法院处理更为合适而拒绝受理"两个限制，为公权力的介入和退出找到了合法的理由，巧妙地维持着法治分权原则。这种制度设计也给我们带来启示，即通过行政、司法部门的有效沟通和制度设计，是完全有可能衔接好知识产权行政执法和司法审判两大救济制度的。知识产权行政执法制度的命运也不一定就是弱化直至最终被取消，其完全有可能和司法救济制度长期共存，并作为一大特色被传承。

小 结

作为一项行政救济机制，行政复议制度的功能不只是内部监督、自我纠错，更主要的应当是解决纠纷和权益救济，行政复议受案范围为此也需要不断扩展其边界，有学者就此呼吁，不应将复议范围与诉讼范围完全等同，应当尽可能将行政机关对相对人产生法律上利害关系的行为都纳入行政复议范围。毕竟在本质上，行政复议和行政诉讼有着很大不同，不适合司法审查的并非都不适合行政审查，可考虑进一步放宽可申请复议的抽象行政行为的范围，以加强对行政权力的监督和限制，这对规范性法律文件的制定提出了更高的水平要求，而这部分正是目前许多行政机关的"短板"。可以预见，将来针对抽象行政行为的行政复议案件将会有较大幅度的增长，行政机关应尽早未雨绸缪。

具体而言，我国法律对知识产权行政复议的调解制度的规定较为原则，许多必要性的程序步骤规定得不明确，存在操作上的困难。对主持调解的人员数量、调解结案的时限以及行政复议调解书生效以后的监督和救济途径等没有明确的规定。作为与知识产权行政复议决定并驾齐驱的结案方式，知识产权行政复议的调解制度应当具备完整的程序和规则，并发挥其优势。

反观知识产权行政执法，在发挥其重要功用的同时，仍有大量待完善的空间。尤其是要考量知识产权行政执法与知识产权司法审判之间的衔接，即经知识产权行政复议仍不服的案件，将进入知识产权行政诉讼程序。理论上，知识产权行政执法权和司法审判权可通过制度设计进行衔接。知识产权本质上为一种私权，公权力的介入需要满足特定的条件，以维持行政、司法权力的合理界分。

第三章　知识产权行政诉讼与行政复议之衔接

　　行政诉讼，是公民、法人或者其他组织认为行政机关和法律、法规或者规章授权组织的具体行政行为侵犯其合法利益，依照法定程序向人民法院起诉，人民法院在当事人和其他诉讼参与人的参加下，对具体行政行为的合法性进行审理并做出裁决的活动。

　　知识产权是一类特殊的权利，其脱胎于封建特许权，又隶属于私权。这使得知识产权这类民事权利始终带有不同于一般民事权利的特征。表现在权利获得、权利维持、权利保护和权利运用等多方面。鉴于知识产权的此类特性，各国在知识产权保护制度中均含有行政保护和司法保护两种保护机制。知识产权行政复议属于行政保护机制，知识产权行政诉讼属于司法保护机制。从世界上大多数实行知识产权制度的国家经验看，知识产权行政保护和知识产权司法保护之间的协调关系，在今后很长一段时间里，都将是一个无法回避的问题。

第一节　知识产权案件行政诉讼现状考察

　　知识产权行政诉讼，是指当事人不服国务院知识产权行政部门以及地方管理知识产权工作的部门的行政决定提起的行政诉讼，主要包括当事人不服国家知识产权局专利复审委员会（以下简称"专利复审委员会"）、国家知识产权局、地方知识产权局和海关知识产权执法机构的具体行政行为提起的行政诉讼。①

一、知识产权行政诉讼案件分类及案由

以行政主体作为划分标准的话，可以将知识产权行政诉讼分为以下几类。

1. 以专利复审委员会为被告的专利行政诉讼

在《关于国家知识产权局专利局部分内设机构调整的批复》里面，专利复审委员会主要职能的第三点便是"负责专利复审委员会作为行政诉讼被告的应诉工作"。当事人不服专利复审委员会做出的复审请求审查决定、无效宣告请求审查决定的，可以提起行政诉讼。

2. 以国家知识产权局为被告的专利行政诉讼

当事人不服国家知识产权局做出的具体行政行为，其中大部分，当事人既可以提起行政诉讼又可以向国家知识产权局提出行政复议，对于行政复议决定不服的，可以提出行政诉讼。

3. 以专利管理部门为被告的专利行政诉讼

根据《专利法》的规定，专利管理部门可以应当事人的要求，对于侵犯专利的纠纷进行处理，还有责任对于假冒专利的行为进行责令改正并予公告。对于地方专利管理工作的部门针对专利侵权、假冒专利做出的处理决定，当事人可以提出专利行政诉讼。

---

① 参见国家知识产权局专利复审委员会编著：《专利行政诉讼概论与案例精解》，知识产权出版社 2011 年版，第 1—2 页。

4.以海关为被告的知识产权行政诉讼

根据《中华人民共和国知识产权海关保护条例》的规定，海关查处进出口中的知识产权侵权案件。当事人如果不服海关在专利侵权案件查处中做出的具体行政行为，也可以提出行政诉讼。

以具体行政行为的内容为划分标准的话，可以将知识产权行政诉讼分为：对无效宣告请求审查决定提起的行政诉讼、对复审请求审查决定提起的行政诉讼、对行政复议决定提起的行政诉讼、对知识产权行政处罚提起的行政诉讼、对知识产权行政强制许可提起的行政诉讼等。本书的研究范围包括对行政复议决定提起的行政诉讼、对知识产权行政处罚提起的行政诉讼、对专利行政强制许可提起的行政诉讼等。

就本书研究而言，我们关注的是第3类专利行政诉讼案件，即"以专利管理部门为被告的专利行政诉讼"。鉴于本书的研究内容及研究对象，本书的相关研究成果或结论均适用于一般的知识产权行政诉讼案件。

二、知识产权行政诉讼的受案范围

知识产权行政诉讼作为行政诉讼的一种，同样受我国《行政诉讼法》规定的约束。我国《行政诉讼法》第十二条详细规定了行政诉讼的受案范围，分别是：

（1）对行政拘留、暂扣或者吊销许可证和执照、责令停产停业、没收违法所得、没收非法财物、罚款、警告等行政处罚不服的；

（2）对限制人身自由或者对财产的查封、扣押、冻结等行政强制措施和行政强制执行不服的；

（3）申请行政许可，行政机关拒绝或者在法定期限内不予答复，或者对行政机关作出的有关行政许可的其他决定不服的；

（4）对行政机关作出的关于确认土地、矿藏、水流、森林、山岭、草原、荒地、滩涂、海域等自然资源的所有权或者使用权的决定不服的；

（5）对征收、征用决定及其补偿决定不服的；

（6）申请行政机关履行保护人身权、财产权等合法权益的法定职责，行政机关拒绝履行或者不予答复的；

（7）认为行政机关侵犯其经营自主权或者农村土地承包经营权、农村土地经营权的；

（8）认为行政机关滥用行政权力排除或者限制竞争的；

（9）认为行政机关违法集资、摊派费用或者违法要求履行其他义务的；

（10）认为行政机关没有依法支付抚恤金、最低生活保障待遇或者社会保险待遇的；

（11）认为行政机关不依法履行、未按照约定履行或者违法变更、解除政府特许经营协议、土地房屋征收补偿协议等协议的；

（12）认为行政机关侵犯其他人身权、财产权等合法权益的。

除前款规定外，人民法院受理法律、法规规定可以提起诉讼的其他行政案件。

第十二条第一款第三、第六、第八和第十二项均为专利行政诉讼的受案范围。在2015年修正的《行政诉讼法》施行之后，专利行政诉讼的受案范围出现了一个明显的扩张现象。

结合知识产权行政管理部门的工作内容，我国《行政诉讼法》第十二条中仅有第一款第一、第二项中情形属于行政诉讼法的受案范围。换言之，只有专利管理部门针对侵权产品或假冒产品实施的责令停止特定行为、没收违法所得、罚款、不当查封、扣押等行政处罚不服的，才可提起行政诉讼。

三、新法施行后的行政诉讼案件趋向

自2014年起，我国《行政诉讼法》先后历经两次修正，修法所覆

盖的范围之广、内容变化之大，前所未有。2017 年 6 月 27 日修正通过的《行政诉讼法》（以下简称"2017 年《行政诉讼法》"）正式施行后，为知识产权行政诉讼带来新的变化。

1. 扩大了受案范围

专利行政诉讼是专利诉讼的一种。依据《专利法》及《实施细则》，专利行政诉讼的严格含义是专利行政行为的司法审查诉讼案件，其包括：当事人因不服专利复审委员会做出的维持驳回专利申请的复审决定或无效宣告请求审查决定而提起的行政诉讼；当事人不服国家知识产权局做出的具体行政行为（包括行政复议决定）而以其为被告的行政诉讼；当事人不服地方知识产权管理部门关于停止侵权行为的处理决定、关于假冒他人专利或冒充专利做出的处罚决定而提起的行政诉讼。

结合《最高人民法院关于适用〈中华人民共和国行政诉讼法〉的解释》（法释〔2018〕1 号）第一条第一款第（二）项的规定，调解行为以及法律规定的仲裁行为不属于人民法院行政诉讼的受案范围。由此，专利行政诉讼行为主要来源于专利行政执法中的处理专利侵权纠纷和查处假冒专利两种情形。

在以上常规专利行政诉讼的基础上，2017 年行政诉讼法第二条扩大了专利行政诉讼的受案范围，增加了以下规定："前款所称行政行为，包括法律、法规、规章授权的组织作出的行政行为。"从而将规章授权组织所做出的行政行为也纳入了行政诉讼的受案范围。

以广州为例，目前广州开办的各类展会的纠纷处理主要适用《广州市展会知识产权保护办法》和《广东省展会专利保护办法》这两个政府规章，一旦有当事人对于处理决定不满，出台规章的授权组织也有可能成为被诉对象。考虑到数量众多的展会纠纷，今后行政诉讼的数量可能会有大幅度增长。

此外，2017 年行政诉讼法还在第十二条增加了九项行政诉讼的具体事项，① 其中的第三、第六和第八项都有可能成为专利行政诉讼的诉由：当事人一旦对于行政许可处理决定不服，或者认为自己的人身权、财产权等相关权益受损，或者认为行政机关的决定排除、限制竞争的，均可以提起行政诉讼。

2. 扩大了复议机关成为诉讼对象的范围

原行政诉讼法的规定是"经复议的案件，复议机关决定维持原具体行政行为的，作出原具体行政行为的行政机关是被告；复议机关改变原具体行政行为的，复议机关是被告。"也就是说，只有当复议机关改变了原具体行政行为时，才有可能成为行政诉讼的被告。但是 2017 年行政诉讼法在第二十六条中规定："经复议的案件，复议机关决定维持原行政行为的，作出原行政行为的行政机关和复议机关是共同被告；复议机关改变原行政行为的，复议机关是被告。"这意味着在 2017 年行政诉讼法施行后，复议机关无论维持还是改变原行政行为，都将成为行政

---

① 以下为《中华人民共和国行政诉讼法》第十二条新增部分：

（三）申请行政许可，行政机关拒绝或者在法定期限内不予答复，或者对行政机关作出的有关行政许可的其他决定不服的；

（四）对行政机关作出的关于确认土地、矿藏、水流、森林、山岭、草原、荒地、滩涂、海域等自然资源的所有权或者使用权的决定不服的；

（五）对征收、征用决定及其补偿决定不服的；

（六）申请行政机关履行保护人身权、财产权等合法权益的法定职责，行政机关拒绝履行或者不予答复的；

（七）认为行政机关侵犯其经营自主权或者农村土地承包经营权、农村土地经营权的；

（八）认为行政机关滥用行政权力排除或者限制竞争的；

（九）认为行政机关违法集资、摊派费用或者违法要求履行其他义务的；

（十）认为行政机关没有依法支付抚恤金、最低生活保障待遇或者社会保险待遇的；

（十一）认为行政机关不依法履行、未按照约定履行或者违法变更、解除政府特许经营协议、土地房屋征收补偿协议等协议的。

诉讼的被告，被诉几率大大提高。有鉴于自2012年始，广州市各区知识产权局开始享有执法权，并由广州市知识产权局作为上级复议机关，这意味着广州市知识产权局有可能由于行政复议决定遭遇更多的行政诉讼。

2018年3月，新的国务院机构改革方案出台以后，知识产权行政管理机构发生了变化，但知识产权的管理职能并未消失，交由市场监督管理机构承继。可以预见，新机构改革方案后的知识产权行政诉讼不会因机构的变更而减少。

3.扩大了提起诉讼的当事人范围

2017年《行政诉讼法》在第二十五条中明确规定："行政行为的相对人以及其他与行政行为有利害关系的公民、法人或者其他组织，有权提起诉讼。"这就扩大了提起行政诉讼的当事人的范围——只要与行政行为有利害关系，当事人就可以提起行政诉讼。根据原行政诉讼法第二十七条的规定，与行政行为有利害关系的当事人只能作为第三人参与诉讼。

在过往的商标行政诉讼判例中，曾经有第三人提出上诉要求，被法院以非本案当事人为由驳回。而根据2017年行政诉讼法的规定，这种请求将不会再被法院驳回。由于知识产权行政诉讼中也经常出现类似的第三人情况——如专利权人投诉销售商侵权，知识产权局做出处理决定之后，专利权人或者销售商不服而提起的行政诉讼后，生产商就可能作为第三人参与到诉讼中。2017年行政诉讼法施行后，这些第三人将可以独立就行政行为提起诉讼，这无疑要求行政机关在做出行政决定前，要更加审慎地去考虑各方利益。

4.规定了行政首长需要出庭应诉

2017年《行政诉讼法》第三条第二款明确规定："被诉行政机关负

责人应当出庭应诉。不能出庭的，应当委托行政机关相应的工作人员出庭。"

为了正确适用 2017 年行政诉讼法的法律条文，帮助下级法院理解 2017 年行政诉讼法的一些最新变化，最高人民法院在 2018 年 2 月 6 日公布了司法解释，即《关于适用〈中华人民共和国行政诉讼法〉的解释》（法释〔2018〕1 号）。该司法解释一共 163 条，详细地规定了行政复议与行政诉讼之间的衔接制度。

作为一个新规定，法释〔2018〕1 号文暂未明确行政机关负责人在何种情况下可以委托工作人员出庭的事宜，成为地方知识产权行政管理机关较为关注的一个空白点。一些地方政府自行出台了一些内部指导性意见，鉴于其效力范围的限制，在法律效力上显然不足以对抗行政诉讼法及其相应的立法、司法解释。一旦当事人以此为由投诉行政机关，行政机关势必难以免责。

5. 规定了跨区管辖，集中应诉加大了败诉风险

2017 年《行政诉讼法》第十八条规定："经最高人民法院批准，高级人民法院可以根据审判工作的实际情况，确定若干人民法院跨行政区域管辖行政案件。"这一规定旨在打破司法审判的地方保护主义，增加行政机关干预审判的难度。从目前情况来看，在实行行政诉讼集中管辖后，一些地方出现了行政机关败诉率大大提升的现象。[①] 对于这一现象，知识产权行政管理机关也应引以为鉴。

---

① 湛江经济开发区法院是广东省首家"一审行政案件集中管辖"的基层法院。试点从 2014 年 11 月 21 日开始，截至 2015 年 3 月 19 日，该院共受理各类行政案件 170 件。集中管辖后，行政机关败诉率显著提高，达 21%，而在集中管辖前为 4%—8%。参见《湛江：一审行政案件集中管辖试点四月"官"的败诉率大增》，人民网，2015 年 4 月 1 日，http://gd.people.com.cn/n/2015/0401/c123932-24349733.html。

6.废除"维持决定"的裁决形式，给行政机关留下了更大的操作空间

2017年《行政诉讼法》第六十九条规定："行政行为证据确凿，适用法律、法规正确，符合法定程序的，或者原告申请被告履行法定职责或者给付义务理由不成立的，人民法院判决驳回原告的诉讼请求。"这意味着，法院将不会再做出类似于"维持某某行政行为"的判决，而是会直接驳回原告的诉讼请求。这一方面体现了司法权与行政权之间关系得到了进一步的厘清，彰显了司法权的被动性；另一方面也降低了行政机关自由裁量权的行使风险，表现为行政机关可以在获得法院判决之后，进一步修正自己的行为。

2015年修订的《专利行政执法办法》也给知识产权行政工作带来了一些新变化，其中隐含着诉讼风险。如第十九条改为第二十一条，将行政机关结案的期限缩短了一个月；第二十二条和第二十八条均明确规定了立案时间；第四十六条明确了行政决定的公开时限和方式等。① 这些规定将行政执法工作的一些模糊之处明确、定量化了，一旦行政机关未能按时完成，也将面临当事人的复议甚至是诉讼。

---

① 2015年5月29日《专利行政执法办法》的主要修订包括（仅列举与本书研究相关的部分）：一、第十九条改为第二十一条，并将第一款改为"管理专利工作的部门处理专利侵权纠纷，应当自立案之日起3个月内结案。案件特别复杂需要延长期限的，应当由管理专利工作的部门负责人批准。经批准延长的期限，最多不超过1个月。"

二、第二十二条改为第二十四条，并将第一款改为"被请求人提交意见陈述书并同意进行调解的，管理专利工作的部门应当在收到意见陈述书之日起5个工作日内立案，并通知请求人和被请求人进行调解的时间和地点。"

三、第二十六条改为第二十八条，并改为"管理专利工作的部门发现或者接受举报、投诉发现涉嫌假冒专利行为的，应当自发现之日起5个工作日内或者收到举报、投诉之日起10个工作日内立案，并指定两名或者两名以上执法人员进行调查。"

四、第四十四条改为第四十六条，并改为"管理专利工作的部门作出认定专利侵权行为成立并责令侵权人立即停止侵权行为的决定，或者认定假冒专利行为成立并作出处罚决定的，应当自作出决定之日起20个工作日内予以公开，通过政府网站等途径及时发布执法信息。"

综上，在 2017 年《行政诉讼法》颁布施行的背后，是整个社会法治意识的提升以及政府职能转变的大背景。行政诉讼已经不再像以往的"民告官"案件那样为人所忌惮，而更多地将成为当事人维权甚至是泄愤的一种常态。知识产权行政管理机关对于这一形势，应有清醒的认识。

四、知识产权案件行政诉讼实例分析

众所周知，广东省是经济强省，也是一个创新大省。自广东省政府 2010 年 9 月发布《2010—2011 年实施广东省知识产权战略纲要（2007—2020 年）工作方案》（以下简称《工作方案》）以来，广东省各项知识产权数据持续多年领跑全国。2017 年 4 月，广东省人民检察院与广东省高级人民法院相继发布了广东省十大知识产权保护典型案例和《广东法院知识产权司法保护状况（2017 年度）》白皮书（以下简称"广东白皮书"）。

据"广东白皮书"显示，2017 年广东法院审结各类知识产权案件 7.1 万件，同比增长 64.69%，占全国法院结案总数的 31.7%，继续居全国法院首位。从案件的地域分布上看，珠三角地区案件量约占广东全省的 90% 以上。这些数据的取得与广东省持续深化知识产权领域改革，积极开展《广东省专利条例》、《广东省专利奖励办法》修订工作，构筑良好的营商环境分不开的。

从统计数据上看，2010 年至 2014 年，广州的行政执法工作经历了一个急剧攀升的过程。这或许与《工作方案》的公布和实施有一定的关联。

2010 年的侵权处理案件还只有 21 件，打击假冒专利案件为 48 件，2011 年的数字大致与此持平。而自 2012 年开始各区拥有了知识产权执法权，知识产权执法案件开始激增：当年市区两级的侵权处理案件为 58

件，打击假冒专利案件为 178 件。2013 年这两种案件的数量分别为 135 件和 141 件，2014 年则进一步分别增长为 178 件和 251 件。由此可见，随着广州经济的发展和人们知识产权意识的提升，知识产权纠纷呈现出了日趋增长的态势，给广州的行政执法工作提出了严峻的挑战。但是五年间的专利行政诉讼案件却只有 9 件，且均为执法机关胜诉的结果，从诉讼量和胜诉率可见广州行政执法工作的质量很高。

具体分析这 9 件专利诉讼案，当事人的诉由包括：认为行政执法机关对于必要技术特征的判断有误；未正确适用"等同原则"、"全面覆盖原则"等判定标准；执法程序存在瑕疵；等等。其中对于行政执法结果的实体性问题存在异议，进而提起诉讼的占据了绝大多数，以程序性问题作为诉由的案件极少。这说明广州的知识产权行政执法工作合法、合规意识很强，虽然面临着巨大的执法压力，但是在程序问题上并没有明显的疏漏。

进一步分析这五年间专利诉讼案件，还可以发现至少有 3 起案件是与同一名当事人相关的，占到了全部诉讼量的三分之一。这说明广州知识产权行政诉讼案件具有一定的偶发性——如果妥善解决了个别当事人的纠纷问题，还有望进一步降低诉讼数量。而所有案件，都来自于侵权处理案件和打击假冒专利案件，数量极多的展会纠纷在处理过程中，并没有行政诉讼案件，这种被诉的可能性在 2017 年行政诉讼法施行后将大大提升。

第二节　知识产权案件行政复议考察

知识产权行政保护涉及面非常广，也最为复杂。自我国加入 TRIPs 以后，知识产权行政保护标准在全球范围内日益趋同化。在执法机关展开知识产权行政保护行动的过程中，不可避免地会产生一些具体行政行为。行政相对人如果对知识产权行政机关的处罚（处理）行为不服，是可以寻求司法救济的，这种救济途径通常有二。其一是申请行政复议，其二便是提起行政诉讼。

行政复议是行政法上的一项重要制度。其目的在于给行政相对人在行政系统内一个针对不当行政行为的救济通道。同时，也给行政机关一个在系统内纠错的机会。根据我国专利法、商标法的相关规定，最常见的行政复议主要来自于不服知识产权管理机关的各项处理决定而提起的复议。

专利行政复议是指针对涉及专利事项的具体行政行为提起的行政复议。此处所谓涉及专利事项，既包括国家知识产权局在审查授予专利权等过程中做出的具体行政行为，也包括管理专利工作的部门在处理专利侵权纠纷、调解专利纠纷以及查处专利违法案件等过程中做出的具体行政行为。具体到本书研究，专利行政复议单指管理专利工作的部门在处理专利侵权纠纷、调解专利纠纷与查处专利违法案件过程中，当事人因不服管理其所做的具体行政行为而向上一级行政管理机关提出的行政复议。专利行政复议专指当事人对管理专利工作的部门的行政执法行为不服所提出的复议请求，不含当事人对国家知识产权局的审查授权行为而提起的行政复议请求。

一、我国知识产权行政复议基本制度

1. 我国知识产权行政复议的制度基础

在知识产权实务工作中，专利行政复议是一种最为常见的行政复议。其含义是指涉及专利事项的具体行政行为提起的行政复议。此处所谓涉及专利事项，既包括国家知识产权局在审查授予专利权等过程中做出的具体行政行为，也包括管理专利工作的部门在处理专利侵权纠纷、调解专利纠纷以及查处专利违法案件等过程中做出的具体行政行为。

具体到地方执法机关，专利行政复议单指管理专利工作的部门在处理专利侵权纠纷、调解专利纠纷与查处专利违法案件过程中，当事人因不服管理其所做的具体行政行为而向上一级行政管理机关提出的行政复议。对于当事人对国家知识产权局的审查授权行为而提起的行政复议请求，鉴于其由专门的法院受理，此处暂不讨论。①

我国目前的专利执法体制采取的是双轨制，不同于国际上的大多数国家。我国管理专利工作的部门同时具有司法职能和行政执法职能。这一体制的架构需要在地方设立管理专利工作的部门，负责处理专利侵权纠纷、查处假冒专利的违法行为。

目前，在所有省级人民政府内，都已设立此类管理专利工作的部门，在部分设区的市级人民政府内，也设立有此类管理专利工作的部门。广州市知识产权局即属于此类管理专利工作的部门。

进一步地，根据《专利法》及《实施细则》和国家知识产权局2010年12月29日颁布的《专利行政执法办法》第二条规定，处理专利侵权纠纷、调解专利纠纷及查处假冒专利行为，均属于专利行政执法的范畴。在实施上述行政执法行为中，管理专利工作的部门可以采取询问当事人、调查取证、查阅复制账册、现场勘验、抽样取证、查封扣押假冒产品等多种行政执法措施。

《行政复议法》第六条规定了11项可申请行政复议的范围。当事人对行政机关做出的上述处罚措施不服的，可以提起行政复议，对于行政复议

---

① 不服专利复审委、商标复审委的处理意见所提起的行政诉讼，案件的管辖法院为北京市第一中级人民法院。自2014年10月27日《最高人民法院关于北京、上海、广州知识产权法院案件管辖的规定》经最高人民法院审判委员会第1628次会议通过后，此类案件统一由北京知识产权法院受理并管辖。

决定不服的，可以提起行政诉讼。行政复议不是行政诉讼的前置程序。

结合国家知识产权局《专利行政执法办法》的相关规定，管理专利工作的部门在专利行政执法过程中，可以采取责令停止侵权行为、责令销毁涉案侵权产品、责令停止销售行为、没收违法所得、罚款等行政强制措施。加之我国《专利法》及《实施细则》又规定了询问当事人、调查取证、查阅复制账册、现场勘验、抽样取证、查封扣押假冒产品等多种行政执法措施。这些措施中，仅有查封和扣押假冒专利产品的行为可能造成对当事人财产权利的侵犯。

由此可见，专利执法环节是行政复议案件和行政诉讼案件的最主要来源。专利行政管理机关须从执法环节入手，切实提高执法效能及公信力。这是提高知识产权行政执法公信力的一个窗口。

2. 知识产权行政复议的相关法律法规

现行调整知识产权行政复议的法律、法规，主要是《行政复议法》（自 1999 年 10 月 1 日起施行），《国家知识产权局行政复议规程》（自 2002 年 9 月 1 日起施行，以下简称《行政复议规程》）。现行《专利法》、《专利法实施细则》、《行政诉讼法》、《行政处罚法》、《专利行政执法办法》以及《最高人民法院关于适用〈中华人民共和国行政诉讼法〉的解释》（法释〔2018〕1 号）等，可以作为行政复议行为及其纠纷解决的法律依据。

在这些法律规范中，《行政复议法》属于法律，《行政复议规程》属于部门规章，在两者适用关系上，应遵循上位法优于下位法的原则。《行政复议规程》第一条也明文规定其系根据《行政复议法》而制定。但是鉴于《行政复议规程》仅适用于针对国家知识产权局的具体行政行为提出的复议申请，而不包含对地方管理专利工作部门的具体行政行为不服而提出的复议请求，故此将不予考虑。

3.知识产权行政与司法程序的衔接

知识产权行政与司法衔接程序体现在三个方面。第一个方面是，由于监审关系而形成的衔接程序。根据行政诉讼法的规定，人民法院有权对地方知识产权行政管理部门的具体行政行为是否合法进行审查，进而实现监督的职能。这一职能决定了知识产权行政执法行为需要与知识产权诉讼行为相衔接。

第二个方面是，基于分工关系而形成的衔接需求，司法保护权主要通过被动保护的方式保护知识产权；而行政保护权则通过维护知识产权市场秩序和周围环境来保护知识产权，两者不同分工，无法相互取代。这就决定了知识产权行政执法的决定与行政诉讼之间的衔接关系。

第三个方面是，基于协作关系而形成的衔接程序，知识产权行政管理部门与司法部门都有义务保护权利人的合法权益，营造并维持公平竞争的市场环境是两者的共同职责。在此项工作职能上，两者各自发挥优势，形成协作互补关系。知识产权行政管理部门在发现案件涉及诉讼时，应及时与司法机关交接工作，共同维护市场秩序。

4.知识产权行政复议与诉讼中的调解与和解制度

1999 年颁布的《行政复议法》取消了 1990 年《行政复议条例》关于"复议机关审理复议案件，不适用调解"的规定，2007 年颁布的《行政复议法实施条例》明确规定两种案件可以适用调解，在行政复议中也最终确立了调解制度。①

随着经济社会发展，我国进入了社会转型期和矛盾凸显期，各类矛

---

① 参见《行政复议法实施条例》第五十条。该条规定，在两种情形下，行政复议机关可以按照自愿、合法的原则进行调解：（一）公民、法人或者其他组织对行政机关行使法律、法规规定的自由裁量权作出的具体行政行为不服申请行政复议的；（二）当事人之间的行政赔偿或者行政补偿纠纷。

盾纠纷呈现出多样性、复杂性、群体性等特点。与此同时，传统的调解类型也面临种种困境，难以适应及时缓和大量纠纷的现实需要，在解决纠纷上的作用日趋下降。这使得惯于把人民调解作为"防止纠纷第一道防线"的国家产生了构筑一种更具实效、更具权威的纠纷解决方式的内在需要，以改变过去各种调解单兵作战、各自为政的调处格局。

知识产权行政复议调解，是指在行政复议过程中，行政复议机关经查明有关行政争议的事实，分清是非，在不违背法律和损害公共利益、他人利益的基础上，积极进行协调，引导当事人互谅互让达成协议，从而有效化解行政争议的行政复议处理方式。

结合我国《专利法》及《实施细则》的规定，专利行政执法行为可以适用调解制度，以求最大化地简化行政程序、提高工作效率。

2003 年 4 月，江苏省南通市借鉴社会治安综合治理工作经验，结合重建调解网络，率先在全国建立"党政领导、政法牵头、司法为主、各方参与"的大调解机制，其他地方如山东省、浙江省、上海浦东等也都建立了各具地方特色的大调解机制，并在实践中取得了良好效果。值得一提的是，海关作为知识产权管理机关，也在有限的条件下实行了行政复议调解制度。

依照《山西省行政复议调解和解办法》（自 2009 年 10 月 1 日起施行），当事人经调解达成协议的，行政复议机关应当制作行政复议调解书。调解书应当载明行政复议请求、事实、理由和调解结果，并加盖行政复议机关印章。行政复议调解书经双方当事人签字，即具有法律效力。调解未达成协议或者调解书生效前一方反悔的，行政复议机关应当及时做出行政复议决定。

和解是独立于调解以外的民间解决纠纷机制。知识产权行政复议和解，是指在行政复议过程中，当事人之间自行达成和解，并经行政复议机关确认准许相关和解内容，从而有效化解行政争议的行政复议处理方式。这种方式在民间较为常见，其和解协议的达成往往依靠双方当事人的努力，法律拘束力较弱。

5. 专利行政复议预警机制

专利预警原指企业或者专利权人针对即将要发生的专利争端的预备警戒制度。在学者及实务界看来，专利预警的服务对象通常为企业，其目标在于帮助企业做好风险防控工作，以使企业能够有准备地应付可能到来的专利纠纷。

近年来一些地方专利行政部门开始尝试将预警的含义和制度使用于知识产权行政保护工作当中。从这个意义出发，专利行政复议预警可以作为一种专利行政复议事项的预告和防范制度。其目标在于帮助专利行政机关依法行使行政职权、降低执法风险，从而提高行政执法能力和执法水平的一系列体制机制。

考虑到专利行政执法的工作程序和工作内容，通过专利行政执法工作程序的再造和创新实现预警机制的初步构建，可能是一个可行的路径。

6. 专利行政诉讼预警机制

专利行政诉讼预警的本质是一种专利行政诉讼事项的预告和防范制度。就地方专利行政管理部门而言，当司法权介入专利行政执法行为的监督检查过程之后，专利行政诉讼的风险即存在于每一项专利行政执法工作之中。尤其是，2017年《行政诉讼法》加大了对当事人诉权的维护，专利行政部门面临出庭应诉的现实问题，为了提高行政执法行为的公信力，维护行政权力的权威，有必要构建及时的预告制度。

二、我国知识产权行政复议的状况

我国知识产权行政复议制度已经初步建立，其功能不仅在于保障实体上的公正，还在于提高效率和维护社会秩序。① 但现行知识产权行政复议程序运行下的行政复议却没有很好地体现其高效、便民的特点，在官僚制的影响下，"行政复议这艘大船也遗憾地实乃必然地缓慢航行在了尴尬的浅水区"②。

许多行政相对人在复议结果出来后仍然会提起行政诉讼，甚至有些行政相对人并没有事先把案件交给知识产权行政机关复议，而是直接提起行政诉讼，因而，当前我国的知识产权行政复议制度并没有完全发挥出预想效果，并陷入以下困境当中。

1. 知识产权行政复议偏行政化，复议结果的公信力低

我国行政复议法在立法之初明确了行政复议的内部行政监督的功能定位③。在设置行政复议程序的规定时，过于偏重于行政化，这使行政机关的复议活动得不到复议当事人的认可，知识产权行政复议作为复议活动，也存在着相似的问题。

以广东省为例，2013 年广东省共收到行政复议申请 17408 件，数量居全国之首；行政诉讼一审案件数量 9079 宗，居全国第四。二者均比上年呈较大幅度增长。从案件的结果来看，行政复议结案 16286 件，决定维持 9463 件，纠正 1152 件，和解 3357 件；行政诉讼结案 8621 件，

---

① 参见马怀德：《行政程序法的价值及立法意义》，《政法论坛》2004 年第 5 期。

② 刘鹤、刘召刚：《我国行政复议制度的反思与重构》，《齐鲁学刊》2010 年第 3 期。

③ 《中华人民共和国行政复议法》第一条："为了防止和纠正违法的或者不当的具体行政行为，保护公民、法人和其他组织的合法权益，保障和监督行政机关依法行使职权，根据宪法，制定本法。"

败诉 893 件，和解 2090 件。①

由此可见，行政复议案件居高不下，且维持率高，将近 67% 经过复议的案件会寻求司法救济，行政复议的效力并没有被彰显。公信力体现了政府工作的权威性，也反映了人民群众对政府的满意度和信任度，与行政诉讼相比，行政复议呈明显的下滑趋势，关键还是因为缺乏使群众信服的公信力。

2. 专利行政复议程序缺乏可操作性，案件处理效率低下

《专利法》、《专利行政执法办法》、《行政复议规程》等对专利行政诉讼程序规定过于简略，在实践中缺乏可操作性，致使复议机关在处理案件时无所适从。专利行政复议应当是严谨的法律审查制度，不同情况的案件应该有与其相对应的审查方式，其证据规则等也应当做相应的变化，以求提高复议效率，节省成本，保持公正。

依照《行政复议规程》的规定，几乎所有的专利行政复议案件都会经历同样的程序（如图 3–1 所示），特别是查处假冒专利所引发的行政复议流程（如图 3–2 所示）。

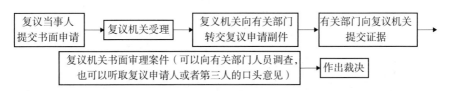

图 3–1　专利行政复议案件复议程序流程图

由此可见，在一般情况下，我国的专利行政复议仅对案件进行单一的书面审查，没有针对当事人的利益轻重、事实简单或繁杂的情况、涉

① 数据来自广东省法制办：《省法制办会同省高级法院联合印发 2013 年度行政复议和行政诉讼"白皮书"》，2014 年 7 月 18 日。

案金额的多少来设计不同的程序模式，比如确立一般程序、简易程序、形式审查等分类模式。针对这一情况，国务院《全面推进依法行政实施纲要》明确提出，要进一步完善行政复议制度，探索建立简易程序。

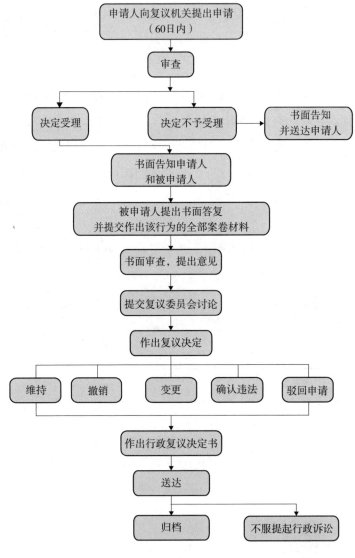

图 3-2　查处假冒专利所引发的行政复议流程图解

第三节　知识产权行政复议案件实证分析

知识产权行政复议是解决知识产权纠纷的第一道途径，其对知识产权行政保护公信力的提升具有重要的基础性作用。同时，在大多数情况下，知识产权行政复议案件的效果将直接影响知识产权行政诉讼的质量，其重要性是不言而喻的。

根据需要，笔者广泛收集资料，认真总结分析，经过细致周密的工作，大致描述了我国主要地区知识产权行政复议案件的相关特点和趋势，并从现状分析、受案范围与案由、知识产权行政复议案件质量分析、知识产权行政复议案件趋势分析及域外相关立法经验分析等方面，展开了全面的研究。

一、知识产权行政复议案件的案由

根据《行政复议法》第二十八条的规定，行政复议案件的案由主要包括六种情形：1.主要事实不清、证据不足的；2.适用依据错误的；3.违反法定程序的；4.超越或者滥用职权的；5.具体行政行为明显不当的；6.行政主体不履行法定职责的。

《广州市依法行政年度报告（2013）》[①]指出，目前广州市行政复议案件存在的主要问题在于：1.认定事实不清，对违法行为认定的主要证据不足；2.超越法定职权，做出行政行为缺乏法律依据；3.程序观念淡漠，实施行为及应议违反法定程序；4.怠于履行职责，存在行政不作为的现象；5.酌定裁量欠缺，具体行政行为量罚明显不当。

---

① 参见广州市人民政府法制办公室：《广州市依法行政年度报告（2013）》，2014年12月。

具体到广州市知识产权局专利行政执法案件的行政复议、诉讼案由主要集中在：主要事实不清、证据不足（四次，100%案件涉及），适用依据错误（两次，50%案件涉及），明显不当（两次，50%案件涉及），违反法定程序（一次，25%案件涉及）。而超越或者滥用职权和行政主体不履行法定职责两类理由未涉及。

表 3-1　2010—2014 年广州市知识产权局行政复议、诉讼案由一览表

| 案件名称 | 判决书号 | 判决结果 | 行政复议 | | 行政复议、诉讼案由 | | | | | | |
			是否申请复议/复议机关	复议结果	A	B	C	D	E	F	J
刘勇达不服专利侵权纠纷行政处理决定案	(2012) 穗中法知行初字第 1 号	维持	否		✓						
九阳股份有限公司专利侵权纠纷行政处理决定案	(2013) 穗中法知行初字第 1 号	维持	是 / 广东省知识产权局	维持	✓	✓	✓	✓			✓
展崇不服专利侵权纠纷行政处理决定案	(2013) 穗中法知行初字第 3 号	维持	是 / 广东省知识产权局	维持	✓		✓				
展崇不服专利侵权纠纷行政处理决定案	(2014) 穗中法知行初字第 2 号	维持	是 / 广东省知识产权局	维持	✓						✓

表 3-1 是广州市知识产权局 2010—2014 年处理的专利行政复议案件的统计分析表。[①] 为便于统计分析，我们将行政复议、诉讼案由用英文大写字母代替，其中，以事实不清、证据不足为由起诉的，表述为 A，不履行法定职责表述为 B，适用依据错误表述为 C，违反法定程序表述为 D，超越职权表述为 E，滥用职权表述为 F，行政行为不当表述为 J。

---

① 此表数据根据广州市知识产权法院提供的行政判决书归纳分析得出。

表 3-1 显示，行政相对人对行政行为不服提起的行政诉讼缘由多样，几乎涵盖了行政诉讼法中所规定的受案事由。

二、知识产权行政复议案件的受案范围

1.《行政复议法》规定的受案范围

行政复议受案范围是行政复议基础性制度，受案范围的宽与窄直接关系到行政复议制度的功能发挥。目前，《行政复议法》采取概括制加否定列举制规定了行政复议的受案范围，第六、第七条分别列举了属于行政复议范围的具体行政行为或事项，第八条排除了不属于行政复议范围的具体行政行为或事项。根据这些条款，除法律有特别规定外，凡属于具体行政行为引起的行政纠纷都可以申请行政复议。

但作为一项行政救济机制，行政复议制度的功能不只是内部监督、自我纠错，更主要的应当是解决纠纷和权益救济，行政复议受案范围为此也需要不断扩展其边界。有学者就此呼吁，不应将复议范围与诉讼范围完全等同，应当尽可能将行政机关对相对人产生法律上利害关系的行为都纳入行政复议范围。毕竟在本质上，行政复议和行政诉讼有着很大不同，不适合司法审查的并非都不适合行政审查，可考虑进一步放宽可申请复议的抽象行政行为的范围[1]，以加强对行政权力的监督和限制，这对规范性法律文件的制定提出了更高的水平要求，而这部分正是目前许多行政机关的"短板"。可以预见，将来针对抽象行政行为的行政复议案件将会有较大幅度的增长，行政机关应尽早未雨绸缪。

---

[1]　参见湛中乐：《论我国〈行政复议法〉修改的若干问题》，《行政法学研究》2013 年第 1 期。

2. 专利侵权行政裁决案件的行政复议问题

在专利行政执法领域，行政处罚等具体行政行为属于行政复议的受案范围并没有太大疑义，但对专利侵权纠纷处理决定是否属于行政复议受案范围却引发了诸多争论。争论肇始于河南获嘉县恒达器材厂诉河南新乡市人民政府案，一审案号（2006）郑行初字第 139 号，二审案号（2007）豫法行终字第 00125 号。案件的焦点之一为专利机关做出的专利处理决定是否可以提起行政复议。

在实践中，根据《中华人民共和国专利法》第六十条的规定，管理专利工作的部门对专利侵权民事纠纷可居中进行调解或做出行政处理，一旦认定侵权成立，可责令侵权人立即停止侵权行为，当事人不服的，可以自收到处理通知之日起十五日内依照《中华人民共和国行政诉讼法》向人民法院起诉；侵权人期满不起诉又不停止侵权行为的，管理专利工作的部门可以申请人民法院强制执行。

同时，根据《专利行政执法办法》第四十一条的规定，管理专利工作的部门认定专利侵权行为成立，做出处理决定，责令侵权人立即停止侵权行为的，还应当采取包括销毁侵权专用设备、模具和侵权产品等制止侵权行为的相关措施。管理专利工作的部门对专利侵权纠纷的行政处理一般是作为行政裁决来对待，① 但《行政复议法》却没有明确规定行政裁决是否适用，即行政裁决是否属于行政复议的受案范围，这给业界带

---

① 关于专利侵权纠纷处理决定的性质，学界也多有讨论。目前学界主流的观点认为，其不属于行政处罚范畴，而应该是行政裁决性质。其理由在于：专利侵权处理决定解决的对象是平等主体之间的民事争议；依据私法做出侵权处理决定；专利侵权处理本质上行使的是判断权，具有准司法属性；专利侵权纠纷处理决定的被动性和中立性特征；侵权处理决定具有强制力。司法裁决性质的认定也逐渐为司法审判实践所承认，如（2006）郑行初字第 139 号和（2009）甘行终字 100 号。随后，国家知识产权局在《关于处理专利侵权纠纷中有关问题的请示》（新知〔2014〕5 号）的答复函中也明确指出专利侵权纠纷行政处理在法律性质上属于行政裁决。

来巨大困扰。对于专利机关做出的专利处理决定是否可以提起行政复议，存在两种截然不同的观点。

其一，不属于行政复议的受案范围，不能提起行政复议。

根据《专利法》第六十条的规定，对专利处理决定不服的，可以向人民法院提起行政诉讼。从该法条表述的立法原意看，专利侵权纠纷即是专利权人与侵权人之间的民事纠纷，为了迅速解决该民事纠纷，使专利权人的合法权利得到及时的救济，故没有规定对专利处理决定不服，可向行政机关申请复议，从而避免行政程序过长，纠纷长期得不到解决的情况。根据该条规定，对专利处理决定不服的，只能向人民法院提起诉讼，而不能向行政机关申请行政复议。行政复议法虽然规定对行政机关的具体行政行为不服的，可以向有关部门申请行政复议，但该法第八条第二款对有些行政行为作了排除性规定："不服行政机关对民事纠纷作出的调解或者其他处理，依法申请仲裁或者向人民法院提起诉讼。"这里的其他处理包括某些行政裁决。

其二，属于行政复议受案范围，依法可提起行政复议。

根据《专利法》第六十条的规定，专利处理决定属于可向人民法院提起行政诉讼的具体行政行为，那么根据《行政复议法》第六条第十一项规定的"认为行政机关的其他具体行政行为侵犯其合法权益的"，可以申请行政复议。《行政复议法》第八条第二款规定："不服行政机关对民事纠纷作出的调解或者其他处理，依法申请仲裁或者向人民法院提起诉讼"，这里的"其他处理"不包括专利处理决定，而应是单纯的居中处理行为。而且根据《行政诉讼法》第四十四条的规定："对属于人民法院受案范围的行政案件，公民、法人或者其他组织可以先向行政机关申请复议，对复议决定不服的，再向人民法院提起诉讼；也可以直接向人民法院提起诉讼。"根据该条规定的立法精神，凡是能提起行政诉讼的案件均可以申请行政复议，所以受理不服管理专利的工作部门所做出的专利处理决定的复议申请完全符合法律的规定。

3. 一审法院判决

案件如期进行了审判，二审公布后判决生效。但是该专利案件中的争论并没有得到消除。一审判决采纳了第二种观点，判决理由主要基于以下考虑：

（1）法无禁止即可为。对一种具体行政行为不服，选择行政复议或行政诉讼？对当事人来说是一种权利，只要没有法律的明确禁止就可以选择。其实，《专利法》第六十条是一种倡导性的规定，从迅速解决民事争议的角度出发，专利法不提倡将这一由行政机关介入的民事争议再交由行政机关处理，但其并没有禁止当事人选择行政复议这一救济途径。

（2）"其他处理"应该属于不具有强制力的与调解相类似的居间行为。管理专利工作的部门对专利侵权纠纷做出的专利处理决定不属于《行政复议法》第八条第二款规定的"其他处理"除外情形。从法律解释学角度看，该款规定的"其他处理"应当是与行政机关对民事纠纷做出的调解相类似的居间行为，对当事人不应产生强制约束力；而管理专利工作的部门做出的专利处理决定，虽然也是对当事人的民事纠纷做出的处理，但它是具有强制约束力的行政裁决，不同于一般的调处，不属于与行政机关做出的调解相类似的居间行为。

（3）凡是能提起行政诉讼的案件，均可以申请行政复议。根据《行政诉讼法》第四十四条规定的立法精神，专利行政处理决定既然是可以提起行政诉讼的行政行为，当然也应当可以进行行政复议。

（4）行政复议制度并不以迅速、及时解决当事人之间的民事争议为宗旨，从制度设计上看，我国的行政复议制度是作为行政机关内部自我纠错的一种监督制度，是实现行政机关层级监督的一种重要行政监督机制。因此，把专利侵权纠纷处理决定纳入行政复议受案范围是适宜的。

4. 事件后续发展

一审完结后，专利侵权纠纷行政处理决定可以成为行政复议的对象的判决在业界引起巨大关注，质疑声音不断而且有逐渐壮大的趋势，如国家知识产权局在《国家知识产权局办公室关于处理专利侵权纠纷相关问题的函》（国知办函管字〔2014〕264 号）中明确把专利侵权纠纷处理决定排除在行政复议受案范围之外。

《江苏省专利行政执法规程》第一百三十条也明确规定，不服知识产权行政管理部门对专利侵权纠纷做出的处理决定，应当依法向人民法院提起诉讼，不能申请行政复议。其核心观点是《专利法》第六十条的立法本意是为提高专利权保护的效率，尽可能地防止侵权人利用较长的争议期，做出妨碍执行的行为。理由是《行政诉讼法》规定当事人提起行政诉讼的法定期限为 3 个月，而《专利法》第六十条作为特别法把该期限缩短为 15 天，该变动隐含了"当事人只能提起行政诉讼，不然该专利侵权处理决定就具有了确定力和执行力"。否则，在 15 天的起诉期限届满后，当事人仍可根据《行政复议法》的 2 个月的复议期限提起行政复议，《专利法》第六十条的立法目的就无法实现。因此，针对专利侵权纠纷的行政处理决定应该属于《行政复议法》第八条第二款中的"其他处理"而被排除在复议受案范围之外。

5. 个人观点及建议

个人认为，不宜把专利侵权行政处理决定纳入行政复议的受案范围。理由除了上述赞成不能提起行政复议的观点外，还基于如下考量：

（1）专利行政保护制度发展的必然趋势。我国在 1984 年制定《专利法》的时候，之所以选择司法、行政保护双轨制，原因在于司法审判机关的审判力量还不足以满足专利法律保护的现实需要，而管理专利工作的部门具备丰富的实践经验和相应的技术能力，加上行政程序的低成本、高效率，通过行政手段保护专利权当然成为当时的最佳选择。但经过 30 多年的发展，我国专利审判力量已不可同日而语，专门的知识产权法院也已建立，现在是时候还本溯源了，应逐步把民事侵权案件的判断权交还给法院，管理专利工作的部门也应把更多的精力放在涉及公共利益的管理事项上，推动创新社会的早日到来。此种发展趋势可由历次《专利法》在专利侵权行政处理职权方面的变动得到验证。①

（2）提高专利权保护效率的现实选择。我国实行专利司法、行政保护双轨制，涉及行政、司法两种程序，司法程序还可能包括民事、行政和刑事诉讼，诉讼时间偏长，诉讼成本高昂，给当事人带来巨大的诉累。为提高专利权的保护效率，司法系统已率先做出改变——成立知识产权法院，行政保护体系无理由无动于衷，排除专利侵权行政处理决定的可复议性——减少行政机构的过深过度参与，这无疑对提高专利保护效率有着不小的帮助。

（3）行政复议制度的现实困境。行政复议制度"是行政机关内部自我纠错的一种监督制度"，但目前我国的行政复议的制度优势未能发挥出来，究其原因，是其制度设计存在着先天缺陷，那就是行政复议制度缺少司法要素，缺少超脱性和独立性。"不宜也不必搬用司法机关办案的程序"的"去司法化"发展路径是导致行政复议制度没有发挥应有作用的最主要根源。行政复议制度缺乏公信力，集中体现在复议机构、复议程序上，目前法律法规规定的行政复议程序过于简化，缺

---

① 参见邓建志：《WTO 框架下中国知识产权行政保护》，知识产权出版社 2008 年版，第152—165 页。

少保障程序理性与程序公正的基本制度，致使申请人和被申请人在行政复议过程中得不到公平对待，申请人参与权难以得到保障。在行政复议制度存在诸多不足的现实困境下，绝大多数行政复议都以维持而终结，内部监督、纠错的目标难以企及，与其如此，不如弃之而转向外部救济。

鉴于上述考虑，笔者建议相关行政机关与司法机关及立法机关就行政权执行过程的困境进行充分沟通，共同研究，早日解决专利侵权处理决定的可复议问题，给社会一个确定的指引。

三、广州市知识产权局专利行政复议案件的质量分析

2010—2014 年间，以广州市知识产权局专利行政执法行为为复议对象的案件共 4 件，其中，3 件是向省知识产权局提出的行政复议请求，均被省局维持；另外 1 件是向市法制办提出，因处理决定书存在笔误，被市法制办撤销，见表 3-2。

表 3-2 2010—2014 年广州市知识产权局专利行政复议案件统计表

（单位：件、%）

年份	行政执法案件数	行政复议案件数	行政复议申请率	复议维持率	复议不服起诉案件（一审）	复议不服起诉率
2010	69	0	0	0	0	0
2011	97	0	0	0	0	0
2012	236	1（维持）	0.424	100	1（维持）	100
2013	276	1（维持）	0.362	100	1（维持）	100
2014	259	2（1 维持 1 撤销）	0.772	50	1（维持）	50
合计	937	4	0.427	75	3	75

从表3-2可以看出①，广州市知识产权局在专利行政执法方面的质量值得肯定和称道，具体体现在以下三方面。

一是专利行政执法行为行政复议被申请率低，被申请复议的比率只占0.427%，说明整体执法水平高，行政相对人基本认可并接受行政处理。二是复议被维持的比率高，近五年的行政复议案中，被复议机关维持的占75%，唯一一件被撤销的也是因为笔误，而不是其他专业性的原因，可见，在出现争议的行政执法案中，执法质量也得到了复议机关的认可。三是复议理由本身属于易产生争议的事项，在被申请复议的4件案件中，其中3件都涉及专利侵权的判断，2件还涉及侵权判断中最难的等同侵权，这些复议事由本身就容易产生争议，有不同的理解实属正常。

虽然广州市知识产权局的行政执法案件质量比较高，但案件统计分析结果也暴露了一些隐忧，即在行政执法的细节管理上还存在不足。如因办案人员笔误而被撤销案件的出现就应当足以引起重视。对相对人而言，细微失误所传递的信息远不仅仅是疏忽大意这么简单，其还关系到行政部门的公信力。

四、专利行政复议案件的特点规律与发展趋势

1.复议案件绝对数和相对数小

表3-2对2010—2014年广州市知识产权局专利行政执法行政复议案件的统计分析表明，专利行政执法行政复议案件的数量比较少，2010年和2011年没有，2012年和2013年各1件，2014年2件，相对其他行政执法部门，在绝对数量上是比较少的。而且被申请行政复议的案件

---

① 资料来源于广州市知识产权局执法处。

所占的比例为 0.427%（五年平均），相对数量也低。绝对数量和相对数量偏小，表明执法质量上乘。

2. 暗含复议新增长点

虽然复议案件的绝对数和相对数都比较小，但随着专利行政执法项目的增加和行政复议受案范围的扩展，专利行政执法行为被申请行政复议的概率会大幅度增加，增长点可能会集中在以下几方面。

（1）展会专利执法

广州市知识产权局对会展专利纠纷处理的方式主要是以展会主办方进行调解处理为主，行政机关进驻以专家身份进行侵权认定，最终以展会主办方名义做出调解处理。对上述处理方式，行政机关驻会并未做出具体行政行为，因此不涉及对展会纠纷的诉讼和复议问题。当然，展会纠纷也可以由当事人根据简易程序或者普通程序请求行政机关进行行政执法，但因为简易程序的条件要求较高，而普通程序受制于时限等因素，在实践中当事人极少选择上述两种纠纷处理方式。

笔者认为，虽然展会纠纷当事人不会轻易选择简易程序或者普通程序来解决纠纷，但相关法律法规毕竟规定了这两种解决渠道，这是当事人获得救济的机会，是其权利，也是专利行政执法部门的法定职责。随着会展业态的变化和维权方式的更新，有可能会出现按法定程序维权的申请，执法部门应该提前做好预案。

（2）抽象行政行为纳入行政复议受案范围

2017 年《行政诉讼法》已取消了具体行政行为才能被诉的限制，法学界也多有呼吁扩大行政诉讼、复议的受案范围的声音，行政复议受案范围的扩充将是下次《行政复议法》修订的重要议题，一旦受案范围把抽象行政行为纳入进来，执法部门制定的其他规范性法律文件就很有可能成为被审查的对象，而这是行政执法部门可能尚未准备好的事项。

（3）复议案由主要集中在侵权判断这一易发争议事项上

表 3-1 对行政复议案由的分析表明，针对专利行政执法案件的行政复议案由基本集中在侵权判断这一事项上，尤其是涉及等同侵权这一非常容易引发争议的判断上。这一事实提醒执法者，在做出专利侵权判断时需要非常谨慎，但更为有效的是应该和知识产权法院建立相应机制进行沟通，逐步统一侵权判断和赔偿的标准。

（4）复议定分止争的作用有限

表 3-2 对申请行政复议后提起行政诉讼的情况进行了分析，不服复议决定提起行政诉讼的案件有 3 件，占行政复议案件的 75%，剩下的 1 件也是因为笔误这样不易引发争议的案件。由此可以看出，对诸如侵权判断这类易发争议的复议案件，复议申请者认可复议决定的比率非常低，即在专利行政执法领域，行政复议定分止争的作用非常有限，其主要原因可能是复议申请者存在"行政一家亲"的朴素看法，对不利于自己的复议决定充满了不信任。当然，不服复议决定而提起行政诉讼的原因有很多，笔者无法逐一去探究，但这一事实告诉我们，针对专利执法行为的行政复议效率低下，当事人选择此种救济途径会耗费大量的时间和精力，不如放弃此途径而直接起诉到法院，反而能节省争议解决成本，这也是我们在考虑专利侵权行政处理决定是否纳入行政复议受案范围的一个不争事实。

第四节　知识产权行政复议预警机制的构建

知识产权的行政复议作为知识产权行政执法行为的监督纠错机制，是一种维护行政当事人合法利益的有效途径，在现实中有着不可替代的作用。但知识产权行政复议的运行程序却存在着许多有待解决的缺陷，当事人大都不采纳知识产权行政管理部门就专利假冒或侵权纠纷所做出的复议决定。众多专利侵权纠纷最终以行政诉讼或者民事侵权诉讼结案，专利行政复议无法发挥自身优势。要解决这一问题，需要从专利行政复议的程序入手，发现其中的问题，提出预警机制，从而减少诉讼的数量。

一、与当前知识产权行政复议程序衔接

简单来说，知识产权行政复议，即行政复议机关为了履行行政复议职能，针对行政复议当事人提出的复议申请，依照法律法规规定的时限，按照一定的步骤和准则，与行政复议当事人交互行使权利、履行义务，最后通过行政复议机关的合理性和合法性审查，得出复议决定的过程。[①]

知识产权执法部门被统一称为管理知识产权工作的执法部门，实际上除海关等专门的执法机关外，一般可分为两大类：第一类是国家知识产权局，第二类是各级管理知识产权工作的部门。

当行政相对人申请复议时，与知识产权行政复议的两类被申请人一致，也存在知识产权行政复议的两类机构。

第一，对国务院部门或者省、自治区、直辖市人民政府的具体行政行为不服的，向做出该具体行政行为的国务院部门或者省、自治区、直辖市人民政府申请行政复议。[②]

国家机构改革之后，根据最新的安排，国家知识产权局仍属于国务院

---

① 参见姜明安、余凌云主编：《行政法》，科学出版社 2010 年版，第 634 页。

② 《中华人民共和国行政复议法》第十四条："对国务院部门或者省、自治区、直辖市人民政府的具体行政行为不服的，向作出该具体行政行为的国务院部门或者省、自治区、直辖市人民政府申请行政复议。对行政复议决定不服的，可以向人民法院提起行政诉讼；也可以向国务院申请裁决，国务院依照本法的规定作出最终裁决。"

的直属机构，性质上相当于国务院市场监督管理部门的下属单位。机构的隶属关系虽然变化了，但是机构的职责仍在。因此，对其做出的具体行政行为，应由其本身进行复议。同时，根据《行政复议规程》第三条的规定，复议应由国家知识产权局法律事务处具体负责。

第二，对县级以上地方各级人民政府工作部门的具体行政行为不服的，由申请人选择，可以向该部门的本级人民政府申请行政复议，也可以向上一级主管部门申请行政复议。① 所以，此类行政复议，既可以向管理知识产权工作的部门所属的本级人民政府提出申请，也可以向上一级管理知识产权工作的部门提出申请。

我国现行知识产权行政复议程序主要依据《行政复议法》以及《行政复议规程》来执行，由法条的规定可以看出进行知识产权行政复议的三个程序：一是具体行政行为的相对人或其他利害关系人向知识产权行政复议机关申请复议以及知识产权行政复议机关的受理；二是知识产权行政复议机关对行政复议申请的审查；三是知识产权行政复议机关根据审查结果做出行政复议决定。②

知识产权行政复议程序体现了复议机关的裁决中立性，在一定程度上具有准司法的特征，虽然在学术届争论不断，但现阶段大多数学者认为知识产权行政复议与其他行政复议一样，其本质是"原行政行为的一种自我修复和自我完善"，即是行政机关内部的一种自我监督和自我纠错程序。③

---

① 《中华人民共和国行政复议法》第十二条："对县级以上地方各级人民政府工作部门的具体行政行为不服的，由申请人选择，可以向该部门的本级人民政府申请行政复议，也可以向上一级主管部门申请行政复议。"

② 参见《中华人民共和国行政复议法》第九至第三十三条；《国家知识产权局行政复议规程》第八至第二十九条。

③ 参见郜风涛主编：《中华人民共和国行政复议法实施条例释解与应用》，人民出版社2007年版，第16页。

二、知识产权行政复议预警管理构建

1. 构建知识产权执法案件行政复议预警机制的必要性

我国知识产权行政复议的不足之处存在于复议程序的各个环节之中，从不同程度影响了知识产权行政复议活动的公正性和高效性。大多数的纠纷案件经过复议或者直接跳过复议，倾向于去寻求司法上的救济，一方面导致处理案件的人民法院应接不暇，另一方面也无法体现知识产权行政执法和知识产权行政复议相对于司法救济的优越性。因此，立法上亟须探究知识产权行政复议程序中的不当之处，进而建立知识产权行政执法案件行政复议的预警机制。

首先，知识产权行政复议的管辖。经由国家知识产权局处理的知识产权行政执法案件，复议应由国家知识产权局法律事务处具体负责。① 知识产权行政复议应该遵循公正的原则，复议机关应当从中立的角度对纠纷进行处理，而国家知识产权局自我复议的规定，就直接违背了"任何人不得做自己案件法官"的要求。另外，基于隶属关系处理的复议案件也难保公正，上级机关在处理案件时，往往会出于对下级工作的"支持"、原行政执法机关在处理纠纷时已经请示上级、不愿因为改变裁决而成为行政诉讼的被告等原因，在复议后仍然维持原裁决。

其次，知识产权行政复议的处理。② 从我国的法律规定上来看，一方面，现行的审查形式主要采取书面审理，只有在复议机关认为有必要的情况下会向有关部门人员调查或者听取复议申请人或者第三人的口头

---

① 《中华人民共和国行政复议法》第十四条："对国务院部门或者省、自治区、直辖市人民政府的具体行政行为不服的，向作出该具体行政行为的国务院部门或者省、自治区、直辖市人民政府申请行政复议"；《国家知识产权局行政复议规程》第三条："国家知识产权局负责法制工作的机构（以下称"行政复议机构"）具体办理行政复议事项……"

② 《国家知识产权局行政复议规程》第十六至第二十九条。

意见，公开性相对较弱。另一方面，不按实际情况区分案件而采取统一的书面审查制度，对一些案情复杂、争议大、涉案标的较高的案件，这样的审理方式很容易造成不公正现象的产生。同时，知识产权行政复议程序中回避制度、律师代理制度以及证据制度的缺失，在认定案件事实、保护复议申请人方面造成了消极的影响。

最后，知识产权行政复议处理决定。根据法律的规定，具体行政行为有主要事实不清证据不足的、适用依据错误的、违反法定程序的、超越或者滥用职权的以及具体行政行为明显不当的，复议机关可以决定撤销、变更或者确认该具体行政行为违法；决定撤销或者确认该具体行政行为违法的，可以责令被申请人在一定期限内重新做出具体行政行为。① 这条规定没有明确说明哪种情况适用哪种决定形式，知识产权行政复议机关的行政裁量权较大。另外，关于复议过程的和解和调解制度，法律上也只是做了原则性规定②，没有具体的操作制度，因此在知识产权行政复议阶段，无法发挥和解以及调解制度的优越性。

从整个知识产权行政复议的程序设置来看，上述缺陷极大程度上影响了行政复议制度的实施，亟需寻求预警机制对知识产权行政复议的缺陷进行修复，逐步减少经过知识产权行政复议处理后的案件最终以司法审判结案的数量，以便充分发挥行政复议的功能。

2. 预警机制的构建

知识产权行政复议源自行政相对人对于管理知识产权工作的部门的

---

① 《国家知识产权局行政复议规程》第二十三条："具体行政行为有下列情形之一的，应当决定撤销、变更该具体行政行为或者确认该具体行政行为违法，并可以决定由被申请人重新作出具体行政行为：（一）……（六）……"

② 《中华人民共和国行政复议法实施条例》第五十条："有下列情形之一的，行政复议机关可以按照自愿、合法的原则进行调解……当事人经调解达成协议的，行政复议机关应当制作复议调解书。"

具体行政行为不服所引发的救济措施。当事人可以在管理知识产权工作的部门做出具体行政行为后自由选择行政复议程序或者行政诉讼作为救济。而经复议结案的纠纷，也可能会因复议当事人提出诉讼请求而进入司法程序，使行政执法机关或者复议机关成为被告，具体行政行为面临司法审查。为了避免这一情况的发生，提高管理知识产权工作的部门的执法积极性以及复议机关的决定权威性，应建立健全诉讼预警机制，减少争讼之可能。

在不考虑当事人另向法院提起民事侵权诉讼的前提下，管理知识产权工作的部门在行政执法的过程中所做出的行政裁决、行政处罚属于具体行政行为，行政相对人对具体行政行为不服，并且认为行政机关侵犯了其应当享有的合法权益时，依法有请求复议或者提起行政诉讼的权利。根据法律规定，对于管理知识产权工作的部门主动查处假冒专利所做出的行政处罚，行政相对人既可以请求复议，也可以提起行政诉讼。① 而对于用来处理知识产权侵权纠纷的行政裁决，行政相对人仅被赋予了提起行政诉讼的权利。②

然而，我国现行知识产权行政复议制度存在严重缺陷，行政诉讼案件的发生极大程度上是因为行政复议缺乏权威性，因而，应当在考虑复议工作实践需要、满足群众追求正义的心态前提下，逐步完善知识产权行政复议程序。

----

① 国家知识产权局《专利行政执法办法》第三十三条："经调查，假冒专利行为成立应当予以处罚的，管理专利工作的部门应当制作处罚决定书，写明以下内容：……（四）不服处罚决定申请行政复议和提起行政诉讼的途径和期限……"

② 国家知识产权局《专利行政执法办法》第十七条："除达成调解协议或者请求人撤回请求之外，管理专利工作的部门处理专利侵权纠纷应当制作处理决定书，写明以下内容：……（五）不服处理决定提起行政诉讼的途径和期限……"

3. 知识产权行政管辖体制的完善

知识产权行政复议制度的完善应当坚持渐进式可持续发展的道路，避免急功近利的心态。为此，可以试点在各级政府设置独立知识产权执法部门的知识产权复议委员会，委员会下设各专业办公室对各种不同类型的知识产权复议案件进行处理，取消上级行政机关对复议案件的管辖权。

4. 书面审理制度的健全

单纯的书面审理不利于双方证据的提交，导致复议机关与当事人之间沟通不畅，容易发生误判，使当事人有苦难辩。因此，在知识产权行政复议委员会的管辖模式下，应当开辟其他公开程度高的审理方式，不宜将书面审理作为一切案件的审理形式。应当根据案件的难易程度和已有的材料情况进行分类，对于本身就缺少足够的书面材料的案件，不适宜适用单纯的书面审查方式，审理中应当为当事人之间交换意见和观点提供机会，具体可以考虑由知识产权行政复议机关将双方的书面陈述或答辩多次交换传递，确有必要时，可以组织双方进行现场答辩。

5. 与案件具体情况相对应的程序增设

我国目前的知识产权行政复议只设置了一般程序，因而无论是在受理还是审查的阶段都比较繁琐，使行政程序拖延，耗费了大量的复议资源，不利于体现行政复议相对于司法审查的高效性。因此，对一些事实清楚、争议不大的简单案件，可以设置简易程序来处理。立法时可以采用列举的方式规定一些事实清楚、案情相对简单、标的数额较小、对事实无争议等的案件适用简易程序。

6. 考虑增加回避制度

知识产权行政复议虽然是行政机关依照其行政权力实施的具体行政

行为，但其也具备司法权所体现的中立特质，这种特质需要通过回避制度作为保障的后盾。回避的价值在于防止裁判者的偏私，而我国的知识产权行政复议程序并没有任何回避的要求，因此极大程度上影响了裁判行为的公正。立法者有必要将回避作为一项重要的复议原则加以规定，明确回避的情况、范围、程序、限制以及违反回避所应当承担的后果等内容，保证知识产权行政复议在中立的状态下进行。

7.改变以往不公开审理的境况

知识产权行政复议程序在受理、审理、做出决定等程序方面的规定稍显简略，并且对案件一律采取不公开的书面审查形式进行处理，虽然这在一定程度上简化了处理程序，但违背了"权力需在阳光下行使"这一原则的要求。完善不公开审理的程序，可以考虑与不同的程序对接，在一般程序下采取公开审查的形式，由复议委员会下的专家办公室举行类似司法审理的方式，听取申请人、被申请人和第三人的陈述、举证、质证、辩论的意见。当事人对意见的表达以及对证据的质疑，既可以采用口头方式，也可以使用书面意见，关键在于复议机关"听了"。[①] 这样，不仅能够更加透明地处理纠纷，还能进一步保障当事人的知情权，提升知识产权行政复议的权威。

8.行政调解制度的完善

知识产权行政复议调解是在行政复议的过程中，经由行政复议机关的办案人员主持，复议申请人和被申请人依法就有关行政争议进行协商，进而达成合意的活动。行政调解制度的完善可以在构筑预警机制中发挥一定的作用，不仅可以有效解决纠纷，还可以降低复议机关成为被告

---

① 参见陈端洪:《英国行政裁决中的听取相对方意见的原则》,《行政法学研究》1994 年第 2 期。

的几率。20多年的实践表明，司法裁判中实际存在着大量事实上的调解，且收到了良好的社会效果。2007年施行的《行政复议法实施条例》更是明确写入了调解制度。因此行政诉讼法有必要予以承接，实行并轨统一。

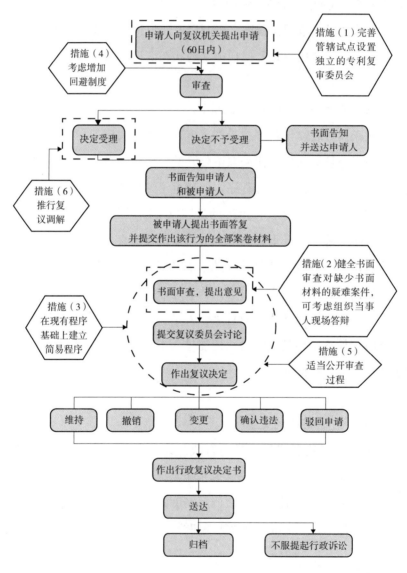

图 3-3　专利行政复议预警机制构建图解

　　图 3-3 是对我国知识产权行政复议工作程序进行改造之后的工作流程图，该图中增加了调解制度、回避制度等多项制度。

　　从图 3-3 可以看出，新方案在原有的行政复议工作程序中增加了 6 项措施。[①] 这些措施分别包括：通过设置独立的专利复审委员会完善复议管辖、健全书面审查、在现有的程序中设置简易程序、考虑增加回避制度、适当公开审查过程以及推行复议调解等制度，这些制度嵌入到原有的行政复议程序中，与原工作程序共同发挥作用，防止不当行政行为在无任何征兆下的诉讼行为，维护知识产权行政机关的执法公信力。

　　需要说明的是，调解制度本身在行政复议中仍有一定的生存空间。根据我国相关法律规定和实务界的经验，在以下情形中，调解制度不存在制度障碍。

　　第一，不履行法定职责案件。管理知识产权工作的部门在行使行政职权时必须依法承担相应的义务和责任，即法定职责。对于法定职责，既不能放弃也不能违反。如果管理知识产权工作的部门在案件复议期间经调解而主动履行其应当履行的职责，这种积极作为既合乎行政目的，对相对人来说也正好达到目的。因此，调解在此类案件中的适用不存在障碍和不当。

　　第二，涉及行政自由裁量权案件。行政自由裁量权，是指行政机关在法律法规规定的原则和范围内有选择余地的处置权力，包括作为与不作为的自由裁量、选择行为方式的自由裁量以及认定事实、处置幅度选择的裁量等。《国家知识产权局行政复议规程》规定对具体行政行为认定事实清楚，证据确凿，适用依据正确，程序合法，内容适当的，应当决定维持，做出裁决的机关必须不折不扣地执行，社会效果必然不好。通过复议机关的调解，行政机关适当调整行政行为，使新的行政行为更

---

① 本流程方案主要源自暨南大学吴雨辉博士的思想，在此特别说明。

加符合民意，不仅没有放弃法定职权之嫌，相反会使行政行为更加符合立法旨意。

第三，具体行政行为事实清楚、适用法律法规正确，仅仅违反法定程序的案件。主要有两种情况：一是行政机关违反法定程序，而做出的实体处分不违法的；二是行政主体违反法定程序从而导致实体违法和错误。补救的方法是进行调解，行政机关可以做出适当的让步，从而使双方达成协议，避免行政机关的败诉和重复做出行政行为。

第四，具体行政行为主要证据不足的案件。主要证据是指行政机关赖以做出具体行政行为的基本事实根据和据以认定该事实存在的所必需的证据。这类案件通过法院调解后，可以避免行政机关因败诉而重新调查取证，可以节省大量的人力、物力和财力。

第五，适用法律法规错误的案件。从本质上说，适用法律法规错误，除了某些技术性的错误外，通常表现为行政机关对案件事实定性错误，或是对法律法规的原意、本质含义或法律精神理解或解释错误。此种情况如被诉，承担败诉结果是大概率事件，调解可避免行政机关被诉，节省行政资源。

第六，行政处罚显失公正的案件。行政处罚虽然在形式上不违法，但与法律的精神相违背，损害了个人或社会的利益而表现出明显的不公正，其最根本的特征是行政处罚主体运用自由裁量权不当，调解并不损害其职责。

综上，我国的知识产权行政复议的预警机制既可以通过提高执法人员素质、强化知识产权保护舆论环境等"软手段"实现，也可以通过工作程序再造的"硬方法"得以改善。具体到知识产权行政机关的管理工作，我们可以适当将部分工作程序嵌入到知识产权行政复议的工作当中，结合当前知识产权行政执法的现状，借鉴国内外有益的做法和立法经验，真正解决知识产权行政复议及知识产权行政诉讼预警的根本问题，为构筑良好、顺畅的知识产权保护环境而努力。

第五节　知识产权行政保护与司法保护协调机制之构建

前已述及，知识产权行政保护权与司法保护权之间的关系包括三方面：一是监审关系，人民法院有权对地方知识产权行政管理部门的具体行政行为是否合法进行审查，进而实现监督的职能，这层关系是知识产权行政管理部门疲于应诉和当事人权益难以被及时保障的制度原因。二是分工关系，司法保护权主要通过被动保护的方式比较直接地保护知识产权；而行政保护权则主要以主动保护的方式间接地通过维护知识产权市场秩序和周围环境来保护知识产权，两者有着不同分工，无法相互取代。三是协作关系，知识产权行政管理部门与司法部门都有义务保护权利人的合法权益，营造并维持公平竞争的市场环境是两者的共同职责，在此工作职能上，两者各自发挥优势，形成协作互补关系。

解决问题需要溯本清源，找到了问题产生的根源也就找到了解决问题的方向。过分强调司法权力对知识产权行政权力的监督审查，必然导致知识产权行政管理部门疲于应诉和合法权益人的权益难以被及时保障。而解决问题的关键恰好是两者关系的另一面——分工与协作关系，如果两者在制度上能够对接、程序上相互衔接，解决好关系不自洽问题，将有助于困局的破解。

众所周知，专利行政执法与司法审查作为两种重要的专利权保障途径，共同维护着我国专利保护制度的有效运行。两种途径各具特色，在处理不同阶段的侵权案件时，通常需要依靠两者之间的对接机制相互协调，从而在专利权的保护上起到了各司其职、相辅相成的作用。

专利行政执法是专利行政保护体系中极具中国特色的一项制度，根据专利行政执法行为的开展是否具有特殊性来进行划分，我国的专利行政执法主要有以下两种呈现形式，一是日常执法，二是专项行动，如图3–4所示。

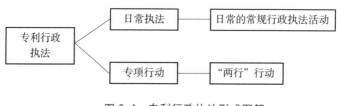

图 3–4　专利行政执法形式图解

日常执法是专利行政保护的首要内容，管理专利工作的部门通过日常的常规性执法工作，包括对专利侵权纠纷及其他专利纠纷的行政处理、行政调解，以此来提高专利行政执法的保护水平。

在以往的日常执法基础下，国家知识产权局以及一些机构往往会通过印发专项行动通知来部署有针对性的执法工作，从而加大对专利侵权行为的集中打击力度，具体表现在国务院组建了"全国打击侵犯知识产权和制售假冒伪劣商品专项行动小组"，以此专门针对打击假冒专利的活动进行组织协调，引导全国各地的管理专利工作的部门开展"两打"行动。对专利行政执法的讨论，一般包括这两种常见的形式。

一、专利行政执法与司法审查对接协调机制之梳理

根据《专利法》和《专利行政执法办法》的规定，专利行政执法包括以下三种形式：一是处理专利侵权纠纷案件；二是调解专利纠纷；三是查处假冒专利行为。三者在本质上分别属于行政裁决、行政调解以及行政处罚行为，如图3–5所示。

行政执法兼具主动与被动双重属性，一方面，管理专利工作的部门

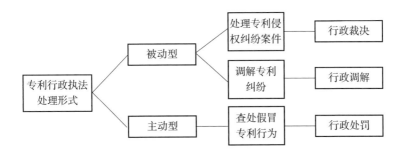

图3-5 专利行政执法处理形式图解

一旦发现侵害知识产权并且破坏正常市场秩序的违法行为，即可以依职权主动出击，查处假冒专利行为，防止违法所造成的危害继续扩大。

另一方面，针对专利侵权案件，管理专利工作的部门则需根据权利人的申请处理因专利侵权而产生的纠纷，并根据具体的情况做出行政裁决。无论管理专利工作的部门在主动或是被动的情况下执行职权，针对同一或有关联的专利侵权纠纷，都存在与司法审查之间的对接协调机制。

1.专利行政执法案件与司法在审案件的协调机制

第一，我国法律规定，情节严重的假冒专利案件，必须对违法行为人处以刑罚。因而，当专利工作管理部门在依其职权主动查处假冒专利案件的过程中，一旦发现违法行为触犯刑法，应当主动向公安机关移送案件。① 法律对这种情况做出规定，实质上是对专利行政执法与刑事司法的对接给予了一定程度上的肯定。

---

① 国务院《行政执法机关移送涉嫌犯罪案件的规定》第三条："行政执法机关在依法查处违法行为过程中，发现违法事实涉及的金额、违法事实的情节、违法事实造成的后果等，根据刑法关于破坏社会主义市场经济秩序罪、妨害社会管理秩序罪等罪的规定和最高人民法院、最高人民检察院关于破坏社会主义市场经济秩序罪、妨害社会管理秩序罪等罪的司法解释以及最高人民检察院、公安部关于经济犯罪案件的追诉标准等规定，涉嫌构成犯罪，依法需要追究刑事责任的，必须依照本规定向公安机关移送。"

第二，专利行政在审案件与司法在审案件之间协调还存在于专利侵权案件的程序性处理。

一方面，当事人就同一专利侵权行为分别请求管理专利工作的部门处理和提起民事侵权诉讼的，如当事人先提起民事侵权诉讼，那么管理专利工作的部门将不予受理该侵权纠纷案件。① 只有在当事人首先请求行政处理时，行政执法与司法程序才有可能同时进行，此时，行政执法机关不仅要在必要的情况下对侵权物采取查封、扣押等强制措施以用于固定侵权证据②，还应当继续对专利侵权纠纷进行处理。但如果行政执法案件的被请求人向法院申请确认涉案专利权无效的，当事人可以申请中止案件的处理，管理专利工作的部门也可以自行决定是否中止案件处理。③

另一方面，若当事人就相互之间有关联的几个专利侵权行为分别提起行政查处或行政诉讼，且一案必须以另一案的审理结果作为依据的，当另一案尚未审理结束时，一案应中止审理，直至另一案处理结果出来后再恢复审查程序。④

该阶段的对接协调机制体现了对案件审理效率的追求，当行政执法与司法程序都在处理同一侵权行为时，行政权会在特定情况下为司法权让步；但两种程序在处理相关的不同侵权行为时，需要以另一案为依据的案件会为其让步。这两种让步都是为了防止重复对案件进行审理所

---

① 国家知识产权局《专利行政执法办法》第八条："请求管理专利工作的部门处理专利侵权纠纷的，应当符合下列条件：……（五）当事人没有就该专利侵权纠纷向人民法院起诉。……"

② 参见国家知识产权局 2010 年颁布的《专利行政执法办法》第三十五至第四十条规定。

③ 国家知识产权局《专利行政执法操作指南》2.3.4.1 条规定："有以下情形之一的，当事人可以申请中止案件的处理，管理专利工作的部门也可以自行决定是否中止案件处理：（1）被请求人申请宣告涉案专利权无效的。……"

④ 《中华人民共和国民事诉讼法》第一百五十条："有下列情形之一的，中止诉讼：……（五）本案必须以另一案的审理结果为依据，而另一案尚未审结的……"

造成的资源浪费，虽然在一定程度上促进了效率，难免会使某些案件的审理停滞不前，以至于无法及时维护被侵权人的合法利益。

2. 行政处理程序结束后的司法程序保护机制

第一种情况，对于经举报或者发现的涉嫌假冒专利的行为，管理专利的工作部门可依据法定职权主动进行查处，若确实存在侵权事实，管理专利工作的部门将会对假冒专利行为人做出责令改正、没收违法所得、并处罚款等形式的行政处罚。① 如当事人对行政机关做出的具体行政行为有异议，可以依照相关法律的规定在一定期限内申请行政复议或者向法院提起行政诉讼。② 在此情况下，行政执法与司法审理之间的对接方式，基本与对普通的具体行政行为的救济无异。

第二种情况，经过专利行政执法程序处理后的侵权案件，包括行政处罚、行政裁决，当事人不服的，可以自收到处理通知之日起十五日内依照《中华人民共和国行政诉讼法》向人民法院起诉；③ 行政调解不具有强制执行的效力，因而当事人可以另行向人民法院提起专利侵权诉讼，重新提起专利侵权纠纷的，人民法院应当受理。④

---

① 国家知识产权局《专利行政执法办法》第二十九条："案件调查终结，经管理专利工作的部门负责人批准，根据案件情况分别作如下处理：（一）假冒专利行为成立应当予以处罚的，依法给予行政处罚……"

② 国家知识产权局《专利行政执法办法》第三十三条："经调查，假冒专利行为成立应当予以处罚的，管理专利工作的部门应当制作处罚决定书，写明以下内容：……（四）不服处罚决定申请行政复议和提起行政诉讼的途径和期限……"

③ 《四川省专利保护条例》第三十九条："管理专利工作的部门处理专利侵权纠纷时，认定侵权行为成立的，可以责令侵权人立即停止制造、使用、销售、许诺销售、进口等侵权行为……当事人对上述处理决定不服的，可以自收到处理决定之日起15日内依照《中华人民共和国行政诉讼法》向人民法院起诉……"

④ 《广州市行政调解规定》第三十四条："行政调解后达成的有民事权利义务内容的调解协议，依法具有合同性质。法律另有规定的除外。"

在审理这类侵权案件时，需要注意以下方面内容：

第一，管理专利工作的部门做出认定专利侵权行为成立并责令侵权人立即停止侵权的决定处理后，被请求人向人民法院提起行政诉讼的，在诉讼期间不停止决定的执行，有法律规定的情况除外。①

第二，法院在认定行为是否侵权时不能直接将行政执法中的认定结果作为依据，应该依照当事人的请求进行全面重新审查，根据具体情况来认定，依法进行判决。②

第三，人民法院在审查案件时，发现有假冒专利行为但未达到刑罚处罚标准的。如果专利管理工作的部门并未给予行为人行政处罚，人民法院可以依法给予民事制裁。③

由此可见，在假冒专利或专利侵权的案件中，对执法者做出的行政处罚有异议的，当事人可以寻求复议及司法上的救济；即便是经过行政程序解决的纠纷案件，当事人也可以依具体情况重新请求法院进行审理。因而，这一阶段的对接协调机制主要在于维护案件的公平正义。

但从另一个角度来说，这样的处理方式则造成正义的滞后以及处理结果的矛盾，导致在制度的具体适用上存在三个值得研究的问题：

---

① 《中华人民共和国行政诉讼法》第五十六条："诉讼期间，不停止行政行为的执行。但有下列情形之一的，裁定停止执行：（一）被告认为需要停止执行的；（二）原告或者利害关系人申请停止执行，人民法院认为该行政行为的执行会造成难以弥补的损失，并且停止执行不损害国家利益、社会公共利益的；（三）人民法院认为该行政行为的执行会给国家利益、社会公共利益造成重大损害的；（四）法律、法规规定停止执行的。当事人对停止执行或者不停止执行的裁定不服的，可以申请复议一次。"

② 《中华人民共和国行政诉讼法》第五条："人民法院审理行政案件，以事实为依据，以法律为准绳。"第六条："人民法院审理行政案件，以行政行为是否合法进行审查。"

③ 《最高人民法院关于审理专利纠纷案件适用法律问题的若干规定》第十九条："假冒他人专利的，人民法院可以依照专利法第六十三条的规定确定其民事责任。管理专利工作的部门未给予行政处罚的，人民法院可以依照民法通则第一百三十四条第三款的规定给予民事制裁，适用民事罚款数额可以参照专利法第六十三条的规定确定。"

一是当一件侵权纠纷历经了行政查处、行政复议以及行政诉讼三个不同的阶段，应当如何高效地保护当事人的权益。

二是在假冒专利侵权案件中，当管理专利工作的部门对侵权人做出没收违法所得处罚决定后，无论是否执行完毕，均不可中止决定的执行，专利权人在司法程序中如果要求追究侵权人的民事赔偿责任，应该如何解决。

三是在管理专利工作的部门已经对侵权人做出处罚决定的假冒专利案件中，经过法院判决后，发现其财产不足以同时支付罚款和侵权责任的，又应当如何处理。

3. 司法处理程序结束后的行政责任追究机制

对于同一专利侵权案件，经司法机关审判结束后，当事人就同一事实、同一理由再次申请行政处理的，管理专利工作的部门不应当受理。① 但是如果是涉及假冒专利的侵权案件，即便已经由法院审理结案，当事人还可以向管理专利工作的部门提出申请，请求侵权人承担相应的行政责任，管理专利工作的部门应当及时立案。② 但鉴于司法审判的终局性，管理专利工作的部门在处理该类案件时，可以对生效的裁判文书进行直接援引或参照执行后再进行相应的行政处罚。

显然，只有关于假冒专利的侵权纠纷案件才有可能涉及司法处理程

---

① 国家知识产权局《专利行政执法办法》第八条："请求管理专利工作的部门处理专利侵权纠纷的，应当符合下列条件：……（五）当事人没有就该专利侵权纠纷向人民法院起诉。……"

② 国家知识产权局《专利行政执法操作指南》3.1.2 立案条件："管理专利工作的部门决定立案查处假冒专利行为应当符合以下条件：（1）有明确的行政相对人，包括有明确的行为人或者明确的地址。（2）有涉嫌构成假冒专利行为的事实。（3）属于该管理专利工作的部门管辖。（4）假冒专利行为从发生之日起在 2 年内被发现；假冒专利行为有连续或者继续状态的，从行为终止之日起计算。"

序后的行政追责机制，这是因为假冒专利的行为已经损害到了社会主义的市场经济秩序，需要公权力对此做出严厉的制裁。虽然制度的设定有一定的威慑力，但是仍然存在以下两个问题亟需解决。

首先，在司法程序中已经责令侵权者承担停止侵权的民事责任或者侵权人在承担民事责任时已经交出了违法所得的情况下，专利管理工作的部门是否还有必要责令侵权者停止侵权及没收违法所得。

其次，专利行政执法在处理侵权案件时，对于另一程序中的事实和结果的确认要遵循"节约社会资源，避免对同一问题重复认定"的原则，无需对生效的法律文书再次进行判断，并不宜做出与其相矛盾的认定。但是如果出现"在先生效司法裁判所依赖的权利基础和主要证据发生变化"的情况，可对经在先司法程序处理的事实和结果重新认定。但这是两条相互矛盾的规定，在遵循不重新审查原则的前提下，将难以发现权利基础或者证据存在的变化，何来重新认定一说。

专利行政执法与司法审查的对接协调机制虽然在不同阶段的设置上分别对法的效率、公平、正义及维护社会主义市场经济秩序做出了不同程度的确认，但是仍然存在上述提到的许多问题，正是这些问题的存在，给专利权的保护带来了亟须解决的不良影响。

解决上述问题，可以考虑从流程上入手。依照相关法律法规，我国各地的专利行政执法工作已经形成了相对比较稳定和一致的工作程序。以查处假冒专利的工作流程而言，它可因两种情况启动。一种是执法部门依据职权主动查处假冒专利行为，另一种是收到信息之后的被动查处行为。两种行为启动后均涉及调查取证等行政措施以及随后展开的一系列行政程序。图3-6是以接到举报进行查处为例说明我国专利行政执法中对假冒专利的查处流程。

同样地，也可以考虑从流程上入手构建专利侵权行政执法中预警机制，恰当构筑行政权与司法权的和谐关系。类似的，处理专利侵权纠纷是我国知识产权行政管理部门一项主要的行政管理工作，其已形成了相对比较稳定和一致的工作程序。就专利侵权处理而言，也可因两种情况启动。一种是执法部门依据职权主动查处专利侵权，对专利侵权行为人科以处罚，另一种是收到专利权人或利害关系人申请后的被动查处行为。两种行为启动后均涉及调查取证等行政措施以及随后展开的一系列行政程序。图 3–7 是以收到申请进行查处为例说明我国专利行政执法中

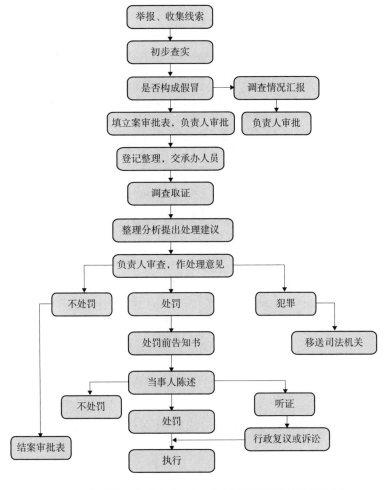

图 3–6　查处假冒专利流程图解（以接到举报进行查处为例）

对专利侵权行为的查处流程。

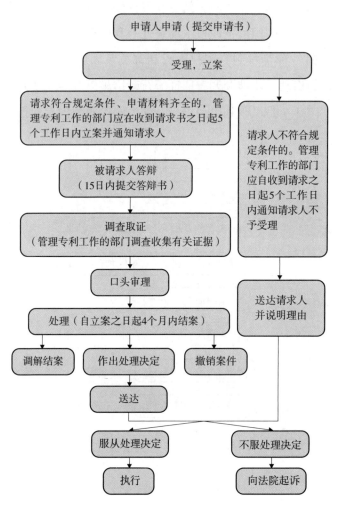

图 3-7 专利侵权纠纷执法工作流程图解

二、知识产权行政执法与司法审查对接协调机制之困境

我国知识产权行政执法与司法审查机制对接尚存在很多困难，这有多种原因。一方面，作为保护知识产权的有力机制，知识产权行政体系和

司法体系始终处于一种紧张关系之中。另一方面，我国知识产权行政执法机关的行政职能早已跨越单纯的行政管理领域，在行政执法甚至行政立法方面的行动空间很大，造成两者之间的关系难以协调。主要体现在：

1. 行政执法效果不足

首先，对当事人不履行管理知识产权工作部门的决定不能独立处理。在处理知识产权侵权纠纷时，如果管理知识产权工作的部门认定侵权行为成立的，有权责令该侵权人立即停止侵权行为。但在实际的执法工作中，管理知识产权工作的部门由于缺乏类似在查处假冒专利时法律所赋予的例如查阅、复制、查封、扣押、检查等有效遏制侵权行为的执法权力，若侵权人在规定的期限内既不提起行政诉讼，也不停止侵权行为，管理知识产权工作的部门还需要向法院申请强制执行[①]，在某种程度上给侵权者留了可以继续侵权的可能。

其次，对当事人不服管理知识产权工作的部门的处理存在不合理性。管理知识产权工作的部门经当事人的请求处理专利侵权纠纷案件，作为中立的一方，依据证据对纠纷进行处理。依照法律的规定，当事人对管理知识产权工作的部门处理的侵权纠纷不服时，可以在规定的期限内向法院提起行政诉讼[②]，这样的规定使管理知识产权工作的部门由独立的中立者变为案件的当事人，使得原本简单的案件变得更为复杂。当事人请求管理知识产权工作的部门对案件进行处理时，本质上是一种民事纠纷，管理知识产权工作的部门就像裁判者一样对案件进行裁决，不应受任何行

[①]　国家知识产权局《专利行政执法办法》第四十二条："……侵权人对管理专利工作的部门作出的认定侵权行为成立的处理决定期满不起诉又不停止侵权行为的，管理专利工作的部门可以申请人民法院强制执行。"

[②]　国家知识产权局《专利行政执法办法》第十七条："除达成调解协议或者请求人撤回请求之外，管理专利工作的部门处理专利侵权纠纷应当制作处理决定书，写明以下内容：……（五）不服处理决定提起行政诉讼的途径和期限。……"

政机关、团体和个人的干涉。若当事人对裁决不服提起行政诉讼，裁判者就成为了被告，这就会造成这样一种现象，即管理知识产权工作的部门处理的纠纷越多，当被告的可能性就越大，严重降低了执法者的积极性。

最后，以调解结案的侵权纠纷数量过少。法律规定，对于涉及赔偿问题的专利侵权案件，管理知识产权工作的部门可以根据当事人之间的合意针对赔偿数额组织调解，并且进一步规定当事人可以在调解后重新对案件提起民事诉讼。① 调解制度的本质在于通过当事人的意思自治来解决纠纷，当事人之间的协议并不具有法律上的强制性，调解协议只能依靠当事人之间的诚实信用来解决。因此，管理知识产权工作的部门投入人力物力对纠纷做出的调解，对于案件的解决来说并不会起到很大的作用，反而容易造成行政资源的浪费，削弱行政机关的权威。

2. 知识产权行政管理工作被动

一方面，管理知识产权工作的部门之所以缺乏对行政执法的主动性，很大程度上是因为行政执法效力不足导致的连锁反应，行政处理不仅不会起到解决矛盾的作用，还有可能使管理知识产权工作的部门陷入争讼的困境。

由此可见，管理知识产权工作的部门在处理专利侵权纠纷时，一没有行政威慑力，二没有司法公信力，这两种能力的缺失最终导致不能有效地制止专利侵权行为，当执法机关发现自己在多数情况下所做的努力都无法产生有利的效果后，必定会产生消极懈怠的心理。

另一方面，相关法律规定，要求管理知识产权工作的部门在查处假冒专利时，如果发现违法事实的金额、违法事实的情节、违法事实造成

---

① 《广州市行政调解规定》第三十四条："行政调解后达成的有民事权利义务内容的调解协议，依法具有合同性质。法律另有规定的除外。"

的后果等，依法需要追究刑事责任的，应当向公安机关移送；① 并且规定行政执法机关需受到人民检察院和监察机关的监督，任何单位和个人发现应当移送而不移送的案件，有权向有关部门举报。②

但从上述规定的内容来看，案件进入司法程序需要检察机关受理管理知识产权工作的部门对相关案件的主动移送，检察机关对未移送的案件没有权力开展相关的审查、办理和监督工作。但对于应当移送而没有移送的案件，缺乏主动审查的立法规范，对于行政机关应该移送却没有移送的案件，缺少相应的监督规范。立法上的缺失，使管理知识产权工作的部门在案件移送上基本上只能依赖自我监督，难以做到主动与司法审判接轨。一切不受监督的权力都会被滥用，无法受到监督的行政权会逐渐膨胀，导致案件移交工作日渐被动，大量应当移送给司法机关的刑事案件均被作为一般的行政案件进行处理，也在一定程度上纵容了侵犯专利权的犯罪行为。

3.专利维权意识有待提高

首先，民众缺乏维护专利权的意识。一方面，专利权人不懂得运用法律来维护自己的权利，存在着怠于申请专利、轻视专利申请文书、维权意识差等现象，有时正是因为没有重视权利要求书的撰写，导致日后维权艰难；另一方面，由于我国民众知识产权意识淡薄，使得假冒、"山寨"在市场横行，这样的情况对于在地方开展专利执法工作

---

① 国家知识产权局《专利行政执法办法》第二十九条："案件调查终结，经管理专利工作的部门负责人批准，根据案件情况分别作如下处理：……（四）涉嫌犯罪的，依法移送公安机关。"

② 国务院《行政执法机关移送涉嫌犯罪案件的规定》第十四条："行政执法机关移送涉嫌犯罪案件，应当接受人民检察院和监察机关依法实施的监督。任何单位和个人对行政执法机关违反本规定，应当向公安机关移送涉嫌犯罪案件而不移送的，有权向人民检察院、监察机关或者上级行政执法机关举报。"

极为不利。例如，有些企业"山寨"了他人的专利产品，执法人员上门查处时，企业会觉得不可思议，并不觉得自己的行为侵犯了他人的权利，不管执法人员如何解释，侵权行为人还是无法理解这样的执法行为。因此，绝大部分的侵权人都会对管理专利工作的部门做出的行政处罚感到不满，并且试图通过申请行政复议或者提起行政诉讼的方式来"维护权利"。

有人认为民众的意识淡薄无关紧要，但是民众才是法律存在真正的土壤，如果民众缺乏相关的素养，有关知识产权的纠纷处理将会变得更加复杂，甚至造成对行政和司法资源的浪费。

其次，执法部门对专利行政执法的看法也是造成当前协调机制难以实施的原因，并且将有可能影响它未来的发展。一些管理专利工作的部门并没有清楚地认识到专利执法对保护专利权的重要性，认为专利执法相比其他保护方式在整个维权体系中起不到特别的作用。这种观念在一定程度上导致当地执法水平低下，管理专利工作的部门权威日渐下降，专利保护的双轨制形同虚设。

民众及执法部门对保护专利权的意识不足，很大程度上是没有对专利引起足够的重视。民众认为不需要设置一种专有权对专利技术进行保护，应该作为一种公众资源予以共享，他们在乎的只是眼前的利益，没有考虑到未来科学技术以及经济发展对科学技术的需求；一些管理专利工作的部门忽视行政执法的职责，把专利申请数量等作为工作重点，以便获得更多的专利专项经费。这种观念的延续，使"纠纷多、难解决、轻行政、重司法"的状况无法有效改善。

三、知识产权行政执法与司法审查分类对接协调机制构建

现行的知识产权行政执法与司法审查分类对接协调机制因制度本身

的设置，引发行政执法效率低、行政司法资源过度浪费、行政执法缺乏主动性等一系列问题。知识产权行政执法与司法审查之间的对接协调机制，实质上就是知识产权行政执法预警机制的后续处理。对分类对接协调机制的构建，有利于增加行政相对人对具体行政行为的信任度，还可以有效减少行政复议与行政诉讼的产生。

1. 理念：公平导向和效率导向

公平而高效地处理知识产权违法行为是建立分类对接机制的重要理念，尽可能在维护权利人和社会公共利益的同时，减少纠纷处理造成的不必要开支。这一理念的贯彻落实，需要在建立分类对接机制的前提下，通过合理方式进行引导。①

一方面，各地管理知识产权工作的部门可以通过宣传、开展活动、发放纠纷解决引导卡等方式介绍现行知识产权保护双轨制，向社会大众介绍两类程序的特点；②并以公平与效率作为引导的原则，对申请行政执法的当事人进行适当的指引，选择最优的程序解决不同类型的知识产权纠纷，实现知识产权行政执法程序向司法程序的引导。③

另一方面，人民法院也可以参照各地管理知识产权工作的部门的做法开展宣传活动。鼓励那些事实清楚、适用法律简单、主要诉求为停止

---

① 国家知识产权局《专利行政执法操作指南》1.1.5 务实创新原则："管理专利工作的部门，应当在法律法规规定的框架下，适应本地经济社会发展特点与需求，充分发挥行政执法的优势，开拓创新，积极主动探索更加有效保护专利权人和社会公众合法权益的专利行政执法方式方法。"

② 《重庆市专利促进与保护条例》第五条："行政机关、新闻媒体、社会团体应当加强对专利工作的宣传，提高全社会的专利运用能力，增强全社会的专利保护意识。"

③ 《湖南省专利条例》第四十一条："县级以上人民政府管理专利工作的部门应当建立专利维权援助机制，依法开展专利维权服务，为公民、法人和其他组织提供专利维权的信息、法律、技术等帮助。鼓励专利维权援助机构、专利中介服务机构、高等院校、科研机构、社会团体为公民、法人和其他组织提供专利维权援助。"

侵权的案件通过行政程序进行处理，提高办案的效率；对侵权判断相对复杂、要求经济利益赔偿且难以达成调解的案件，引导其直接进入司法诉讼程序，节省行政司法资源。

结合上述两个方面，最终实现知识产权行政、司法保护权相互支持、双向引导。

但是，管理知识产权工作的部门和法院在引导社会大众和当事人在遇到不同情况做不同的处理时，需注意"度"的问题，其目的在于实现知识产权纠纷处理的公平与效率，防止执法部门或者法院怠于受理案件的情况发生。

2. 目标：实现行政执法和司法审查的合理分工

建立知识产权案件处理程序的合理引导机制，不仅有助于实现公平效率，还能进一步促使行政执法和司法审查之间的合理分工。在处理知识产权侵权纠纷时，根据现有的法律法规规定，管理知识产权工作的部门权力范围与司法机关存在一定的冲突。例如，若当事人不满行政机关对知识产权侵权纠纷所做出的裁决结果，即可向法院提起行政诉讼。[①]但在处理此类纠纷时，管理知识产权工作的行政部门处于中立的地位，其裁决行为具有一定的司法性质。如果案件处理完毕后还可以对该结果提起行政诉讼显然是有待商榷的。

执法权与司法权的合理分工，应当根据知识产权行政执法与司法审判的不同权限来实现。在对行政执法和司法审理进行分工时，必须考虑

---

① 《广州市专利行政执法办法》第十六条："专利行政部门可以采用下列方式处理专利侵权纠纷案件：……（二）构成侵犯专利权的，作出责令停止侵权行为的决定；（三）专利权被宣告无效或者不构成侵犯专利权的，作出驳回请求的决定；（四）请求人撤回请求的，作出撤销案件的决定。……专利行政部门作出侵权处理决定因行政诉讼发生变更或者撤销的……"

到管理知识产权工作的部门是行政机关，其所拥有的是执法权这一前提，然后再做出以下合理的分工方案：

对于不涉及侵权的假冒专利案件，当然需要管理知识产权工作的部门依职权主动查处；对于涉及行政关系的民事侵权纠纷，可以在合理引导下，由当事人选择管理知识产权工作的部门优先处理；对于纯民事类的专利案件，例如涉及专利的合同案件，因其不涉及对行政法律关系的侵害，管理知识产权工作的部门则不应当介入。

3. 关键：案件类别划分

建立知识产权行政案件分类处理制度，首先应当充分发挥行政纠纷处理机制在化解知识产权侵权纠纷中的积极作用，梳理知识产权行政执法案件向司法程序过渡的途径。在受理知识产权行政查处案件时，要求知识产权执法人员对申请人的纠纷有初步的了解，并根据当事人的请求及案件的具体情况进行分类处理，进而做出以下假设：

首先，对于侵权行为明显，侵权判断相对简单，且申请人主要是为了制止侵权行为，扩大市场占有的，依照行政执法程序处理。对于侵权判断相对复杂，且申请人不仅仅为了制止侵权行为，还要求经济利益赔偿的，可根据情况进行调解，调解不成或调解难度较大的案件，建议申请人撤回行政查处申请，向人民法院提起诉讼，依照司法程序解决知识产权侵权纠纷。① 对于接受知识产权执法部门建议，撤回知识产权行政查处申请的案件，人民法院可以建立快速立案通道，优先进行立案材料接收，缩短立案审查周期，使纠纷尽快进入司法程序审理。

---

① 《上海市专利保护条例》第二十四条："当事人还可以就下列专利纠纷依法请求调解：（一）侵犯专利权的赔偿数额纠纷……（四）职务发明的发明人、设计人的奖励和报酬纠纷；（五）在发明专利申请公布后专利权授予前使用发明而未支付适当费用的纠纷。市知识产权局应当依法调解，调解达成协议的，应当制作调解书……"

其次，针对人民法院，可以探索建立委托知识产权行政机关参与诉讼调解的新途径，实现司法程序解决知识产权案件的行政参与性，缓解司法资源匮乏的现状。例如，人民法院认为有必要的，可以依职权或者经当事人申请后，在诉前委托行政机关对纠纷进行调解，即实行委托调解先置制，由此引入行政执法力量，实现知识产权案件在行政司法程序之间的双向交流。①

4. 趋向：实行双向式高效联合

第一，统一侵权判断及赔偿标准。② 统一侵权判断、赔偿标准是知识产权案件双向流动的基础，保持两种处理程序中对于知识产权保护的基本原则、保护力度以及处理规则的协调一致，避免因知识产权行政执法和司法程序在保护力度等方面的差异。结果合一性的提升可有效降低程序选择的投机性。双方可以通过制定相关规范、人员流动、业务交流等方式，在两种处理程序中保持对知识产权保护的基本原则、保护力度以及处理规则协调一致，避免因两者之间的差异，导致当事人刻意选择

---

① 《最高人民法院关于建立健全诉讼与非诉讼相衔接的矛盾纠纷解决机制的若干意见》（法发〔2009〕45 号）指出："对属于人民法院受理民事诉讼的范围和受诉人民法院管辖的案件，人民法院在收到起诉状或者口头起诉之后、正式立案之前，可以依职权或者经当事人申请后，委派行政机关、人民调解组织、商事调解组织、行业调解组织或者其他具有调解职能的组织进行调解。"

② 《中华人民共和国专利法》第五十九条："发明或者实用新型专利权的保护范围以其权利要求的内容为准，说明书及附图可以用于解释权利要求的内容。外观设计专利权的保护范围以表示在图片或者照片中的该产品的外观设计为准，简要说明可以用于解释图片或者照片所表示的该产品的外观设计。"江西省知识产权局《江西省专利行政执法实施办法（试行）》第十四条："请求管理专利工作的部门处理专利侵权纠纷的，应当提交请求书和所涉及专利权的专利证书、授权公告文件，并按被请求人的数量提供副本。……"《中华人民共和国专利法》第六十五条："侵犯专利权的赔偿数额按照权利人因被侵权所受到的实际损失确定；实际损失难以确定的……"管理专利工作的部门有必要将侵犯专利权的赔偿数额认定方式与法院统一。

或者规避某种救济途径。

第二，建立事实直接认定机制。知识产权行政执法程序与司法程序相互独立，行政权行使应接受司法权的合法性审查，但两者还要相互尊重对方的处理程序和结果，尤其是需要人民法院对知识产权行政机关在行政执法程序中确认的案件事实可以依法直接认定的进行确认，避免反复调查认定，浪费司法资源，甚至因做出相悖的认定而损害行政或司法的公信力。① 例如除有相反证据外，对管理知识产权工作的部门根据检查记录、查阅记录以及复制的与涉嫌违法行为有关的合同、发票等其他有关资料所认定的案件事实，可以予以认可。

第三，推动纠纷信息的共享。当管理知识产权工作的部门在将可能涉嫌犯罪的案件移送公安机关时，案件在行政执法与司法程序之间的过渡时太过随意，容易造成证据丢失或者证明力贬损的情况，从而影响下一个程序的进行。因此要推动信息共享机制的建立，如对案件相关信息建立独立档案，并对信息备份、移送方式、移送时间、移送对接部门做出具体可实施的规定，以确保行政执法与司法之间的衔接渠道畅通无阻。②

知识产权行政执法包括知识产权侵权纠纷和假冒专利案件两大类。我们将专利案件分成三大类，每一类的处理方法与其他专利执法行为略有不同。在执法过程中，以四项措施保障知识产权行政执法高效、合法，从程序上避免知识产权行政执法案件转化为知识产权行政复议甚至知识产权行政诉讼案件。

综上，知识产权行政执法与司法审查之间的对接协调机制可以考虑从知识产权行政执法的程序介入实现。

---

① 《最高人民法院关于行政诉讼证据若干问题的规定》第六十八条："下列事实法庭可以直接认定：……（三）按照法律规定推定的事实；（四）已经依法证明的事实……当事人有相反证据足以推翻的除外。"

② 参见国务院《行政执法机关移送涉嫌犯罪案件的规定》第三条至第八条的相关规定。

小　结

现行的知识产权行政执法与司法审查对接协调机制因制度本身的设置，引发行政执法效率不理想、行政司法资源过度浪费、行政执法缺乏主动性等一系列问题。知识产权行政执法与司法审查之间的对接协调机制，实质上就是知识产权行政执法预警机制的后续处理。对分类对接协调机制的构建，有利于增加行政相对人对具体行政行为的信任度，还可以有效减少行政复议与行政诉讼的产生。

知识产权行政执法过程中，产生执法不当或违法执法时，可能引发知识产权执法纠纷。要解决知识产权行政执法预警机制的建立，最佳途径仍应从知识产权执法的路径入手。通过对知识产权行政执法程序的再造，实现知识产权行政执法预警体系的建立。

第二编　审判模式

　　知识产权伴随着科技革命应运而生，它的出现和发展不仅为人类现代经济产量带来了量的突破，甚至还产生了质的飞跃。

　　当今世界，知识产权已成为人类社会经济发展的"新宠"，为人类的生活带来了惊天动地的变化，为经济腾飞注入了"创新的血液"。知识产权背后的经济效益使其逐渐成为国家发展的核心战略资源。我国紧跟时代潮流，相继颁布了《国家知识产权战略纲要》等相关文件，中共十七大明确提出将知识产权作为重要内容纳入国家发展战略。

　　然而，知识产权恰如一把"双刃剑"，在带来客观效益和社会迅猛进步的同时，极易诱发权利的滥用、侵权行为的增长和犯罪的滋生。为切实提高知识产权案件的审判水平，自 1996 年起，我国先后有 8 个地方法院在最高人民法院的指导下陆续展开了民事、行政"二审合一"或刑事、民事、行政"三审合一"的合一审理模式试点。形成了许多可资借鉴的宝贵经验。但是，改革试点 20 多年来，各地方法院至今尚在审判组织搭建方面存在不同的做法。加之，这些改革方案多从顶层逐步推进，其公信力存疑，导致质疑之声在社会各界不鲜见，引发了各界对于知识产权案件审判组织改革的思考。

　　中共十八届四中全会通过的《中共中央关于全面推进依法治国若干重大问题的决定》（以下简称《决定》）把"保证公正司法，提高司法公信力"作为全面依法治国的一项重要工作，并提出了"公正是法治的生命线"的论断。为了保证公正司法，提高司法公信力，《决定》提出了六项举措，即完善确保依法独立公正行使审判权和检察权的制度、优化司法职权配置、推进严格司法、保障人民群众参与司法、加强人权司法保障、加强对司法活动的监督。可见，严格司法是保证公正司法、提高司法公信力的重要途径。严格司法的基础，在于建立科学合理的审判机制。知识产权交叉案件审判组织必须服从这一目标。

为此，从实际问题出发，对知识产权审判机制进行归纳整理和分析，探索现行司法保护机制的运行状况及其背后的不足，研究世界各国或地区的知识产权审判模式，以此提出符合我国国情的司法改革蓝图，有助于降低司法风险和杜绝社会新矛盾的产生，从理论上探寻提升知识产权司法公信力的有效路径。

第四章　知识产权案件审判模式改革的缘起

知识产权案件审判组织革新应因国家司法改革的大潮，在中共十八届三中全会之后迎来了改革的新局面。

2014 年 6 月召开的中央全面深化改革领导小组第三次会议，改革重拳迭出。其中，《关于设立知识产权法院的方案》作为司法体制改革的基础性、制度性措施之一，将中共十八届三中全会确立的"加强知识产权运用和保护，健全技术创新激励机制，探索建立知识产权法院"的改革方向变为国家层面的具体行动。至 2014 年 12 月 30 日，北京、上海、广州三地知识产权法院相继成立。在此背景下，部分法院的组织革新仍未停止。由此，在全国范围内形成了知识产权专门法院审判、知识产权专门法庭审判和原有民事审判庭审判的三种审理方式并存的审判模式。一时间，知识产权案件的审判格局发生了重大变化。

面对这一重大变化，人们不禁会问，知识产权作为一类私权，理应获得私权的法律保护，遵循私权的救济途径。在当代中国，既有的私权救济体系已经相当完备，各级、各类法院的组织机构亦相当成熟。为什么在众多的民事权利中，独有知识产权能够享受如此单独设立知识产权专门审判模式的优厚待遇？回答该问题，唯有从知识产权的特殊性入手。

第一节　知识产权案件的复杂性

知识产权是知识产权诉讼案件中的权利基础。没有权利基础，任何知识产权诉讼将如无源之水。然而，知识产权的诞生不仅造成了人类财产体系的重大变革，也给司法审判造成了不小的难题。究其原因，知识产权案件的复杂性根源于知识产权的特殊性。

一、知识产权权利属性的特殊性

知识产权究其本质是一项民事权利，其具有一般民事权利的基本特征，其性质属于私权的范畴，遵循基本的民事法律制度和诉讼救济制度。但是，相对于一般的民事权利，知识产权又具有自己的独特特征。这些特征不仅仅体现在客体的非物质性、专有性、时间性、地域性等常规特征方面，还体现在以下几点。

1.虽为私权，却关涉他人甚至公共双重利益

将知识产权明确划归于私权的论断最早见于《与贸易有关的知识产权协议》。然而，这一论断并未消除对于实践中知识产权个性的认知。究其原因，在于知识产权是一项极为特殊的民事权利。从权利属性上看，知识产权是私权。知识产权制度与其说是一项私权制度，倒不如说其是国家作为管理者与社会公众之间所签订的一个契约。一方面，国家通过制定政策，规定知识产权的范畴和取得方式，激励民众参与创新，确保真正投身发明创造的知识产权人能够从其智力劳动成果中获得回报，从而为社会提供更多的公共产品。另一方面，个人需要遵守知识产权制度，知识产权纠纷主要以私权的处理方式解决，权

利人可以自我提起救济请求而不必消极等待国家机关的干预。国家也鼓励知识产权权利人以私权的方式，运营其享有的知识产权，为个人及社会获得最优效果。

然而，知识产权还是一项关涉他人利益和公共利益的私有权利。知识产权的持续供给可以为社会提供充足的公共产品，从而满足人们日益丰富的精神需要，推动人类文化的交流与进步。对知识产权的侵犯，不仅是对知识产权人私有权利的侵犯，还有可能涉及到他人的利益和公共利益。如非法盗版、销售侵犯著作权的作品、制假售假行为等，在侵犯权利人个人权利的同时，还会扰乱市场秩序、触及特许管理制度等，法律冲突由此产生。对知识产权的处理就不再是权利人个人的私事，需要设计精巧的制度才能妥善解决多次法律冲突。

2.权利范围、所涉领域不断拓展

知识产权法是民事基本法律中最为变动不居的法律制度。自21世纪以来，知识产权法的保护范围不断扩充，保护内容持续翻新，所涉及的领域也从传统的著作权、专利权、商标权扩充到信息技术领域。不仅如此，知识产权本身已经远远跨出了法律的范畴，进入了管理学、经济学、信息学甚至安全学等学科领域，对知识产权纠纷的处理，不仅仅是法律问题，更多的将成为一个社会问题。大量经济学、管理学和信息学的知识渗透入知识产权案件的处理，使得这项权利所产生的纠纷具有了更为复杂的内容。

二、知识产权案件的多重法律关系交叉

民、刑、行政案件"三审分立"是传统的知识产权纠纷的审判处理模式，法院在审理知识产权相关纠纷的过程中，一般先对知识产权案

件按照民、刑、行政三种类型进行划分，再将不同性质的案件分庭审判。这种传统的审理模式在处理单纯的财产纠纷时尚应付自如，但遇到本身就复杂的知识产权时，传统"三审分立"模式的弊端逐步得以显现。

随着依法治国、建设社会主义法治国家作为一项宪法原则在我国的确立，以及公民权利意识和诉讼意识的不断增强，司法的职能作用日益凸显，越来越多的纠纷进入司法途径寻求解决。鉴于知识产权制度是一项极为特殊的私权制度，知识产权的权利获得与确认须臾离不开公权的介入，由此导致了大量的知识产权民事、行政甚至刑事交叉案件。

1. 交叉案件逐步增多

交叉案件是指一项知识产权案件中存在民事法律关系与行政法律关系、民事法律关系与刑事法律关系、民事法律关系与行政法律关系、刑事法律关系相互交织的案件。该类案件产生的原因，一方面在于知识产权权利本身来自于国家公权力授予这一基本制度；另一方面，源自于知识产权本身还涉及公共程序和社会公共利益。对公共利益的违反可能导致行政或刑事案件，而这些行政或刑事案件必须以权利人合法拥有的知识产权为民事救济的基础，由此出现了民事法律关系与行政法律关系或刑事法律关系两种法律关系相互交织而共存于同一案件的现象。某些情况下，还会出现民事、行政、刑事三种法律关系交织的情形。由于这些关系所赖以存在的基础性权利内容为知识产权，因此被称为知识产权交叉案件。

显然，三种不同的法律关系需要依据不同的法律规范、不同的诉讼程序进行处理。如果简单将这些关系混为一谈，交由一个审判组织审理的话，极易造成知识产权相关民、刑、行政审判案件之间的等级混乱、民事侵权和行政确权之间相互干扰的情况，导致知识产权案件的审判结果缺乏统一性，从而进一步损害知识产权经济的发展，严重危害司法公信力。

2. 同时牵涉多重诉讼程序

同上，知识产权民事案件、行政案件、刑事案件需要遵循不同的诉讼程序，每一类诉讼程序都有自己的特点和案件协助机制，法律适用亦不尽相同。当一个知识产权案件既涉及民事法律关系，又涉及行政或刑事法律关系，甚至同时涉及三种法律关系时，需要解决的首要问题将是案件的审理程序问题。

西方有法谚云："程序先于权利。"按照我国诉讼法的相关规则，民事诉讼、行政诉讼及刑事诉讼的案件受理范围、证据规则、庭审程序、法律适用等都存在差异。当一个案件存在两种或两种以上法律关系时，需要采取哪种程序是需要首要解决的问题。随之而来的一系列问题都需要法官做出判断，程序的适用难题将成为制约案件审判的一个重要障碍。

3. 技术判断与法律判断相互交织

在一国的法律体系当中，知识产权应归属于民事法律制度的范畴。同时，知识产权法又被称为促进创新之法，其负有激励创新、平衡权利人与社会公众之间利益的价值功能。在人类不懈地发现自然和改造自然的历史长河中，产生了丰富的文化知识和科学技艺，不断涌现的各类新技术、新产品极大地改善了人类的居住环境，满足了人类的基本生活需求。进入知识经济时代，创新在一国发展中所发挥的作用更加明显。知识产权纠纷也日趋复杂，大量技术问题和法律问题并存于一个案件之中，使得知识产权案件审判的难度有所增加。

三、知识产权诉讼的社会效应显著

传统知识产权主要集中在著作权、专利权和商标权三大部分。随着知识产权逐步成为一个"热词"，知识产权诉讼往往能吸引社会上各个年龄阶段人们的注意力，尤以著作权和商标权诉讼案件明显。

从客体范围看，著作权保护的是具有独创性的文学、艺术或科学领域的作品，商标法保护的是商业活动中的标识及经营者资信，两类客体的外在载体与普通市民的日常生活联系较为紧密，相关纠纷容易引起民众的共鸣。如著名的"琼瑶诉于正著作权侵权案"、"王老吉加多宝商标纠纷系列案件"及江苏卫视"非诚勿扰"商标侵权纠纷案被各大媒体争相报道，有关案件的判决结果在社会各界引起了广泛的关注。法官在处理这些案件时需要尤为慎重。

专利权案件和一些新兴的知识产权（如植物新品种、集成电路布图设计、特殊标志等）属于专业技术领域，对其了解的民众不多，因而对其关注度不如著作权或商标权领域高。然而，一些著名的案件如苹果公司与三星公司专利侵权系列纠纷案，民众给予了过多的关注，一定程度上为法官审判增添了压力。

自 2001 年我国加入世贸组织后，国际间技术、文化和商贸交流日益频繁，许多企业在开拓境外市场时，都或多或少与外国企业发生过一些知识产权摩擦，而法院在审理此类案件时的尺度及管辖权限不一，再加上法官或法庭对于知识产权交叉案件的特殊性不甚了解，给司法实践造成了混乱，一定程度上损害了司法的尊严和公信力。也使我国政府在对外交流中承担了过于沉重的国际压力，知识产权司法保护的力度屡受发达国家指责。

第二节　知识产权纠纷现状分析

在中共十一届三中全会确立对外开放、对内进行经济体制改革这一重大国策的背景下，我国知识产权法律体系和制度建设从无到有不断完善。1982 年《中华人民共和国商标法》和 1984 年《中华人民共和国专利法》的颁布施行，标志着我国这一拥有"四大发明"的文明古国开始运用法律制度来保护自己的智力成果。在此后短短的十几年里，我国就走完了发达国家几十年甚至上百年才能完成的立法历程，建立了比较完善的知识产权法律体系，知识产权管理和保护体系也日臻完备。

进入 21 世纪，知识产权案件审判工作持续改进，一些有影响力的大案要案引起了社会的广泛关注。尤其是进入"十二五"以来，知识产权司法改革的步伐明显加快，知识产权案件数量大幅增加，社会各界对于知识产权案件审判的期盼度逐步提升，人民呼吁更具公信力的司法审判结果。

在我国深化司法体制改革踏入深水区之际，探索多年前路依然不甚清晰的知识产权案件的专门化审判改革，恰是维系知识产权司法公信力的最后基石，而近二十年来久拖未决的知识产权专门化审判改革之路的探索可为司法领域公信力的构建提供最佳试验田。

一、知识产权案件的发展趋势

相关部门的统计数据显示，自 2009 年中国成为世界商标第一大国时起，我国商标申请量已经连续多年领跑全世界；2011 年中国成为专利申请第一大国。此后，这一领先状态持续至今。2016 年我国国内发明专利拥有量首次突破 100 万件，是继美国、日本之后第三个专利拥有量突破百万件的国家。与专利拥有量急剧增加相伴随的是，围绕知识产权纠纷也成倍增长。

1. 知识产权纠纷数量快速增长 ①

据统计，2017 年，人民法院共新收一审、二审、申请再审等各类知识产权案件 237242 件，审结 225678 件（含旧存），比 2016 年分别上升 33.50% 和 31.43%。其中著作权案件 137267 件，占有较大比例，商标和专利案件分别为 37946 件和 16010 件。其中广东省各级法院新收知识产权民事一审案件 58000 件，比 2016 年上升 84.70%；在这些受理的案件中，知识产权民事一审案件增幅明显，达到 14.51%。从案件分布来看，北京、上海、江苏、浙江、广东五省市收案数量持续在高位运行，新收知识产权民事一审案件数约占全国法院该类案件总数的 70%；除广东省在新收案件数量上保持稳定外，其他四省市新收知识产权民事一审案件数量同比均大幅增加，江苏省增幅最为明显，达到 38.71%。随着京津冀一体化建设的推进，北京市知识产权案件数量持续增长的态势逐步向周边辐射，天津市知识产权收案数量大幅攀升，全市三级法院新收知识产权民事一审案件同比上升 50.41%。安徽随着建设创新型省份目标的加速推进，知识产权案件数量增长迅速，全省三级法院新收知识产权民事一审案件同比上升 101.26%。山东、陕西、湖南、黑龙江四省新收知识产权民事一审案件同比增幅较大，均在 30% 以上。新增案件分布出现从沿海发达地区向中西部地区迁移的态势，一批具有社会较大影响的知识产权案件在法院审结，取得了较好的社会效果。

---

① 参见最高人民法院：《中国法院知识产权司法保护状况（2017）》，人民法院出版社 2018 年版，第 3 页。

2. 疑难交叉知识产权案件大量涌现 ①

在案件增幅总体趋缓的同时，涉外知识产权民事一审案件增幅较大；涉及前沿科技问题的新类型、疑难复杂案件不断涌现；涉及知名企业重大利益的品牌保护案件，涉及技术成果商业使用的技术合同案件，以及有关市场竞争秩序维护的不正当竞争案件等增多，案件审理难度不断加大，对知识产权审判工作提出了更新更高的要求，也给知识产权审判队伍建设带来了前所未有的挑战。这些案件涉及的法律关系复杂，权利交织存在，疑难和待解的问题非常多。诸如北京锐邦科贸有限公司与强生（上海）医疗器材有限公司等国内首例纵向垄断协议纠纷案、美国礼来公司等与黄孟炜侵害技术秘密纠纷案、华为技术有限公司与 IDC 公司标准必要专利使用费纠纷案、加多宝诉王老吉系列案、360 诉腾讯公司案、谷歌公司与王莘侵害著作权纠纷案、天津天隆种业科技有限公司与江苏徐农种业科技有限公司侵害植物新品种权纠纷案等，给法官带来了不小的挑战。

二、知识产权案件审理的专业性日益凸显

技术的发展给知识产权纠纷案件带来了区别于其他纠纷案件的最突出特点——专业性较强，在处理知识产权纠纷的过程中，不仅要厘清复杂的技术事实认定问题，还要解决法律适用的新类型疑难复杂问题，导致法院在审判时难以全面把握知识产权案件在法律适用的标准和范围，影响知识产权案件的审理质量。

---

① 参见最高人民法院：《中国法院知识产权司法保护状况（2017）》，人民法院出版社 2018 年版，第 3 页。

1.权利判断趋于多维化

由于知识产权既缺乏物权所具有的天然物理边界，又缺乏债权所具有的清晰法律界限，相较于人身权、财产权等权利而言，知识产权在权利边界认定、权利限制与权利保护方面的审查和判断要复杂得多，确定权利及其归属是知识产权案件审理的前提，也是知识产权案件专业性突出的体现。[①] 为此，法院在处理知识产权纠纷案件的过程中，应注重审查权利是否存在以及权利归属的认定等问题，特别是一些涉及知识产权的刑事案件，法院应严格遵循知识产权的认定规则，深入调查涉案权利的归属者、涉案权利是否有效、是否存在被限制的情形，避免入刑过于随便。

在知识产权纠纷案件的审判领域，法院对权利的多维化审查是知识产权审判的首要环节，也是各类知识产权纠纷公正审判的前提。因此，不仅在知识产权刑事案件的处理上要严肃对待，对知识产权民事、行政案件亦应一视同仁。

2.审判思维趋于专业化

进入"互联网＋"时代，知识产权纠纷将更多地涉及新兴的前沿科技。例如，著作权的载体从传统单一的书本、报纸等发展到更易于传播的网页、云端等；商标权的客体从传统的可视性标识扩张至声音标识；专利权则因其更接近互联网技术而使得其权利的行使更具前沿性。

科技的进步造就了知识产权案件的专业化，信息时代的知识产权问题多与互联网、技术秘密、生物科技等密切相关，因此，在探讨法律关系之前首先必须对新型、疑难、复杂的案件事实进行认定，这使得许多只有法学专业背景的知识产权审判工作者陷入了前所未有的困境，具备

---

① 参见叶若思、祝建军、叶艳：《质的融合：深圳知识产权"三审合一"》，《人民司法》
  2013 年第 11 期。

理工科背景和法学背景的混合专业型人才方能更加适应现代技术给法院审判带来的冲击。

3.证据采信趋于规范化

知识产权纠纷案件多呈民事、刑事、行政并存的交叉形式，然而，民事、刑事、行政案件在证据的采集和处理方面却不尽相同。例如，刑事案件对证据采信标准高于民事案件，刑事案件对证据标准适用的是"排除合理怀疑"原则，而民事案件对证据的采信标准则遵循着"优质证明原则"。针对不同的证据采集标准，福州法院知识产权庭经过反复的讨论，形成统一做法：知识产权刑事案件审理，其对证据的采信标准应高于民事案件。[1]

只有通过民事、刑事审判思维的相互借鉴和融合，法院对证据的证明标准及证明力问题才会有非常明晰的认识，这对知识产权纠纷案件的妥善处理至关重要。此外，对证据的收集和采信应注重多种方法的综合运用。方法运用得当与否直接关系到专家意见的客观性，故此对证据的收集和采信的方法应当作为考察证据可采性的因素。[2]

三、知识产权案件审理难度不断加大

相较于一般的民事、行政或刑事案件，知识产权案件的审理要显得复杂得多。这一方面是因为知识产权不同于一般的有形财产，具有一些独特之处；另一方面还因为知识产权案件往往存在查明技术事实和法律

---

[1]　参见李瑞钦、黄金凤：《"三审合一"诉讼模式下知识产权案件审理的现状、问题及前瞻——以福州两级法院知识产权案件审理情况为研究视角》，《海峡法学》2014 年第 4 期。

[2]　Deirdre Dwyer, Changing Approaches to Expert Evidence in England in England and Italy，转引自徐继军：《专家证人研究》，中国人民大学出版社 2004 年版，第 25 页。

适用的双重难题，需要多学科领域的知识才能应付阙如。此外，知识产权法与一般的民事法律规范的立法技巧有重大差异，主要体现在知识产权法中的条款多为高度概括的抽象性条款，有大量的法律解释空间，极易造成同案不同判。

随着我国市场经济的发展和创新驱动发展战略的实施，涉及复杂技术事实认定的技术类案件，特别是涉及尖端技术的专利行政案件、专利侵权纠纷案件以及涉及新技术合作开发、技术成果应用的技术合同纠纷案件不断增加，涉及市场竞争秩序维护的垄断和不正当竞争案件也呈持续攀升态势，增加了案件事实查明和审理的难度。2015 年，人民法院新收专利行政一审案件 1721 件，同比上升 219.29%；新收专利和技术合同民事一审案件 13087 件，同比上升 22.1%；新收不正当竞争民事一审案件 2181 件（其中垄断民事案件 156 件），同比上升 53.38%。与此同时，涉及知名企业品牌利益保护和市场份额的商标纠纷案件，涉及著名影视文化作品互联网传播的著作权纠纷案件等也不断增多，特别是随着"互联网＋"行动计划的实施，涉互联网知识产权侵权纠纷不断涌现，使知识产权审判不断面临新挑战。人民法院应该积极应对新形势、新任务，加强对重大疑难复杂案件的审理，及时回应社会关切；加强案例指导工作，注重研究解决司法实践中的突出问题，及时统一裁判标准，增强法律的确定性和预见性。

第三节　知识产权交叉案件审判之困惑

我国司法程序分为民事诉讼程序、行政诉讼程序和刑事诉讼程序三大部分，在分别适用于因三种不同的社会关系而产生的司法诉讼之中，各自形成了具有自身特点的诉讼原则，构成了一个法制国家司法制度的有机整体。因此，案件纠纷也因涉及的法律关系不同，被划分为民事、行政、刑事案件。知识产权作为民事权利的一种，应当遵循这一总的原则，各级法院也依据该原则决定案件的受理机构、法律依据、诉讼程序等一系列问题。

一、厘清知识产权交叉案件的内涵

正是由于诉讼程序的选择会因纠纷涉及的法律关系不同而不同，而信息时代的知识产权纠纷并非简单地只涉及某一类社会关系，多种社会关系往往因为一个客观事实而相互联系，简单套用一个或多个法律规范很难使纠纷得到有效解决，需要相互呼应，寻找协调解决机制。

1. 知识产权交叉案件之内涵解析

知识产权交叉案件是指一个已经诉至司法机关的知识产权纠纷同时涉及两种或两种以上的法律关系，需要分别启动两种或两种以上司法程序的案件。从外在表现看，这类案件往往表现为两个独立的诉讼请求，但是一个案件的诉讼请求往往以另外一个案件的诉讼请求为基础，两个案件的审理结果相互牵连，一案要以另一案为裁判依据或受其影响。鉴于两个或两个以上独立的诉讼请求均源于同一项知识产权，故称其为知识产权交叉案件。

严格而言，知识产权交叉案件既不属于单纯的民事案件，也不属于单纯的行政案件或刑事案件，往往表现为多个有关联关系的案件。不过，这些案件虽然相互关联，但其诉讼请求和待审理的法律事实仍有可能相互独立，因而可以形成多个诉讼关系。如：某甲诉某乙侵犯其对 A 项专利技术的销售权，某乙则向国家知识产权局专利复审委提出对某甲 A 项专利产品的无效宣告请求，该无效宣告请求被专利复审委驳回，某乙继而向法院提起行政诉讼，要求法院判令撤销专利复审委的驳回决定。在这一组社会关系引发的纠纷中，某甲所拥有的专利权属于基础性权利，甲乙之间的专利侵权纠纷属于民事纠纷，适用民事法律规范，某乙与国家知识产权局专利复审委之间的纠纷属于行政纠纷，适用行政法律规范，两种法律关系相互交织。其中，民事侵权行为的认定要以行政行为的合法性为前提，由此形成了民事和行政交叉案件。

同理，假设在前述事实的基础上，某甲还发现某贸易公司有非法销售假冒其 A 项专利产品的行为，遂向当地知识产权行政管理部门举报，知识产权行政管理部门对该贸易公司进行了处罚，经查情节严重构成犯罪，又移交检察机关立案起诉，将产生一项刑事案件。那么，同一件专利权，引发了民事、行政和刑事三种救济程序，三种程序所审理的法律关系相互交织，一案需以其他案件的审理结果为依据，这样，就形成了民事、行政、刑事交叉的案件。

因此，当知识产权纠纷主体的行为触及两种或两种以上的社会关系时，就需要运用到两个或两个以上的部门法加以规制，从而形成两种或两种以上的法律关系。这些法律关系因源于同一个事实而相互关联，在纠纷解决的道路上互为因果，进而形成在知识产权领域内尤为突出的民事、行政、刑事交叉案件。

2. 知识产权交叉案件之成因

知识产权的私权与公权双重属性是知识产权交叉案件产生的根本原因。在知识产权强国战略推行下，知识产权越发突破传统的私权领域，逐渐演变成一种社会化的权利，对公共利益的考量已经成为知识产权法学领域所不可回避的话题。

作为私权的知识产权不仅需要国家的授权，在纠纷的处理上也十分重视公法所发挥的作用，不仅动用行政执法权为知识产权的发展保驾护航，还将一些严重侵犯知识产权的行为纳入刑法的规制范围。例如，根据我国知识产权法的规定，除了著作权自作品创作完成之日自动产生以外，其余的诸如商标权、专利权、植物新品种权等的形成，均需经过国家行政机关的审核方能获得授权。因此，在知识产权的民事纠纷中，知识产权权利的效力应当是首先要解决的问题。而要平息知识产权争议，就势必会产生与行政确权相关的交叉争议。

二、知识产权交叉案件的类型

按照知识产权的组成部分划分，知识产权交叉案件可以分为著作权领域的交叉案件、注册商标领域的交叉案件和专利权领域的交叉案件等；而按纠纷涉及法律关系的不同，则可以分为民行交叉、民刑交叉和民刑以及行政交叉案件。

1.民事、行政交叉案件

民事、行政交叉案件是知识产权纠纷领域最为普遍的交叉案件，即因同一法律事实而引起民事法律和行政法律的适用，从而引起知识产权案件民事诉讼与行政诉讼交叉的案件。这类案件主要有三类：一是以民事争议为主、行政问题为辅的交叉案件；二是以行政争议为主、民事争议为附带的交叉案件；三是行政争议和民事争议并重的交叉案件。

2.民事、刑事交叉案件

民事、刑事交叉案件是知识产权审判实践中经常出现的问题，该类交叉案件是因为同一行为同时触犯了民事法律和刑事法律，民事和刑事上彼此交叉或牵连、彼此影响的案件。从我国司法实践来看，知识产权民刑交叉案件的产生主要有四类：第一类是在刑事审判时同时提起附带民事诉讼①；第二类是法院在审理民事案件中发现或当事人提供犯罪线索；第三类是民事案件审理完结后发现案件当事人涉嫌犯罪；第四类是刑事案件审理完结后要求被告人承担相应的刑事责任。

3.民事、刑事、行政交叉案件

民事、刑事、行政交叉案件顾名思义是由同一或交叉的两个法律事实引起的，知识产权民事纠纷、行政处理和刑事犯罪在一定程度上相互关联、交织的案件。我国法律明确规定②：公民、法人或者其他组织因违法受到行政处罚，其违法行为对他人造成损害的，应当依法承担民事责任；违法行为构成犯罪，应当依法追究刑事责任，不得以行政处罚替代刑事处罚。但是，已接受过的行政处罚可与刑事处罚相抵。由此可

---

① 知识产权刑事附带民事诉讼能否成立，在司法实务界是一个有争议的问题。《刑事诉讼法》第一百零一条规定："被害人由于被告人的犯罪行为而遭受物质损失的，在刑事诉讼过程中，有权提起附带民事诉讼。"《最高人民法院关于刑事附带民事诉讼范围问题的规定》第一条第一款规定："因人身权利受到犯罪侵犯而遭受物质损失或者财物被犯罪分子毁坏而遭受物质损失的，可以提起附带民事诉讼。"以上规定表明，刑事附带民事诉讼的前提是被害人遭受了物质方面的损失。学者认为，知识产权属于精神产品，而精神产品并非物质财富，故侵犯知识产权犯罪中不存在物质损失，也就不符合刑事附带民事诉讼的前提条件。笔者则认为，从我国《刑法》和《刑事诉讼法》的立法本意来看，物质损失、财产损失和经济损失具有相同涵义。如《刑事诉讼法》第一百零一条第一款规定："被害人由于被告人的犯罪行为而遭受物质损失的……"用的是"物质损失"；《刑事诉讼法》第一百零一条第二款规定："如果是国家财产、集体财产遭受损失的……"，用的是"财产损失"；《刑法》第三十六条第一款规定："由于犯罪行为而使被害人遭受经济损失的，对犯罪分子除依法给予刑事处罚外，并应根据情况判处赔偿经济损失"，用的是"经济损失"。根据以上法律规定，可以看出，虽然在其他场合，这三个词的含义不尽相同，但在刑事附带民事诉讼范围的问题上，物质损失、财产损失和经济损失三词在逻辑上属于同一概念。因此，知识产权案件属于刑事附带民事诉讼的范围，其民事赔偿部分原则上应当作为刑事案件的附带诉讼一并审判。

② 参见《中华人民共和国行政处罚法》第七、第二十八条。

见，民事、刑事、行政交叉案件有其存在的法律基础，需要作为知识产权交叉案件的一类加以讨论。

此类案件的问题主要体现在行政处理与刑事审判的衔接程序上。我国法律规定 ①，行政执法机关在依法查处违法行为过程中，发现违法事实涉及的金额、违法事实的情节、违法事实造成的后果等涉嫌构成犯罪的，必须向公安机关移送。

三、知识产权交叉案件"三审分立"的审判难题

进入"互联网＋"时代，我国知识产权纠纷案件数量倍增，民事、行政、刑事交叉的案件形式亦多种多样。纵观近年来知识产权的发展历程，知识产权交叉案件的产生使得传统的"三审分立"审判模式已经无法跟上时代的步伐，知识产权交叉案件在审判过程中的常见问题和各类交叉案件所呈现的审判弊端大量涌现，知识产权在审判程序方面的改革需要走在立法的前沿。新审判模式的推进，需要对知识产权交叉案件"三审分立"模式存在的问题进行检视。

1. 民事、行政交叉案件审理顺序逻辑相悖

在民事诉讼中，如果诉讼裁判取决于应由行政管理机构确认的法律关系的存在或者不存在，则诉讼应当中止，待该法律关系确定后再行恢复。在知识产权侵权诉讼中，如果一方当事人对依行政授权产生的知识产权的有效性提出质疑，那么侵权诉讼应否中止？民事、行政交叉案件审理顺序如何确定？这一直是理论和实务界不断探讨的话题。

最高人民法院《关于审理专利纠纷案件适用法律问题的若干规定》

---

① 参见国务院《行政执法机关移送涉嫌犯罪案件的规定》第三条。

第九条规定："人民法院受理的侵犯实用新型、外观设计专利权纠纷案件，被告在答辩期间内请求宣告该项专利权无效的，人民法院应当中止诉讼。"但《专利法实施细则》第六十六条第三款又规定：授予专利权的外观设计与他人在先取得的合法权利相冲突为理由请求宣告外观设计专利权无效，但是未提交生效的能够证明权利冲突的处理决定或者判决的，专利复审委员会不予受理。这无疑形成了一个死循环：法院在遇到权利冲突问题时，要求当事人通过行政程序，撤销对方的授权，而后进行认定侵权与否的民事审理；而行政部门出于自身能力和行政行为后果的考虑，又要求法院先行对冲突定性，然后才能决定是否撤销在后权利。① 这必然使得当事人在寻求法律救济时无所适从。

2. 民事、刑事管辖冲突引起的审判程序脱节、效能偏低

知识产权案件审判中的民刑管辖冲突严重。三大诉讼法的不同规定造成的知识产权管辖的复杂性及同一事实案件的管辖冲突。鉴于知识产权案件的特殊性和审判要求的高度专业性，民事诉讼领域确立了中级以上人民法院管辖的原则，只有少数的基层法院可以审理普通知识产权案件。由于管辖权方面的冲突，可能导致针对同一知识产权侵权行为既追究刑事责任又追究侵权民事责任，在案件的审理中发生冲突。审判程序和裁判尺度的不统一导致同一事实的案件裁判结果各异，侵权定性是知识产权民事侵权案件和刑事犯罪案件必须首先解决的问题，同一案件的侵权定性和处罚标准如果由不同法院执行，程序衔接将变得十分复杂。

以知识产权犯罪为例，根据我国民事诉讼法的相关规定，除法律另有规定或经最高人民法院批准的少数基层法院，知识产权纠纷原则上由

---

① 参见刘红：《论行政程序和司法程序的协调——以知识产权权利冲突诉讼为视角》，《科技与法律》2004 年第 3 期。

中级以上人民法院管辖。而刑事诉讼法并没有将知识产权犯罪案件的管辖范围设以与民事诉讼法相似的规定，依照一般的刑事案件级别管辖原则，知识产权犯罪案件由基层人民法院管辖。这就很可能造成如下结果，即因同一侵权事实引起的知识产权纠纷，民事部分由中级人民法院管辖，刑事部分由基层人民法院管辖。在级别上出现冲突的情况，不利于知识产权案件全面高效的审理。

管辖冲突带来的必然是审判程序的脱节。以民刑交叉案件为例，知识产权刑事案件的一审由基层人民法院管辖，而知识产权民事案件多由中级人民法院管辖，这将导致某一知识产权刑事案件在基层法院审理。如果权利人不提起附带民事诉讼，转而在刑事判决生效后再另行提起民事诉讼的，权利人就要到有管辖权的中级人民法院起诉。两级法院就对同一事实进行审理，有可能会出现对同一事实有不同认定的结果。

知识产权民事、刑事、行政"三审分立"造成司法保护的整体效能得不到有效发挥。知识产权有关的案件表现为民事、刑事、行政案件。按照诉讼法的规定和法院内部机构职能分工分别由民事、刑事、行政审判庭审理。然而，知识产权民事、刑事和行政案件审理的重点和难点均在于对案件专业事实的认定和实体法上专业问题的法律适用，各类知识产权案件并不因为诉讼程序的不同而有明显的差别，案件相同事实认定与定性远远重于程序性方面的需求。

3.传统的审判模式不利于资源的整合

首先，确认专利权、商标权等经行政机关授权的知识产权无效，只能由专利复审委员会、商标评审委员会等行政机构依法进行，只有对有关行政机构的宣告无效或撤销或维持决定不服的，有关当事人才能依法提起行政诉讼。这样一来，一旦民事诉讼与行政确权交织，权利人将极有可能进入漫长的维权之路。

再者，行政程序成为被告拖延诉讼的手段，即使权利人打赢了官司，也输掉了市场和商机。维权时间越久，价值丧失的就越多。因此，"赢了官司，输了市场"的情形并不少见，这自然有违知识产权司法保护的初衷。

最后，不同审判庭的法官对同一案件事实进行反复认定，容易造成审判资源的浪费。知识产权纠纷具有很强的专业性，不同的审判庭对知识产权的认识不尽相同，因此，法官在判案时可能会对同一个问题产生不同的认定。类似的例子有：在广东某基层法院的民事判决书中，法官将案件认定为普通专利侵权纠纷，却被公安机关定性为假冒专利的犯罪行为。① 此类案例并非孤例。在另一起案件中，法院已经作为专利侵权民事案件受理后，公安机关通过技术鉴定认定被控侵权物落入专利保护范围，并对犯罪嫌疑人采取了强制措施，而案件审判之后，原告的涉案外观设计专利权被宣告无效，最终导致非常被动的局面。

4.三大诉讼证据规则的差异加剧了同案不同判的现象

知识产权案件"三审分立"体制本身容易导致审判的单向局限性。知识产权案件不同于一般的民事、刑事和行政案件，知识产权审判涉及到很强的技术性问题，而仅用单纯的民事审判角度或者刑事审判角度或者行政审判角度是不能完全实现案件审判的合理、公平公正性的。而且现在许多知识产权案件都是呈现民行交叉或者民刑交叉，在审判中如果单纯地在某个分立的审判庭审判就会导致审判的单向局限性，不能实现审判的全面性。

在"三审分立"的情况下，知识产权不同诉讼中证据制度差异加剧

---

① 具体案情可参阅〔2001〕佛中法知初字第 64 号及〔1999〕佛中法知初字第 176 号案判决书。

"三审分立"的不利后果。知识产权诉讼中的证据往往数量多、种类繁杂、专业技术性强，较一般民事诉讼更为复杂。知识产权审判除了要贯彻最高人民法院关于民事诉讼的证据规则外，还要适用专利法、商标法和著作权法等法律、司法解释中关于知识产权证据制度的特殊规定。因此，在这种证据原则和分别审理的情况下，无疑加剧了对同一案件不同处理结果的差异。

鉴于我国知识产权制度的整体设计及知识产权的特殊性，我们可以预见，在各类知识产权交叉案件中，知识产权案件民行交叉成为常态，知识产权确权行政案件程序复杂，争议较多。知识产权行政管理机关授予、确认知识产权及效力确定等行政行为，往往在相应的行政诉讼的终结后才能最终得到确定。而知识产权民事案件审理的前提又是知识产权权属的确定。因此，知识产权的行政确权以及权利的再审查（无效复议程序）与民事侵权纠纷可能存在矛盾。

小　结

知识产权的诞生不仅造成了人类财产体系的重大变革，也对司法审判造成了不小的难题。鉴于我国知识产权制度的整体设计及知识产权的特殊性，我们可以预见，在各类知识产权交叉案件中，知识产权案件民行交叉成为常态，知识产权确权行政案件程序复杂，争议较多。知识产权行政管理机关授予、确认知识产权及效力确定等行政行为，往往在相应的行政诉讼终结后才能最终得到确定。而知识产权民事案件审理的前提又是知识产权权属的确定。因此，知识产权的行政确权以及权利的再审查（无效复议程序）与民事侵权纠纷存在矛盾成为必然。

为了解决这一矛盾，我国法院系统展开了一场轰轰烈烈的法院组织模式革新。截至 2019 年 3 月，北京、上海、广州三家跨区域的知识产权法院先后成立并敲响法槌。随后，最高人民法院又先后批复在南京、苏州、武汉、成都、杭州、宁波、合肥、福州、济南、青岛、深圳、天津、郑州、长沙、西安等 15 个市设立跨区域管辖的知识产权专门机构。各审判机构已全部揭牌成立并正式运行。这对于提高知识产权审判专业化水平，完善知识产权司法保护体制机制，充分发挥知识产权司法保护主导作用均具有重要意义，揭开了我国知识产权司法改革的新篇章。

第五章　知识产权案件审判模式改革

知识产权是一项极为特殊的权利，为现代司法审判改革注入了不同于以往的色彩。

继中共十八大知识产权审判组织改革以来，知识产权领域的体制革新一直不绝于耳。2017 年 11 月 20 日，十九届中央全面深化改革领导小组第一次会议审核通过了《关于加强知识产权审判领域改革创新若干问题的意见》（以下简称《意见》），再次将知识产权审判领域革新问题提到了极为重要的高度。作为中办、国办印发的第一个专门面向知识产权审判的里程碑式的纲领性文件，《意见》对于全面加快我国知识产权审判体系和审判能力现代化进程具有重大的现实意义和深远的历史意义。

其实，早在 20 世纪后期，我国法院就开始知识产权审判组织革新。虽然大多数法院是根据案件类型的不同，将其交由不同的审判庭进行审理，知识产权民事、行政以及刑事案件通常会分别交给民事、行政或刑事审判庭审理。但是，仍有部分法院采取了专门审判庭审理知识产权案件的例子。[①]

进入 21 世纪以来，随着国家经济的转型升级，传统的"三审分立"

[①]　在全国范围内，上海市浦东新区人民法院于 1995 年 1 月启动的知识产权"三审合一"试点是全国首个知识产权审判组织革新的基层法院。

模式因忽略了对知识产权案件程序特殊性的关注，弊端和问题逐步显现，独立审判机构统一审理知识产权民事、刑事、行政案件已逐渐成为未来司法变革的趋势所在。因此，为完善知识产权审判体制，优化审判资源配置，一些地方法院自发地开展了知识产权案件审判改革的试点。继上海市浦东新区人民法院于 1995 年的初次试水之后，其他地方的基层法院陆续跟进，共同描绘了我国法院系统知识产权案件审判改革的画卷。

第一节　新中国法院组织结构的历史沿革

人民法院审判组织机构的沿革，是司法传统的重要组成部分。长期以来，紧贴中国特有风土人情和社会经济发展规律，中国走出了一条不同于西方发达国家的法院组织结构改革之路。

一、新中国成立后至改革开放前的审判机构设置

新中国成立后，由人民革命军事委员会作为国家军事的最高统辖机关，组织最高人民法院和最高人民检察署作为国家的最高审判机关和检察机关。1949 年 12 月 22 日，中央人民政府最高人民法院成立，沈钧儒任首任最高人民法院院长。1950 年 7 月 20 日，《人民法庭组织通则》发布，各地方法院的组织结构逐步理顺。

1949 年 9 月 27 日通过的《中华人民共和国中央人民政府组织法》第二十六条明确规定："最高人民法院为全国最高审判机关，并负责领导和监督全国各级审判机关的审判工作。"可见，在设立之初，最高人民法院对下级法院的管理权限表现为领导和监督，这一规定确立了我国最高人民法院的基本地位。虽然 1954 年通过并颁布的《中华人民共和

国宪法》将最高人民法院"领导和监督全国各级审判机关的审判工作"的职权规定为仅"监督地方各级人民法院和专门人民法院的审判工作"，最高人民法院不再具有"领导"职权。但是，最高人民法院在实质意义上仍能采取某些措施对下级法院的审判工作实现领导。

此时，中央人民政府以解放区以及苏联等社会主义国家的经验确立了建立我国法院组织系统的基本思路。为了与中央确立的以行政区划相对应，逐步实现中央集权的路线①，并分担最高人民法院的审判负担，保证最高人民法院"审判全国范围内特别重大的上诉案件或第一审案件，同时必须以充分的力量来执行领导与监督全国法院"，而不必审理"并无必须由中央最高人民法院审判的理由"的一般上诉案件。② 第一任院长沈钧儒在筹建最高人民法院的同时，又依据1950年1月中央人民政府委员会批准的《最高人民法院试行组织条例》着手分院的设立，在正式制度层面形成了最高人民法院审理重大疑难案件，并且领导监督全国司法工作，分院审理其他上诉案件的职能分工格局。③

回头来看，当时组建的各大分院在法律实践中发挥了重要作用，除去便利了当事人诉讼的优势之外，更重要的是在当时法律不完善的情况下，结合辖区实际情况通过对典型案例的批复、审判工作的指示以及向最高人民法院请示后获得的批复，发挥了在辖区内统一法律适用以及规则创制的功能，也为最高人民法院了解全国情况，制定司法政策提供了重要的参考。之后随着第一个五年计划的实施和对强化政府计划管理机构的要求，以及对高岗、饶漱石事件及中南局和华南分局争执事件所暴露出来的地方闹独立问题的警惕，中央最终于1954年中央人民政府委

---

① 参见张荆红：《建国初大区制度的成功经验及启示》，《重庆工学院学报（社会科学版）》2008年第9期。

② 参见方斯远：《最高人民法院巡回法庭的制度建构》，《法律科学》2015年第2期。

③ 参见季卫东：《最高人民法院的角色及其演化》，《清华法学》2006年第1期。

员会第 32 次会议上决定撤销大行政区，跨区域法院组织机构的探索就此停止。①

也是在新中国成立初期，中央人民政府以原华北人民政府法院和司法部的组织机构和工作人员为基础，分别成立了最高人民法院和中央司法部。司法权与审判职权在历史上短暂分离。

1966 年 5 月，"文化大革命"开始，在这场浩劫中，人民法院在组织结构、审判工作、思想作风等方面都遭到严重破坏，司法制度被迫中断，司法机构被撤销，业务也随之停滞。

二、改革开放以后法院的基本组织结构

改革开放前，基层法院在国家治理中不需要承担过多职能，以刑事审判和以婚姻家庭关系为主要内容的民事审判为主。该时期，内设机构配置一般仅仅设立刑事、民事审判庭和办公室等几个常规审判机构。

中共十一届三中全会的召开，迎来了我国法制建设的春天，法院系统逐步得到恢复和重建。内设机构扩张迅猛，司法行政机构分工越来越精细，传统的刑事、民事审判庭衍生出了多个分庭，有的法院还根据自身特点成立环境资源保护庭、道路交通事故审判庭、少年家事审判庭等。

在这一时期，随着审判庭的迅速激增，法院的人员编制也迅速增加。从 1981 年到 1984 年，扩大政法队伍，增编进人成为各级组织、人事、编制部门的重要工作。② 这一时期法官数量的增加是巨大的：1978

---

① 参见季卫东：《最高人民法院的角色及其演化》，《清华法学》2006 年第 1 期。

② 这段时间，国家陆续出台了多个文件，如国务院、中央军委联合批转的《关于全国军队转业干部安置工作会议情况的报告》和《关于做好今明两年军队转业干部安置工作的意见》的通知，1981 年 6 月 22 日发布。参见刘忠：《规模与内部治理——中国法院编制变迁三十年（1978—2008）》，《法制与社会发展》2012 年第 5 期。

年，全国各级法院实有干警 5.9 万余人，到 1982 年 12 月增至 13.4 万余人。① 随后，在历次政策调整下，法院编制持续增加。

历经 30 年的持续供给，导致法院内部的组织结构样态发生了巨大变化，表现为：内设庭室越来越多，人员分类、分层、分级管理日益繁复。巨大的法官数量和由此决定的坚硬的科层化造成中国司法出现大量痼疾。以最高人民法院为例，1978 年 4 月，最高人民法院仅设刑庭、民庭两个业务审判庭和司法行政教育厅、办公厅、政工组五个局级单位。② 此后，庭室不断分解、功能细化，刑事审判庭分解为刑事一、二、三、四、五庭，民事审判庭分解为民事一、二、三、四庭。30 年间，最高人民法院正局级机构从 5 个增加到 31 个。③

在法院人员高速膨胀后，人员分类管理工作日益繁复。尽管如此，人少案多的矛盾在各级法院仍显突出。基层人民法院内设机构设置过多过细，管理体制不科学，审判功能弱化，严重影响基层法院管理能力和案件审判质效的提升。

1984 年 4 月 1 日，《中华人民共和国专利法》（以下简称《专利法》）正式施行，在随后的一段时间里，《商标法》、《著作权法》先后颁布施行，我国法院系统迎来了解决知识产权纠纷的疑难。人员配备和法庭管理相对弱化的矛盾显得更为突出。但是，从整体上看，各地各级法院并未将分设知识产权庭作为解决矛盾的基本手段，而是根据案件的性质和所属法律关系，分别将其交给民事、行政或刑事审判庭处理，知识产权审判庭单独分立的社会环境和客观条件还不具备。

1998 年至 2003 年最高人民法院实施了"一五"司法改革，这期间

---

① 参见《江华传》编审委员会：《江华传》，中共党史出版社 2007 年版，第 439 页。

② 参见《江华传》编审委员会：《江华传》，中共党史出版社 2007 年版，第 439 页。

③ 参见刘忠：《规模与内部治理——中国法院编制变迁三十年（1978—2008）》，《法制与社会发展》2012 年第 5 期。

人民法院初步建立了适合我国国情的审判机构，进一步完善了刑事、民事、行政三大审判体系。从制度建设方面看，法院的组织制度更加趋于完善，扩大了合议庭和独任法官的审判权限，确立了法官职业化和书记员单独序列的新目标。但是，法院的审判庭并未受到大的影响。法院一个审判庭下仍存在多个分庭的现象基本没有改变。

由于审判权扩张，审判庭大量增设、法官编制规模激增，导致审判事务管理机构增加；审判庭大量增设、审判事务管理机构增加，又共同导致行政管理事务机构同比大幅增加。随着公众对裁判结果认同的降低以及涉诉上访的增加，又进一步促使法院不断增加审判事务管理和行政管理机构。据学者统计，全国共有基层法院 3177 个，其内设机构配置都经历了从简单到迅猛扩张的过程。[①] 截止到 2004 年，全国共有 1 个最高法院，32 个高级法院，402 个中级法院，3133 个基层法院。平均 1 个高院受理 12 个中院的上诉案件，1 个中院受理 7.8 个基层法院的上诉案件，一个高院平均对 97.9 个基层法院。[②]

进入 21 世纪，法院内设机构激增带来的不良后果逐步显现。主要问题表现在以下几个方面：

首先，机构膨胀，审判与管理事务混同，人员分类管理的司法责任制改革无法落实。大多数基层法院均设立了民庭、刑庭、行政庭、办公室、政治处、监察室、研究室、审管办、法警大队等机构，另外有的法院还增设了宣传中心、司改中心、机关党办等，非审判业务部门占比接近半数，有的甚至超过半数。大部分审判机构同时也承担大量的行政工作，法官无法从繁杂的事务性工作中脱身，严重拖累审判效能。

---

① 参见张静、易凌波：《司法改革背景下基层法院内设机构的整合与重构》，《法律适用》2018 年第 5 期。

② 最高人民法院政治部编：《中华人民共和国人民法院机构名录（2004 年）》，人民法院出版社 2004 年版，第 1 页。

其次，法院内部行政化色彩浓重，管理层级过多，与审判独立司法属性相背离。法院的内设机构数量过多，均采用行政机关的管理模式，一项事务要经过多个层级审批，下级需对上级负责，这种法院体制行政化与法官独立的本质相背离。同时，过多的管理层次造成管理难度加大，信息交流速度减慢，信息流失多，失真率高，使成员缺乏自主性和创造性。

再次，职能划分过细，部门壁垒突出，司法效率无法提速。多年来，虽然法院人员和机构处于不断膨胀状态。但是，并未从根本上解决法院人少案多的矛盾。加之机构设置过细，相互之间职能清晰，庭室协调壁垒突出，无法横向调配人力资源，导致工作效能不足。部门实际上完全可以相互借力，信息资源共享，解决高峰期人力不足、重复劳动的难题。

最后，审判职能交叉冲突，无法集合优势聚集资源形成整体合力。由于行政管理事务错综复杂，尽管设立了大而全的内设机构，但仍然可能无法涵盖所有管理职能，容易出现管理真空地带或者交叉地带，导致工作上相互推诿和扯皮。尤其在审判综合部门和司法行政部门之间，定位同质化、职能交叉化的弊病表现得极为突出，急需改革。

三、中共十八大以来法院的审判组织机构

中共十八大以来，中央层面的多项政策密集出台，从"探索建立与行政区划适当分离的司法管辖制度"，到"探索设立跨行政区划的人民法院、人民检察院"，反映了司法领域改革的范围和广度。随后，员额制改革，推进人财物省级统管，建立最高人民法院巡回审判庭，设立知识产权法院、互联网法院、家事审判庭等一系列改革措施相继落地，司法改革已经步入深水区。

知识产权司法审判领域的改革举措亦频频推出。2014年12月30日，先后成立的北京、上海、广州知识产权法院敲响法槌，开审知识产权案件，开创了知识产权司法审判跨区域审理案件的先河。

在随后的3年多时间里，在最高人民法院的指导下，各地陆续设立知识产权法庭。截至2018年3月2日，共有天津、长沙、西安、杭州、宁波、济南、青岛、福州、合肥、深圳、南京、苏州、武汉、成都和郑州等15家知识产权法庭全部挂牌成立，与北京、上海、广州三家知识产权专门法院共同构成了我国知识产权保护的新格局。

考虑到其他未设立知识产权专门审判的地区，至本轮知识产权法庭设立完毕，在全国范围内，实际上形成了"王侯"与"将相"并存的多元格局。最高人民法院下设的知识产权审判庭负责审理上诉案件；三地知识产权法院负责审理管辖范围内的知识产权一审或二审案件；各地分设的知识产权审判庭审理辖区内一审和不服一审之上诉案件；还没有设立专门审判庭的其他17个省会城市所在法院则仍然援用法院地域管辖的规定，由民事审判庭、行政审判庭和刑事审判庭继续审理原有管辖范围内的知识产权案件。

第二节　知识产权"三审合一"审判改革的探索

在法院实行专门审判庭改革之前，按照法院内部机构的职能分工，知识产权案件一般依照民事、刑事、行政标准分类，分别由不同的审判庭审理。在知识产权大审判格局形成之后，仍有部分法院依照传统的案件分类方法，根据知识产权案件所涉及的法律关系将其交付给专门的单一审判庭审理。但是，将案件交给单一的民事、行政和刑事案件审理有其显著的弊端，显然不利于统一知识产权案件的审判尺度以及维护司法公信力。

知识产权案件"三合一"审判模式是指由同一个审判庭或专门法院统一审理侵犯知识产权民事、行政和刑事案件的审判模式。该审判模式的实质是在原有三大诉讼的基础上，通过法院内部审判人员的重组及合理分工，成立专门的知识产权审判合议庭，统一负责审理涉及知识产权的民事、刑事、行政和交叉的各类案件。

2008 年国务院发布的《国家知识产权战略纲要》提出了探索建立专门审判组织，集中审理专业性较强的知识产权案件的设想，此后上海、重庆、武汉、西安等地纷纷开展"三合一"试点。

2014 年 8 月 31 日，全国人大常委会审议通过《关于在北京、上海、广州设立知识产权法院的决定》，确立了专门办理知识产权案件的审判组织，同年 10 月 27 日最高人民法院发布《最高人民法院关于北京、上海、广州知识产权法院案件管辖的规定》，确立民事、行政审判"二合一"模式。之所以出现"二合一"和"三合一"两种审判模式的提法，一方面是源于知识产权案件本身的特殊性，另一方面则显示了从理论界到实务界对知识产权审判模式的认识差异。

在法院系统内，对知识产权审判模式的改革走过了一个从"三合一"到"二合一"的逐步摸索过程。而最初的"三合一"探索，要从上海市浦东新区人民法院谈起。

一、知识产权"三审合一"方案的缘起及发展

自 1995 年上海市浦东新区人民法院试行知识产权"三合一"审判以来，"三合一"改革试点已经走过了 24 年的历程。在这长达 24 年的审判组织革新过程中，江苏、重庆、广东、西安、武汉等地法院先后开展了知识产权交叉案件审判模式的改革和探索，在全国形成了多种审判模式。较为典型的有六种模式。

1. 推行知识产权"三审合一"的现实背景

知识产权审判模式改革的推动深受国内国外形势的影响。在国际层面上，20 世纪下半叶以来，世界各国纷纷加快知识产权审判机制改革的步伐，如法国、德国、美国、英国、日本等诸多国家，或设置特定的民事审判法院全面审理知识产权的所有案件，或制定知识产权基本法，实行民事、行政、刑事案件"三审合一"。

在国内，上海市浦东新区人民法院知识产权"三合一"改革试点后，一直处于基层法院效仿的状态，并未得到最高人民法院的明确认可。

2002 年 5 月，北京市高级人民法院以京高法发〔2002〕195 号文件做出决定，北京一中院对其受理的涉及专利或者注册商标专用权的民事诉讼，当事人就同一专利或者商标不服专利复审委员会或者商标评审委员会决定或者裁定而提出诉讼的行政案件，由知识产权庭审理。① 之所以出台此决定，是源于商标或专利侵权案件中，最常出现的一方起诉对方侵权，另一方则诉请商标或专利无效导致的知识产权民事、行政交织在同一对当事人的现象。

2005 年，最高人民法院牵头就"知识产权司法保护机制"展开调研，北京、上海、广东、江苏、山东、浙江六个高院和相关中级人民法院参与了该项目，标志着最高人民法院在知识产权司法保护机制方面的探索。此后，在最高人民法院的指导下，西安、广州、武汉、重庆、珠海、福建、江苏依次展开了地方法院知识产权审判组织的改革与实践。

2. "三审合一"与知识产权司法体制改革

知识产权作为一项特殊的私权，对其审判机制的改革源于这一特殊权利为司法审判带来的全方位挑战。改革开放以来，尤其是中共十八大

---

① 参见陶凯元：《三审合一：对知识产权审判方式的探索》，《人民司法》2006 年第 12 期。

以来，我国政府就知识产权司法改革出台了一系列政策文件，其改革力度可谓空前，反映了政府推行社会主义法治国家建设的坚强信心。

不过，从有关知识产权司法改革的历次政策文件中可以看出，我国政府及最高人民法院对知识产权司法改革的内容、改革方式并不十分清晰。这一点，可以从历次文件中对知识产权审判组织的表述方式窥见一二。

（1）早期观点：基层审判庭与上诉法院并举

早在 2001 年，就有学者在两会上提出建立知识产权法院的提案，此举并未得到重视。2002 年，我国法院系统建立并推行大审判格局，审判庭统一划分为民事、行政和刑事三大类，在这种格局下，没有建立独立的知识产权审判庭的制度基础。

2008 年国务院颁布了《国家知识产权战略纲要》（以下简称《纲要》），首次将知识产权战略上升到国家高度，对知识产权司法审判提出了更高要求。《纲要》明确提出了两条战略措施，即"研究设置统一受理知识产权民事、行政和刑事案件的专门知识产权法庭；研究适当集中专利等技术性较强案件的审理管辖权问题，探索建立知识产权上诉法院。"从《纲要》的表述可以看出，国家政府层面上对究竟应当建立专门审判庭还是建立知识产权上诉法院并无明确意见，相关审判组织结构的选择仍处于待研究的层面，两种方案并无择其一而行之的困难。

（2）中期观点：建立知识产权专门审判庭

《纲要》颁布之后，法院系统加快了该问题的研究。经过一年多的调研总结，法院内部的认识逐步达到统一。2009 年最高人民法院发布的《人民法院第三个五年改革纲要（2009—2013）》确立了"探索设置统一受理知识产权案件的综合审判庭"综合部署。

该部署以建立专门的综合审判庭为着力点，拟打破原有的案件管辖规定，在全国法院系统层面上统一认识。在受案范围上，知识产权综合审判庭可以统一受理知识产权案件，不会因为专利、版权及商标等民事权利的差异而有所区别；在级别管辖上，原来由中级人民法院管辖的一审专利案件仍由中级以上人民法院管辖，由知识产权庭受理。一审及二审法院均受理知识产权案件，其区别在于受理案件的基础法律关系不同。至于该综合审判庭究竟冠以知识产权审判庭还是民事审判庭分庭，最高人民法院未做硬性规定。这种做法对于全国范围内已经探索实行的知识产权"三审合一"或"二审合一"的审判改革是相互衔接的，没有造成对地方各级法院自我探索革新模式的冲击。

2012 年 12 月 25 日，最高人民法院院长王胜俊在第十一届全国人民代表大会常务委员会第三十次会议作的《关于知识产权审判工作情况的报告》指出，需全面规划落实国家知识产权战略，开展知识产权审判庭集中审理知识产权民事、行政和刑事案件试点工作（简称"三审合一"）。①

截至 2015 年 6 月，全国共有 5 个高级法院、94 个中级法院和 104 个基层法院开展了知识产权审判"三审合一"或"二审合一"改革试点工作。② 尽管"三审合一"改革在各地法院的推进程度不同，但从早期仅上海浦东新区一家法院试点，发展到现在有百余家不同层级的法院参与试点，表明"三审合一"符合知识产权司法规律，具有司法生命力。

（3）实施方案：探索建立知识产权专门法院

中共十八届三中全会进一步提出："要深化司法体制改革，加快建设公正高效权威的社会主义司法制度，维护人民权益，让人民群众在每一个司法案件中都感受到公平正义。"之后，知识产权司法改革的步伐明显加快。2013 年 11 月，中共十八届三中全会审议通过了《中共中央

---

① 参见王胜俊：《最高人民法院关于知识产权审判工作情况的报告》，2013 年 1 月 6 日。

② 参见李嵘：《知识产权审判"三合一"改革试点工作情况报告》，陶凯元主编：《知识产权审判指导》，人民法院出版社 2014 年版，第 106 页。

关于全面深化改革若干重大问题的决定》，首次正式提出探索建立知识产权法院。

2014 年 1 月北京"两会"期间，北京市高级人民法院领导表示，将研究建立知识产权法院的可行性，就知识产权法院的管辖范围、机构设置等问题提出调研建议。

2014 年 6 月 6 日，中央全面深化改革领导小组第三次会议审议通过《关于司法体制改革试点若干问题的框架意见》，标志着我国司法体制改革正式启动。在随后的一年半时间里，我国第一批试点省份——上海、广东、吉林、湖北、海南、青海、贵州的改革已进入平稳阶段，其中，上海、吉林、湖北、海南全面推开。第二批 11 个试点省份的改革也陆续启动，正在按照第一批的改革经验进行探索。2016 年 6 月，包括北京在内的 14 个第三批司法改革试点省份（包含新疆生产建设兵团）正式启动司法改革，这意味着我国所有省份全部启动了司法改革。

2014 年 8 月 31 日，第十二届全国人民代表大会常务委员会第十次会议审议通过了《关于在北京、上海、广州设立知识产权法院的决定》。2014 年年底，北京、上海、广州相继成立了知识产权法院，受理有关专利、植物新品种、集成电路布图设计、技术秘密等专业技术性较强的第一审知识产权民事和行政案件。有关知识产权的刑事案件仍由刑事审判庭处理。

从知识产权法院的受案范围可知，知识产权法院的审判模式仍然是"二审合一"（民事、行政）而非"三审合一"（民事、行政、刑事）。

值得关注的是，2015 年 3 月 23 日中共中央、国务院印发《关于深化体制机制改革　加快实施创新驱动发展战略的若干意见》（以下简称《意见》）再次明确提出："完善知识产权审判工作机制，推进知识产权民事、刑事、行政案件的三合一"。尽管最高决策层继续推进"三审合一"改革的态度很明确，但在司法实践中，"三审合一"改革是继续坚持还是后退，始终存在不同声音，而目前北京、上海、广州三地知识产权法院受案范围也不包括刑事案件的分工。

二、"三审合一"改革及专门法院运行效果

2014 年年底，北京、上海、广州知识产权法院相继设立之际，恰值新一轮司法改革深入推进，因而受到各界高度关注，也成为观察司法改革的一个新窗口。知识产权法院运行四年多以来，取得了较好的效果。为回应社会关切，三家知识产权法院均由院长、副院长敲响了开庭办案的第一槌，在社会上引起强烈反响。不仅如此，作为一项新兴事物，三地知识产权法院在案件受理、法官选任、案件研判和对外宣传等方面做出了卓有成效的积极探索。

1. 审判法官的确立

三地知识产权法院在案件受理方面均推出了主审法官、合议庭办案负责制、司法责任制等一系列审判运行机制改革措施，探索建立符合司法规律的审判权运行机制，确保审判权依法独立公正行使。

推行主审法官的主体地位是三家知识产权法院在不断优化审判组织职权配置上的积极尝试。知识产权案件审判由法官团队作为审判基本单元，团队由 1 名法官、1 名法官助理和 1 名书记员组成，法官专司审判，法官助理负责司法辅助工作，书记员负责事务性工作，形成法官主导、人员分类、权责明晰、协同合作的审判新模式。承办案件的主审法官即为合议庭审判长，履行审判长职责。在确定主审法官的情况下，施行院长、庭长办案常态化，由院长、庭长带头办理重大疑难案件，上海知识产权法院还明确了院长、庭长包括审判委员会委员带头办理重大案件的范围、数量等。对于院长、庭长作为法官的审理时限与一般法官无异。

2015 年 9 月 17 日，北京知识产权法院审判委员会首次开庭审理原告安徽华源医药股份有限公司诉被告国家工商行政管理总局商标局等商标行政纠纷一案，此案是全国首例由审判委员会全体委员直接公开开庭审理的案件。

2. 精于研判、引入专家辅助人

自成立以来，三家知识产权法院始终把案件审判作为第一要务来抓，受理案件数量较多，审理效率明显提高，审判效果赢得社会赞誉。据统计，截至 2016 年 3 月 31 日，三家知识产权法院共受理案件 19502 件，审理了一批有国际影响的知识产权案件，在探索具有中国特色的知识产权司法保护制度和按照新的司法体制运行方面也取得显著进展。

上海知识产权法院从"推进实质解纷、统一司法标准、依法积极保全、加大赔偿力度、严惩恶意侵权"等五个方面加强知识产权司法保护。北京知识产权法院明确提出通过完善财产保全、证据保全和行为保全、合理分配举证责任、提高侵权赔偿数额等各种措施，加大对侵权行为的制裁力度。① 广州知识产权法院则从引入专家证人、技术咨询专家的方式，深入分析案件中所涉及的法律关系和技术事实，在著作权侵权的判定规则方面积极创新，对当事人息讼服判起到了一定的作用，彰显了公平正义。

从三地法院陆续发布的白皮书可知，知识产权法院通过集中审理、宣判一批典型案件，彰显了加大司法保护力度、统一司法尺度的鲜明态度，大大提高了知识产权司法的透明度。② 三地知识产权法院的工作效

---

① 具体案情参见北京知识产权法院受理并审结的陈喆（笔名琼瑶）诉余征（笔名于正）著作权侵权案被最高人民法院收入《2015 年中国法院十大知识产权案件》。

② 2015 年 4 月 14 日，上海知识产权法院发布首份知识产权审判工作白皮书。同年 4 月 21 日，广东省高级人民法院发布《广东法院知识产权司法保护状况（2015 年度）》。

果获得各界的一致认可。

3. 改革创新

知识产权案件的诉讼证据开示制度不同于一般民事行政案件。只有设置相对完善的程序和规则，赋予当事人披露相关事实和证据的义务，才有可能更好地帮助法官理清涉案问题。而科学的证据规则将有助于有效解决赔偿不公和制止反复侵权的疑难问题。

为了帮助法官在审理案件之余不断提高业务水平，北京知识产权法院积极配合最高人民法院，探索建立案件研判机制。2015 年 11 月，最高人民法院在北京知识产权法院设立知识产权案例指导研究（北京）基地，大力探索具有中国特色的知识产权案例指导制度。据悉，该基地为全国法院首家知识产权案例指导研究基地。北京知识产权法院拟定了五年工作规划，同时努力探索知识产权裁判文书援引在先案例制度。

上海知识产权法院则利用对外交流的有利环境，积极发挥中国法院知识产权司法保护国际交流（上海）基地作用。依托该基地，该院积极开展知识产权司法国际交流与合作，承办了世界法学家大会、"知识产权与国际贸易论坛"、"中欧法官论坛"等重要国际会议。此外，上海知识产权法院还与上海张江高新区管委会签署合作备忘录，建立合作机制，在园区挂牌成立"陈惠珍法官工作室"。以工作室为窗口，积极开展讲座、以案析法、审判白皮书等形式的知识产权法律法规宣传，促进提升园区企业知识产权创造、运用、管理和保护水平。

广州知识产权法院将知识产权市场价值及损坏赔偿额的计算列入技术类知识产权案件的审判难点，积极开展理论研究和实践总结。2015 年 9 月，最高人民法院在广州知识产权法院设立知识产权司法保护与市场价值研究（广东）基地，积极展开研究解决知识产权维权成本高、赔偿额度小的司法难题，在知识产权市场价值评估和损害赔偿计算方法选择等方面有所作为和创新，切实加大知识产权损害赔偿力度。

4. 凸显的问题

当前"三审合一"改革正面临着种种困境，在个别地区甚至困难重重。总体来看，制约"三审合一"改革的障碍主要有以下两方面：

一是体制机制的制约。我国法院的"三审合一"改革，基本是自下而上的改革，即最早自发试点的法院大多是知识产权案件较多、经济较发达地区的基层法院，其后才扩展至一些中级法院以及少数高级法院。尽管最高人民法院在 2009 年已实现专利、商标授权确权类行政案件统一由知识产权庭审理的"二审合一"，但至今尚未实现刑事审判的"三审合一"。由于在法院内部对"三审合一"改革难以达成共识，且多年来对这项改革缺乏系统规范的审判业务指导，以致各地法院的改革基本处于各自"摸着石头过河"的状态。

二是基层法院理论研究相对滞后的制约。2010 年以来，国务院持续开展"打击侵犯知识产权和制售假冒伪劣商品专项行动"，给法院"三审合一"改革提供了重要发展契机。随着行政执法和刑事案件数量大幅增长，实践中行政执法和刑事司法经验不足、理念不清晰、尺度不统一的问题日益突出。如何准确确定行政案件的司法审查标准、准确划定刑事保护的边界，有效解决民事与行政或民事与刑事法律关系的冲突，成为地方法院必须解决的困难问题。对于上述问题的理论研究尚落后于实践发展。此外，外界对知识产权法官能否协调好三大诉讼理念以及不同诉讼证明标准的冲突存在质疑，在一定程度上影响了"三审合一"试点进程的推进。

在"三审合一"改革的关口，有必要对"三审合一"的必要性进行再思考。

首先，国际国内新形势对司法保护提出了更大挑战。目前我国经济已进入创新驱动和转型升级发展的新常态，国内外加大保护力度的呼声日益高涨，越来越多的权利人综合运用民事、行政和刑事手段保护知识产权。《意见》明确提出："完善知识产权保护相关法律，研究降低侵权行为追究刑事责任门槛。"

其次，知识产权行政或刑事执法的问题变得更加复杂。近来社会各界对刑事司法的关注度明显增加，这是刑事保护的新动向。而随着市场竞争的加剧，在传统侵权行为之外，新类型、疑难复杂案件层出不穷，一些案件的民事侵权和刑事犯罪的边界并不清晰，因而需要对司法裁判进行更加审慎的思考。例如，对于假冒未注册商标的行为，因无法以假冒注册商标罪追究刑事责任，能否将图案、文字作为保护客体，以侵害著作权罪论处？

最后，行政执法与刑事执法能力的加速提升对司法系统构成直接挑战。如江苏省高院近期审结全国首例涉及标准必要专利的专利侵权纠纷行政诉讼案，该案涉及专利行政执法机关对被控侵权产品全面覆盖的专利某一权利要求是否属于实施标准所必要的权利要求的判断。此类涉及标准专利的问题，即使在民事专利侵权判断中亦属于疑难复杂问题，更何况是缺乏知识产权专门知识的行政执法人员。外部执法涉及的知识产权问题越是疑难复杂，对法院的司法能力要求越高。

从江苏省法院的试点经验看，正是由于近年来法院大力推行"三审合一"改革，极大地促进了外部机构执法能力的提升、执法经验的积累以及专业化执法队伍的形成，这已经成为促使司法系统加快"三审合一"改革，特别是从最高层面实现"三审合一"的重要外部推动力。

第三节　知识产权"三审合一"审判改革的反思

　　由浦东新区人民法院率先实施知识产权审判"三审合一"试点开始，历经二十余年，被我国著名知识产权专家郑成思誉为"浦东模式"的"三审合一"审判机制，已经在全国104家基层法院、95家中级法院和6家高级法院"生根发芽"。[①] 在探索知识产权审判模式改革的过程中，包括浦东新区人民法院在内的地方各级法院做出了有益的探索，以其后推出的司法改革举措积累了宝贵的经验，对于我国知识产权司法体制的改革起着积极的推动作用，其历史价值毋庸置疑。

一、"三审合一"审判模式的主要优势

　　过去"三审分立"遗留下来的历史问题，随着知识产权审判"三审合一"的试点和推进得到的有效改善，特别是在交叉案件的衔接、事实认定的统一性以及诉讼资源的节省上，有着不可否认的价值与作用。

　　1.消除管辖冲突，克服程序脱节

　　通过"三审合一"改革的推进，可以消除知识产权民事、行政和刑事案件的管辖权的冲突。无论是由知识产权审判庭统一审理知识产权民事、行政、刑事案件的上海"浦东模式"，还是仅在基层法院统一管辖内实现"三审合一"的"南海模式"，抑或是设置知识产权派出法庭的"珠海模式"，都是将知识产权民事、行政和刑事案件的级别管辖统一起来，

[①]　参见王治国：《上海浦东法院：知识产权"三合一"审判的先行者》，《中国审判》2016年6月。

为民事诉讼、行政诉讼和刑事诉讼中的交叉问题创造了协调和衔接的基础条件。

2.统一救济尺度，优化审判资源

"三审合一"模式的探索对解决民事、行政和刑事交叉案件中存在的问题具有较为深刻的意义。在传统的"三审分立"模式中，不同审判庭的法官对同一案件事实进行反复认定，不仅会因为不同的诉讼制度导致审判差异，还会极大程度地浪费审判资源。而"三审合一"所构建的统一审判组织，能够有助于法官调动其充分的主观能动性，确保提供的法律救济的执法制度的统一。避免出现不同的审判庭对同一法律关系和相同案件情况在认定事实和适用法律上存在不同认识，形成统一、立体、全面的知识产权司法保护机制。[①] 与此同时，还能有效提高纠纷解决的效率，节约诉讼成本。

3.交叉案件合一审判，推进人才培养

知识产权司法本身以权利判断多维化、审判思维专业化、证据采信规范化集于一身为其主要特征，这种特性决定了知识产权案件审判的独立性与专业性。法官在处理知识产权交叉案件时，往往由于专业知识缺乏，严重影响案件的正确处理。例如在广东彩艳公司与梁钦江等商业秘密侵权纠纷案件中，法院判处被告人构成侵犯商业秘密罪，而在"权利人"之后提起的民事诉讼中，因为法官没有区分民事审判规则和刑事审判规则的差异，商业秘密是否存在又重新成了双方的诉辩焦点。[②]

[①] 参见沈强：《从"三审合一"到知识产权专门法院——兼论知识产权审判模式和体制的改革》，《电子知识产权》2010 年第 8 期。

[②] 参见广东省高级人民法院民三庭：《知识产权民事诉讼证据若干问题》，《人民司法》2006 年第 1 期。

为此，"三审合一"有助于改变传统"三审分立"机制下法院对法官的培训方式，以知识产权审判庭为单位进行交叉培训，以此缩小法官在处理知识产权纠纷时在审判尺度、裁判规则、价值取向上存在的差异。

二、"三审合一"审判模式尚未解决的问题

纵观"三审合一"改革 20 余年的发展经历，其反映出的不少规律和经验教训值得我们深入总结与思考。

1.知识产权案件的审理难度较一般案件大

知识产权是一个不断扩大的体系，法官需要靠较长时间的实践来摸索办案规律、积累审判经验。在长期分散式审判模式下，办理民事、刑事、行政诉讼案件的法官仅熟悉本领域的办案经验，对其他诉讼案件容易产生认识误区。传统民事案件法官不能熟练掌握刑事诉讼证据规则，过分夸大民事诉讼与刑事诉讼的差异。如侵犯著作权案件中，民事诉讼中只要被告人败诉就要承担诉讼费用，所以权利人往往十分乐意聘请司法鉴定机构出具鉴定，并不存在鉴定问题。而在刑事诉讼中，被侵权作品众多的情况下，公安机关很难查找到权利人，进行著作权同一性比对相对困难。而很多案件被告人文化程度低，且长期在街头、小门面经营，几乎不可能自行创造作品，综合犯罪主体身份、犯罪地点、销售价格以及版权管理机关的非法出版物证据材料，可以根据审判经验推定犯罪事实，在被告人不能进行合理反驳的情况下，可以认定犯罪。然而习惯办理民事案件的法官，就会带着传统思维惯性要求控方提供"同一性比对"司法鉴定。再如，侵犯商业秘密案件中，不少民事法官认为"接触＋实质性相似"并不能推定行为人窃取了商业秘密，但是刑事法官往

往认可这种推定。与其他知识产权案件相比，商业秘密权利人发现侵权行为更晚，技术性问题更多，取证更加困难。在当前"三审合一"试点法院，民事法官居多，而刑事案件法官较少，审判人员在法律适用上与控方及代理律师争议较大，难以达到共识。

2."三审合一"不具有统一性

"三审合一"模式的改革均产生于经济较为发达的地区，是法院根据当地的实际需求摸索出来的一套审判方案，这类方案通常缺乏合法统一的依据，且主要适用于经济比较发达、知识产权案件较多的地区，具有一定的特殊性。这不仅实质上打破了原有的法律基本框架，打破民事、行政和刑事诉讼制度关于案件审判业务的分工，改革的特殊性还使得创新的审判方式是否能在经济较为落后的地区开展以及如何具体推广等方面问题不可避免地浮出水面。因此，"三审合一"因缺乏合法统一的改革标准存在着不同的模式，并可能随着日后的发展逐步增多。

3."三审合一"使法院审判程序的协调难度加大

鉴于现有法律并未统一不同诉讼程序的管辖标准，各地改革深受级别管辖、地域管辖冲突的困扰。部分地方自行改革后，却无法对应上一级别法院三审分离的诉讼管辖。"三审合一"审理模式的大多是一审法院，而相对应的二审法院仍然实行传统的"三审分立"，这就导致上下级法院之间会产生程序上的对接障碍，案件的受理缺乏制度化的统一机制，审判进程脱节，影响案件的处理。"三审合一"需要进行大规模的人员调动，民事、行政和刑事审判庭分管领导往往不同，人员调配需要建立相应的沟通协调机制，会给各个庭的管理带来不便。最后，对于大多数法院来说，知识产权案件主要仍以民事为主，因此容易出现行政、刑事司法理念被民事理念同化而影响案件审理的情况。

为解决这一问题，法院有动力采取指定管辖的做法消除管辖上的障碍。但是，指定管辖的合理性和公正性仍然饱受诟病。而且，如果案件还涉及检察机关、公安机关或行政执法机关，相互之间的磨合将变得更为艰难，必然影响工作效率，甚至导致指定管辖无法落实。

不仅上下级法院之间面临协调难度加大的问题，同级法院的不同法庭也存在协调问题。关于当事人能否提起附带民事诉讼。部分法院认可并鼓励，而其他一些法院则并不认可。另外，关于民事和刑事程序孰先孰后的问题，各地法院的认识也不统一，学术界也没有统一的认识。

4."三审合一"导致案件审理缺乏系统化

目前，较多实施"三审合一"的法院仅在人员和机构的设置上"合一"，案件审理合议制较为松散，导致知识产权案件的审理缺乏系统化。以江西省景德镇市某基层人民法院为例，在审理知识产权行政、刑事交叉案件时，就会分别由行政、刑事审判庭的一名审判人员参与，知识产权庭的审判人员作为审判长。① 但是，当案件进行到二审阶段时，便往往会采用临时抽调的方式组成合议庭，这种随机的处理方式，很难对案件进行系统的研究和讨论，容易导致事实认定不清、法律适用不明确等问题。

5."三审合一"与三大诉讼的设置初衷相悖

三大诉讼的程序设置因法律关系、诉讼目的、当事人的权利与义务的不同而不进行区分，其重点在于突出不同法律关系产生的矛盾处理方

---

① 参见卢宇、王睿婧：《知识产权审判"三审合一"改革中的问题及其完善——以江西为例》，《江西社会科学》2015 年第 2 期。

法上的差异。而"三审合一"制度强调的是不同法律关系产生的矛盾处理方法的一体性，也就是说，其突出的是法院审判权的整合。但显然，即便在"三审合一"模式的前提下，三大诉讼制度仍然无法泯灭，为此，这两者之间必定会出现冲突，其后果必将减弱知识产权审判和司法救济的积极价值。

6. 行政确权问题在刑事诉讼程序中未予明确

我国现行刑法约有 422 项罪名，其中知识产权犯罪只有七项罪名，相对于庞大的刑法体系属于极小领域，但在知识产权领域却是重大司法问题。

在侵犯知识产权案件诉讼程序进行中，当事人常常会主张涉案知识产权存在权属争议，有待行政机关做出确权决定。此类情况在民事诉讼中通常采取中止诉讼的做法，等待涉案知识产权的确权程序结束后再启动案件审理。

但是，此类中止程序在刑事法律并未得到明确。这样的案件可以发生在专利、商标、商业秘密等案件中。我国刑法第二百一十三条至第二百一十七条规定了侵犯知识产权罪的基本表现。实践中，被控嫌疑人仍有可能提起涉案知识产权的无效程序从而干扰案件的审判。作为人民法院的法官，势必要在厘清权利的基础上再行裁判。对于知识产权知识的储备不足、知识产权行政程序与刑事程序衔接的困难都会影响案件的审判，进而影响到司法的公正性。

综上，"三审合一"的试行对于我国司法改革的推进大有裨益，基于以上问题，知识产权交叉案件的审判改革依然任重道远，在"摸着石头过河"的基础上，还需要找寻国际审判模式的成功实践，以便探索出一条符合中国国情的道路。

三、"三审合一"审判模式的理性之争

知识产权案件的合一审判模式不是民事、行政和刑事案件的简单相加，而是一整套系统思维。当前，就合一审判相关的审判理念、诉讼程序、证据规则等诸方面都存在着许多争议，有待学术界与司法实践部门进一步理清。对于该问题的研究，具有十分重要的现实意义和理论价值。

1. 审判理念之争：司法能动抑或司法克制

一般认为，法官应当客观判案，秉公处理案件纠纷。然而实践中无论法官的审判能力如何，基于众多客观因素的干扰，或多或少都受到司法理念的影响。在判决具体案件时，法官对于案件审判活动的态度可以分为司法能动和司法克制两种。[①]

司法能动内涵具体体现在两个方面：

其一，司法机关具有较强的独立倾向，并因此认为自身具有超越于一般权力之上（立法权和行政权）的公平和正义的输出能力。

其二，奉行一种积极参与社会的司法观，力图通过广泛的司法参与推动国家在政治经济社会层面的广泛进步，而在这样一个过程中，"能动主义者为获得重要而且必要的司法判决倾向于减少程序上的障碍"。[②]其最直接地表现在法律适用中的自由裁量权。根据司法能动性理论，应当允许法官面对个案时"结合生活实际从立法目的入手"，创造性地解释和运用法律。该理论从某种意义上使法律适用变相地获得了本应受到

[①] 参见张榕：《司法能动性何以实现？——以最高人民法院司法解释为分析基础》，《法律科学》2007年第5期。

[②] ［美］克里斯托弗·沃尔夫：《司法能动主义——自由的保障还是安全的威胁？》（修订版），黄金荣译，中国政法大学出版社2004年版，第2—5页。

严格限制的立法权，容易引发人们对法律稳定公正性和民主制度的担忧。①

与司法能动性相对应的则是司法克制，所谓司法克制是要求法官在司法实践过程中严谨地执行法律的意志，在进行价值评价中尽可能不要渗入法官的个人理念，以实现法的价值。然而对于完全性的司法克制是否真的符合司法的现实需要呢？对于这一问题的回答，需要结合具体的案情分析。② 司法克制并不一定能维护法的权威，有时候反而带来负面的影响。

反过来看，我们又不能把司法能动与司法克制完全区分开，虽然二者中最大的区别在于法官在审判过程中自由裁量权的大小，但是这个裁量权并没有完全的界线。坚持司法能动主义的观点在于强调法官负有"实现公平正义"的使命，从而弱化甚至轻视对司法权的限制。而坚持司法克制主义的观点则在于强调民主国家对司法权应该进行必要的限制，并且通过各种方式对法官发挥自由裁量权设置限定条件。

我国社会主流普遍接受的是对权力的控制。学者对于司法审判中应当秉承司法能动或司法克制的理念持极为谨慎的观望态度。自信春鹰最早发出"中国是否需要司法能动主义"之疑问后，很长时间里鲜有学者予以回应。

进入 2010 年后，在应对国际金融危机的大背景下，最高人民法院

---

① 参见 [美] 克里斯托弗·沃尔夫：《司法能动主义——自由的保障还是安全的威胁?》(修订版)，黄金荣译，中国政法大学出版社 2004 年版，第 217 页。

② 最为典型的案件当属王老吉诉加多宝商标侵权系列案件中体现出的审判理念。在该案中，广药集团将自有商标"王老吉"许可给加多宝公司使用。在近十年的合作期内，加多宝通过广告和经营将"王老吉"商标值提升至约 1080 亿元。在商标出现纠纷之后，民众一致认为加多宝应有权获得些许经济补偿。但是，案件审判结果令人失望，引发各界人士的关注。民众普遍认为该案件判决没有达到公平公正，这就是完全的司法克制下的判决，也体现了完全司法克制所引发的问题。

明确提出了能动司法理念，要求全国各地、各级人民法院积极实行能动司法的理念。① 此后，法院系统内对于司法能动与司法克制理念的选择之争已不复存在。法院的政治功能代替审判功能跃居首位，司法能动理念成为法院在处理各类案件（包括知识产权案件）时，基于服务大局之政治前提下，解决具体诉讼案件的工作态度与方式。2012 年 8 月，在法院系统内则是评选出 100 个"全国法院践行能动司法理念优秀案例"并将之视为经典推而广之。至此，司法审判中采取何种理念已无必要讨论，能动主义已经占据司法理念的主导地位。

虽然司法能动已经占据司法理念的主导地位，然而针对全国法院系统上下都践行司法能动的倾向，有学者则表达了深深的忧虑。从短期来看，司法能动理念固然可以为案件审判提供更为积极的解决态度，但是我国长期以来承袭的法律传统以及法官的思维逻辑均不能为该理念的执行增加保障。因此，笔者认为司法能动或司法克制的讨论不应该脱离具体案件的法律适用范围，否则极易被异化成不良法官制造冤假错案的"尚方宝剑"。

此外，对于知识产权法官而言，知识产权法律规范是极为抽象的，而现实生活是丰富多彩的。新情况、新问题层出不穷，其法律续造行为理应受到更为严格的考验。

从广义上说，法官以及各级法院已经事实上成为司法能动主义的实施主体，法官在具体案件中行使自由裁量权的行为，最高人民法院出台司法解释、批复等行为，以及法院在构建和谐社会中的其他能动行为都可归入司法能动的范畴。如前所述，基于中国的实际情况和知识产权法律领域的特殊性，笔者认为由法官以及最高人民法院发挥司法能动性来

---

① 参见最高人民法院：《发挥能动司法作用推进社会矛盾化解》，《人民法院报》2010 年 5 月 5 日。

弥补立法空缺或者漏洞是可行的，也是事实上客观存在的。

对于司法理念之争，存在以下问题。一方面，依据司法能动主义，既然司法过程中的法律续造将不可避免，那么究竟应当由何者、采用何种方式开展续造就是一个随之而来的问题。是运用司法解释方式还是法官的个案裁判呢？另一方面，依照司法克制主义，司法过程中的续造活动必然受到一定的制约，这种制约应当存在于何种领域？是在所有的可诉法律关系中，涉及到所有的法律范畴，还是应当实行有所区分的原则？制约的依据是诉争法律关系的性质还是当事人的诉讼权利？

对于前者的回答，涉及到法律续造的合法主体问题，对于后者的回答则关乎法律规范所调整的社会关系。笔者认为，不应该过分严格区分司法能动与司法克制，更多地将司法能动与司法克制相互结合起来，让司法能动弥补司法克制的不足，发挥司法理念效益最大化才是我们真正需求的。

2. 审判模式之争：完全式抑或部分式

前已述及，我国知识产权"三审合一"的实践最早于1994年出现在上海市浦东新区人民法院，其肇始于"飞鹰"商标审判的需要与启发。1994年6月浦东新区人民法院率先成立了知识产权审判庭，当时这是全国所有基层法院中的第一家。成立之后不久，知识产权庭就迎来了一次重要的考验。作为中美合资企业，上海吉列有限公司所生产"飞鹰"牌刀片的注册商标和外包装屡遭假冒仿造，由此引发了一系列诉讼。其中既包括针对侵权厂商的刑事诉讼，也有后者因为不服工商处罚而提起的行政诉讼，还有吉列公司对侵权厂商提起的民事诉讼。在处理上述连环案件的过程中，新成立的知识产权庭陆续做出了一些在全国范围内较有影响力的判决，引起了司法界及部分学者的关注。

"飞鹰"事件之后，知识产权合一审判的改革探索在全国迅速铺开，一时间呈燎原之势，许多地方法院纷纷效仿。2006 年 8 月，广东省高院颁布了《关于在我省部分基层人民法院开展知识产权刑事、民事、行政"三审合一"审判方式改革试点的实施方案（试行）》，在广州市天河区人民法院、深圳市南山区人民法院以及佛山市南海区人民法院进行知识产权"三审合一"的试点，从而开始以规范性文件的方式进行"三审合一"的改革探索。此后，江苏、浙江、湖北等部分地区法院均开始进行"三审合一"的探索。其中，上海浦东新区、西安、珠海、海南、重庆、武汉等地法院所进行的审判组织改革在全国产生了比较大的影响，被学界称为知识产权合一审判改革的"六大模式"。

进一步分析可以发现，上述"六大模式"几乎都以知识产权案件的"三审合一"作为法庭设置的基本思路，而"二审合一"（民事、行政合一或民事、刑事合一）的情形比较少见，差异在于案件的受理程序及与其他庭的协助机制。以上述知识产权合一审判改革"六大模式"的审判机制为落脚点，可以将其划分为六种类型。

（1）"浦东模式"

"浦东模式"作为六大模式的首创者，产生于 1996 年。促成上海市浦东新区人民法院实行"三合一"审判模式改革的缘由在于，就同一案件事实，当事人提了民事、行政和刑事等 3 起案件。为了确保审判质量，浦东新区人民法院知识产权庭与刑事审判庭、行政审判庭密切配合，依法公正、及时审结了上述 3 起案件。尽管这 3 起案件的审判取得了较好的效果，但在审理过程中，浦东新区人民法院法官发现这种审理模式存在两个问题：一是刑事审判庭和行政审判庭由于业务范围所限，缺乏审理知识产权案件必备的知识产权专业知识；二是 3 起案件审查认定的基本事实相同，对同一事实由不同审判庭分别审理，既浪费审判资源，也增加了当事人的诉讼成本，还容易导致裁判标准的不统一。由此推开了知识产权"三合一"审判模式改革的探索。"浦东模式"的运行机制是，在基层法院设立知识产权审判庭统一审理辖区内知识产权民事、刑事和行政案件。在审判组织的构建上，打造综合合议庭，发挥不同专业背景的审判人员各自的优势。实现了横向和纵向上的"三审合一"。上海市浦东新区人民法院知识产权审判庭自 1995 年至 2010 年十五年间共受理各类知识产权案件 2149 件，其中民事案件 2066 件、刑事案件 81 件、行政案件 1 件；审结各类知识产权案件 1848 件，其中民事案件 1768 件、刑事案件 79 件，取得良好的效果。

"浦东模式"作为"六大模式"的首创者，从运行上看，在审判组织的构建上，打造综合合议庭，发挥不同专业背景的审判人员各自的优势；在工作机制上，加强与公安、检察部门的联系沟通，协调知识产权刑事司法关系；注重加大罚金刑的适用力度并提高执行到位率，铲除其再犯罪的经济基础；集中审理的优势，给予权利人全方位救济。从理论上看，此模式很理想，然而，由于司法上存在种种的局限性，由于我国现阶段知识产权专业人员的缺乏，相关人员无法保证供给。此外，此模式对资源的消耗较大，虽然可以达到司法的合理、公正，但是司法资源仍是一个待解难题。

（2）"西安模式"

"西安模式"产生于 2007 年年初的西安市中级人民法院。西安模式最为突出的特点就在于其恰恰是分立审判与合一审判的过渡，不是严格意义上的"三审合一"模式，从运行模式上看，统一将知识产权刑事和行政案件提到中级人民法院管辖，一审案件与案号分别为民知初字、刑知初字和行知初字，知识产权刑事和行政案件分别在刑事和行政审判庭审理，但要求吸收知识产权民事法官共同组成合议庭。西安中院受理的知识产权案件大幅增长，仅以民事案件为例，2007 年该院收案 123 件，2008 年收案 275 件，2009 年收案达 355 件。

从理论上和设立知识产权案件合一审判模式的宗旨上看，"西安模式"符合知识产权案件合一审判模式设立宗旨之一的节约司法资源，所消耗的资源在"六大模式"中应为最少。

(3)"武汉模式"

"武汉模式"和"珠海模式"相对来说起步较晚。2008年4月，湖北省武汉市江岸区人民法院知识产权庭正式挂牌成立。从运行上看，武汉市中级人民法院将原来由全市各基层法院管辖的知识产权一审行政案件，指定由江岸区法院管辖。武汉中院和武汉市检察院以会签文件的形式，指定市各区级检察院在收到公安机关移送的案件时，凡涉及知识产权犯罪的，移送江岸区检察院审查后，由江岸区检察院向江岸区法院提起诉讼。同时，由武汉中院集中审理知识产权刑事、行政、民事二审案件，并将由其管辖的知识产权行政一审案件集中到知识产权庭审理，并在原有两个合议庭的基础上，新增一个合议庭，专门负责指导基层人民法院知识产权案件的审判工作。"武汉模式"理论上的效果当然不及"浦东模式"，然而应用于现实中，此模式对资源的消耗相对较少，试点的效果也不错，效率算得上比较好。而且实际上，知识产权刑事、行政案件相对较少，知识产权民事案件占大多数，而"武汉模式"恰恰符合了实际的需要。将知识产权民事案件跟刑事和行政案件区分开来，这样一来法院的负担都不会过重或过轻，恰恰适中，资源上达到了合理支配，而效果上也恰恰符合社会的需要。为此笔者认为，从设立知识产权案件合一审判的宗旨及结合我国实际状况考虑，武汉模式为"六大模式"中最适合在全国范围内推广的模式。据统计，武汉江岸区法院"三审合一"模式运行以来，截至2010年，该院共审理知识产权民事案件162件，共审理刑事案件10件，行政案件1件。"三审合一"审判模式的运行已初显成效。

(4)"珠海模式"

"珠海模式"是中院的"三审合一"模式。知识产权法庭设立以后，除集中受理全市范围的全部知识产权民事案件外，还行使刑事、行政审判对知识产权相关案件的管辖权，在中级法院层面，知识产权民事、刑事、行政案件实现了由一个机构统一审理。这种中级法院层面的"三审合一"在广东尚属首家。从理论上看，"珠海模式"符合了设立知识产权案件合一审判的宗旨，但是结合实际来考虑，此模式又存在一定的缺陷。第一，中院除受理二审的全部知识产权案件外还受理全珠海市一审知识产权民事案件，这样中院的负担将会过重，虽然目前还未有很大的体现，但是知识产权案件是逐日增长，未来一两年则可明显看出此模式的缺陷。第二，面对现阶段我国知识产权专业人员相对比较缺乏，该模式相对来说对知识产权专业人员的消耗方面也是极为巨大，若在全国范围内推广该模式的话，需要一大批知识产权专业审判人员，然而现阶段我国并不能供应如此庞大的知识产权专业审判人员，为此，此模式也不宜在全国范围内推广。

（5）"重庆模式"

"重庆模式"产生于2008年6月。该模式施行"三级联动、三审合一、三位一体"的知识产权审判管理，提出三级法院知识产权三类案件与案号均是"知"字当头，其中基层法院和中级法院知识产权审判庭统一审理全部知识产权案件，高院知识产权审判庭统一指导知识产权民事、刑事和行政审判工作。该模式在理论上效果应该为"六大模式"最佳，可称得上"全民"出动，打造出一种最为理想的知识产权合一审判模式，是"六大模式"中审判最具有合理性及公平性的模式。然而，在实际上看，我们司法实践存在着诸多局限性，如此大规模的模式一旦在全国统一施行，可以想象人力耗损、资源耗损是不可小视的。从设立知识产权案件合一审判模式的宗旨上考虑，该模式的设立不符合节约资源和提高知识产权案件审判的效率原则。为此，该模式虽为理想，但不是很符合我国现行的需要，因此，该模式同样也不宜在全国范围内推广。据统计，该改革举措施行 2 年中，各级法院共受理知识产权民事案件 207 件，刑事案件 10 件，其中，民事案件调解、撤案率高达 76%，刑事案件无一上诉。①

（6）混合模式

南海、天河及福建等地陆续施行的"三审合一"改革可归类为"半立体型"审判结构。

2006 年 7 月，广东省佛山市南海区人民法院知识产权庭正式成立，此举意味着广东省基层法院"三审合一"改革试点的正式铺开。在机构设置上，南海区法院在原来知识产权民事审判庭的基础上，成立专门的知识产权审判庭，知识产权的案件一律划归知识产权审判庭审理，对外统一称"知识产权审判庭"；在人员配备上，对合议庭成员进行适当的调整，分别从刑庭、行政庭指定了一名业务骨干参与涉及"三审合一"案件的审理。但南海仅在基层法院统一管辖内实现"三审合一"，刑事和行政案件上诉后仍归到刑庭和行政庭审理。

几乎与此同时，广州市天河区人民法院也开展了知识产权案件"三审合一"试点。改革内容包括在基层法院内设置知识产权庭，集中受理知识产权一审案件纠纷。但因为专利案件和部分刑事案件按照管辖规定属中级法院受理，一定程度影响到受案数量。同时，中级人民法院和高级人民法院法庭仍以民事审判庭名义对外挂牌，审判改革尚未形成立体结构。

"福建模式"产生于 2010 年。该模式将一审知识产权民事与行政案件归民事审判庭负责，而一审刑事案件仍由刑事审判庭负责。福建省福州市中级人民法院、泉州市中级人民法院民事审判三庭负责审理一审知识产权民事、行政案件，而福建省高级人民法院民事审判三庭审理二审

---

① 参见袁定波：《我国地方法院探索试点知识产权审判庭"三审合一"》，《法制日报》2008 年 12 月 11 日。

知识产权民事、行政二审案件，一审、二审知识产权刑事案件仍根据现有法律规定确定管辖及审理。

上述法院只在一审内设立了知识产权案件的"三审合一"，在二审内并没有实现知识产权案件的"三审合一"。虽然比较符合现阶段我国的实际，但是从设立知识产权案件合一审判模式的宗旨上考虑，我们需要的是司法的统一性和审判的效率，还有案件审判的合理性及公平性。笔者认为，理论上应该在二审内也实行"三审合一"。

3.审判程序之争："先刑后民"抑或"先民后行"

在前述各审判模式中，程序皆有不同，而一旦展开"三审合一"审判改革，必须在法院系统内统一形成一套完整的程序，改变现有各级各地法院审判程序混乱不一的局面。由此，"三审合一"审判改革需要解决审判庭合一之后，究竟采取哪种审判程序的问题？具体到知识产权交叉案件，在一个既涉及民事又涉及其他权利的法律关系中，民事诉讼程序与行政（刑事）诉讼程序何者优先？

司法审判程序是指司法权行使时所必须遵循的法定的方式、方法、顺序及步骤等的总称，包括起诉程序、审判程序等不同的内容。司法程序是司法权的构成要素之一，程序改革在司法改革中占有极其重要的地位，发挥着十分独特的作用。

在我国，通常根据法律关系的不同将案件划分为民事案件、刑事案件和行政案件。在司法审判过程中，我们又根据以上三类不同的案件将审判庭划分为民事审判庭、刑事审判庭以及行政审判庭。民事审判庭则采用民事审判程序审理民事案件，同理，刑事审判庭采用刑事审判程序审理刑事案件，行政审判庭采用行政审判程序审理行政案件。知识产权作为民事权利的一个特殊分支，在司法审判上也是遵循这样的规则。因而形成了民事审判程序、刑事审判程序和行政审判程序三类司法审判程序。

然而，在司法实践中，很多案件同时涉及到两种法律关系或者三种法律关系，也出现所谓的民事与刑事交叉案件或者民事与行政交叉案件，甚至出现民事、刑事和行政三者交叉的案件。在知识产权案件中则更明显。

对一般的交叉案件，可分为不同情况处理。

第一种情况，民事和刑事交叉案件。对于知识产权民事和刑事交叉案件中应先用刑事审判程序再用民事审判程序。根据《中华人民共和国民事诉讼法》第一百五十条第一款规定，"有下列情形之一的，中止诉讼：……（五）本案必须以另一案的审理结果为依据，而另一案尚未审结的"。该条规定了当民事案件的处理须以刑事案件（当然也包括其他民事案件和行政案件）的审理结果为依据时，该民事诉讼案件应当中止审理，即"先刑后民"。

第二种情况，民事和行政交叉案件。对于知识产权民事和行政交叉案件中应先用民事审判程序后用行政审判程序。《最高人民法院关于执行〈中华人民共和国行政诉讼法〉若干问题的解释》第八十七条第一款规定，"在诉讼过程中，有下列情形之一的，中止诉讼：……（六）案件的审判须以相关民事、刑事或者其他行政案件的审理结果为依据，而相关案件尚未审结的"。该条规定了当行政案件的处理须以民事案件（当然也包括刑事案件和其他行政案件）的审理结果为依据时，该行政诉讼案件应当中止审理，即"先民后行"。

知识产权交叉案件中，多数呈现为民事与刑事的交叉以及民事与行政的交叉，但也有少部分呈现民事、刑事、行政的交叉，为此，在知识产权审判体制尚未建立完善的我国，处理这类案件相当困难。主要出现以下问题：

首先，知识产权案件异于普通民事、刑事和行政案件。知识产权案件异于其他普通案件主要体现在知识产权的权利的无形性，而普通案件涉及的权利一般都为有形权利，它可以通过客观物体表现出来。这也决定知识产权案件在审判过程中遇到的问题会更多，审判难度会加大。

其次，知识产权案件审判涉及一个确权的过程。知识产权案件审理过程中，首先就是必须要明确当事人是否拥有知识产权，这也是知识产权的确权，这是异于普通案件的，普通案件不需要经历这样的过程，然而在知识产权案件中，没有知识产权的确权过程审判是无法进行下去的。

在知识产权案件中，交叉案件划分为：知识产权民事刑事交叉案件、知识产权民事行政交叉案件以及知识产权民事刑事行政三者交叉案件。面对这三类交叉案件，审判该采取何种程序呢？执行先民事程序还是先刑事程序或是先行政程序？

知识产权民事、刑事以及行政交叉案件相对较为新颖，全国各地法院及学者对其研究刚刚起步。知识产权交叉案件涉及的专业知识较为复杂，不仅需要有扎实的法律知识，而且需要一定的理工科知识。

实践中，案件处理屡屡出现问题，从以下几个案件可窥一斑。

案例一：顺德华通户外家具有限公司、顺德市美亚金属制品有限公司与甘桂玲侵犯商业秘密纠纷案。案中问题在于：知识产权刑事案件由基层人民法院管辖，而知识产权民事案件由中级人民法院管辖，管辖的冲突易造成判决的冲突，即在先的刑事判决认定全部构成犯罪，在后的民事判决认定部分侵权。

案例二：广东某法院审理的一起商业秘密犯罪案。案件中涉及的问题在于：刑事法官对知识产权专业知识难以准确把握而易导致误判。

案例三：北京金益康新技术有限公司诉北京益康世纪软件技术开发有限公司、王玉霞、张大波计算机软件著作权侵权纠纷案。案件中涉及的问题在于："先刑后民"的弊端，即刑事案件相对较长的周期可能造成当事人诉累。

出现这样交叉案件引发的种种问题，其根本原因在于，僵硬地将一般案件的处理规则移植到知识产权案件的处理中来。知识产权案件有其特殊性，理应形成一套专门化的程序。

4. 确权程序的嵌入

在大多数情况下，知识产权是经行政机关授予的权利，权利的有效性要弱于一般的民事权利，这决定了知识产权案件的审判程序与普通案件审理的程序大不相同。知识产权权利的有效性将直接影响案件的审判结果，因此，以确权为目的的审理程序在知识产权案件中显得尤为重要。

根据《中华人民共和国民事诉讼法》、《中华人民共和国刑事诉讼法》以及《中华人民共和国行政诉讼法》的规定，当诉讼中案件的审理须以另一案件的审理结果为依据时，该诉讼中止。在知识产权案件审理中，所有的案件都必须围绕知识产权确权后才能进行下去，也就是说，在知识产权案件审理过程中，必须先进行一个对当事人是否享有知识产权的认定后才能进行案件审理。

换言之，在知识产权案件审理中，首先应该判断当事人是否享有知识产权，倘若当事人不享有知识产权，自然不存在被侵权的问题，围绕侵权所做的指控自然成为无本之木、无源之水。为此，在讨论知识产权合一审判采用何种程序时，理应将知识产权的权属确定程序作为知识产权交叉案件审理的首要程序。将其"嵌入"知识产权民事、行政或刑事审判之中，之后再考虑民事、行政以及刑事程序何者优先的问题。唯有如此，方可从根本上解决知识产权交叉案件同案不同判的难题。

证据是决定案件判决的根本因素，在知识产权案件中同样如此。因为知识产权无形性的特征，这也说明了知识产权案件在证据举证过程中相对普通案件困难。为此制定一个良好的证据规则对规范知识产权案件审判是必不可少的。

在案件审判中，民诉证据规则、刑诉证据规则以及行诉证据规则大体相似，但是也有各自特殊的一面。因此在案件审判中必须选择更为合适的证据规则作为标准。

如何选取一个良好的证据规则，对于审理知识产权案件至关重要。在庭审中，证据的举证质证都是围绕诉讼程序展开的，选取了某种诉讼程序就意味着选用了该诉讼程序对应的证据规则。也就是说，民诉程序中利用民诉证据规则，刑诉程序中利用刑诉证据规则，行诉程序中利用行诉证据规则。为此，在单一的知识产权案件中，证据规则的选取应该以诉讼程序为标准。

知识产权案件确权程序的出现，意味着适用证据规则方面的特殊性。在知识产权案件的审判过程中，必须先用确权程序的证据规则。

笔者认为，鉴于设置知识产权案件确权程序的作用在于认证当事人是否享有该项知识产权，实践中，可以将其视为属于民事诉讼的一个特殊分支，沿用民事诉讼的证据规则处理。

第四节　域外知识产权交叉案件审判模式借鉴

知识产权"三审合一"模式解决了一个法院内部的知识产权审判尺度不一的问题，而不同法院之间裁量不统一的情形仍有待进一步消减。从世界范围看，许多发达国家和地区采取的都是一种独立或特定机构专门负责知识产权案件的司法审判模式，研究域外知识产权司法制度，有助于全面推动我国知识产权审判制度的构建。

一、域外部分国家和地区知识产权法院设置

1. 美国联邦巡回上诉法院模式

美国法院由联邦法院系统和州法院系统组成。根据《美国宪法》第
3 章，联邦法院对有关联邦法产生的纠纷享有管辖权，即"对纠纷内容
的管辖权"（subject matter jurisdiction）。① 在美国，《专利法》、《商标法》、
《版权法》属于联邦法律，因此联邦法院对于与上述法律相关的诉讼享
有管辖权，对于与联邦法无关的诉讼（如根据许可合同产生的专利许可
费纠纷）则没有管辖权。这类案件通常由州法院管辖。

美国知识产权一审案件由联邦地区法院管辖，二审案件由巡回上诉
法院管辖。1982 年美国关税与专利上诉法院和索赔法院合并成立美国
联邦巡回上诉法院后明确规定：以知识产权的种类为标准划分法院对上
诉案件的管辖权，不服专利一审判决的案件只能上诉至联邦巡回上诉法
院；不服巡回法院或者联邦巡回法院二审判决的，当事人可向美国最高
法院申诉。

在联邦巡回上诉法院成立前，不服联邦地区法院专利侵权判决，向
所属巡回上诉法院上诉，再不服者，可以向最高法院上诉。这种专利司
法审判存在审判尺度差异大、专利诉讼缺乏预见性、多审诉讼效率低
下、耗时漫长、费用巨大等问题。② 美国联邦巡回上诉法院的设立改善
了原来专利诉讼的繁琐诉讼程序。

美国知识产权司法审判制度还克服了专利商标确权、授权行政与司
法审判职权分离模式的缺陷，大大提高了审判效率，确保了裁判标准的
统一性。主要体现在，由联邦巡回上诉法院统一管辖不服专利商标局专

---

① 参见陈维国：《美国专利诉讼——规则、判例与实务》，知识产权出版社 2014 年版，第
22 页。

② 参见杜微科：《美国专利审判相关情况介绍及若干思考》，《电子知识产权》2011 年第 9 期。

利复审委员会和商标评审委员会所做出的有关授权确权的案件；初审法院在审理专利侵权诉讼的同时，有权对专利的有效性做出裁定。

由司法机关对专利有效性做出裁判的做法是美国联邦巡回上诉法院的一大特点。美国惯于采纳"司法是最终解决途径"的做法，实践中，简化了审判程序，降低了知识产权案件的司法成本。

此外，由于法院系统内的法官大多缺乏理工等专业技术知识，而知识产权案件往往涉及许多专业性问题。美国法院综合采用了专家证人、专家陪审团、咨询专家、司法鉴定等多种方式，以此来弥补法官和普通陪审员不懂专业技术的缺陷。例如，美国最高法院决定启用各技术领域的专家、学者或具有丰富实践经验的人员担任陪审员参与案件的审理。这一做法被我国法院所吸纳，成为中共十八大之后司法改革的一大亮点。

2. 日本知识产权高等法院模式

日本政府在知识产权法律修订方面成绩显著，在知识产权法院建构方面亦开展了多年的探索。

1948年，日本新修改的专利法明确规定了请求法院撤销专利审批机构裁决的诉讼制度，并指定东京高等法院为专属管辖法院。1950年11月，东京高等法院第5特别部成立，集中处理请求撤销裁决的诉讼案件和有关知识产权的上诉案件。

在日本政府1996年制定的民事诉讼法中规定，对于侵害特许权、集成电路布图设计权、计算机软件著作权的案件，东京、名古屋等八个高等法院所在的地方法院有管辖权，当事人可以向这八个地方法院起诉，也可以向东京和大阪地方法院起诉，上诉案件由相应的全国八所高等法院管辖。①

---

① 参见易玲：《知识产权三审合一的"合"与"分"——兼谈日本知识产权专门化审判模式及我国的路径选择》，《政治与法律》2011年第11期。

行政诉讼中，对特许厅的判决不服，可以向东京高等法院起诉。

2003 年日本的民事诉讼法在有关知识产权诉讼案件管辖方面作了修改，为专业的知识产权高等法院诞生奠定了基础。

首先，民诉法的修改将案件区分为技术型与非技术型，由东京地方法院和大阪法院专属管辖技术型知识产权案件；同时，对于技术型案件的二审亦实行集中管辖，将案件集中到东京高等法院审理。对于技术型案件中的专业性内容，需要精通相关知识的法官进行慎重判断。在东京、大阪地方法院和东京高等法院中采取五个法官组成的合议庭审理。

其次，对非技术型案件的诉讼实行竞合管辖①，即除了依照普通管辖原则外，东京或大阪地方法院竞合管辖。这是因为与技术型案件相比，此类案件更常见，争议发生地域更密集、诉讼标的额低的情况更多。除此之外，新设了专门委员制度，设计了学者或专业技术人员等特定领域的专家参与诉讼程序并为裁判员提供解释说明的制度。

2004 年，东京高等法院又成立了 4 个审理知识产权案件的专门部门，并根据修改后的民事诉讼法，创设了知识产权大合议部，对有关专利等诉讼采用由 5 名法官组成的大合议制审理的制度。这些专业部门在知识产权高等法院成立后，分别成为知识产权高等法院的一般审判部门和特别审判部门（大合议部）。

2004 年 6 月，受美国建立联邦巡回上诉法院的启发，日本制定并颁布了《知识产权高等法院设置法》，该法规定，在东京高等法院下设立特别支部知识产权高等法院，在知识产权高等法院下设事务部门和裁判部门。主要管辖当事人对专利局做出的与专利效力相关的裁决不服的诉讼以及专利侵权案件的上诉审等。日本知识产权审理模式实现了由非

---

① 所谓竞合管辖是指对于全国各地的专利侵害案件，东京和大阪地方法院具有同样的管辖权。

专门化向专门化集中审理的过渡，最后形成了类似于知识产权专门法院的审判体制。

3. 欧盟知识产权法院的设置

作为知识产权制度的诞生地之一，欧盟国家对知识产权保护历来十分重视，其知识产权法律和制度以及相配套法律和制度都较为完善。然而，欧盟是一个多国经济、文化、法律共同体，各成员国的发展极不均衡，有的成员国经济等各个方面高度发展，有的成员国却濒临破产。并且，欧盟内部存在着大陆法系和英美法系两大法系，德国、法国、意大利等国家属于大陆法系国家，而英国属于英美法系国家，这两大法系在法律渊源、法律结构、诉讼程序等方面都存在许多差异。此外，英国、德国作为老牌的知识产权国家，在知识产权的司法保护方面都有十分丰富的实践经验。借鉴他们的知识产权司法保护制度，应当对我国的知识产权司法改革有所裨益。

（1）共同体知识产权专门法院的设置

欧盟以知识产权类型作为分类标准，分别设置了共同体商标法院和共同体专利法院。欧盟的版权案件仍按照各成员国原来的规定进行审理。

共同体的商标纠纷案件则涉及三种类型的法院：

①欧洲法院。欧洲法院主要管辖共同体商标的权利相关当事人与内部市场（商标和外观设计）以及协调局之间关于注册商标的行政争议，协调局作为一方当事人的合同纠纷，协调局各部门及其职员在履行职责时产生的损害赔偿纠纷等。

②共同体商标法院。根据法律规定，共同体商标法院由各成员国在各自领土内指定的几个第一审、第二审法院组成，管辖私人之间因共同体商标有效性与侵权纠纷发生的诉讼。

③共同体商标法院以外的成员国国家法院。此类法院只管辖对共同体商标侵权或有效性争议以外的诉讼。

与此对应，共同体的专利纠纷案件也涉及三种类型的法院：

①共同体专利法院。这是一个另设的超国家的专门性的法院，专属管辖私人之间因共同体专利有效性与侵权纠纷发生的诉讼。若对共同体专利法院的第一审裁判不服，可上诉于欧洲初审法院。

②成员国国内法院。负责欧共体专利法院管辖范围之外的专利权利转让、许可过程中发生的纠纷、确定雇佣当事人之间专利权归属、在共同体专利上产生的税收义务等争议。

③过渡时期承担共同体专利法院职责的成员国国内法院。

（2）成员国知识产权专门法院的设置

①英国知识产权法院设置

英国法院的审级基本上划分为基层法院、最高法院和上议院三级，专门法院有军事法院和行政法庭。其中，基层法院按照受理案件的性质设立为郡法院（审理民事案件）和治安法院（审理刑事案件）。

最高法院是刑事法院、高等法院和上诉法院的合称：刑事法院受理不服治安法院判决的上诉案件，也是可诉罪的初审法院，可管辖国境内任何犯罪案件。

高等法院由衡平法院等多种法院合并而成，下设王座庭、大法官庭、家事庭。对高等法院的判决不服，可以上诉至上议院。上诉法院分民事上诉庭和刑事上诉庭，分别受理不服郡法院判决和不服刑事法院判决的上诉案件，对上诉法院的判决不服，还可再上诉至上议院。上议院为最高审级，只审理内容涉及有普遍意义的重大法律问题的上诉案件。此外，行政法庭具有专门法院性质，但隶属于各种行政机关，只管辖特定种类的行政诉讼，又称准法院。

英国专利法院于1949年建立，属于高等法院大法官庭的一部分。

各郡专利法院于 1990 年设立，这两个法院虽名为专利法院，但其审理内容早已超越专利案件，以至于所有的知识产权案件，英国专利法院和各郡专利法院的管辖对象几乎相同。专利法院和各郡专利法院的审理范围非常宽泛，几乎涵盖了现有的各类知识产权。

在上诉法院层面，英格兰威尔士高等法院、英格兰威尔士上诉法院还负责审理不服英国专利局行政决定的知识产权案件。此外，与美国法院的权限相似，英国的知识产权法院可以在法庭审理中就涉案知识产权的有效性做出裁判。

②德国联邦知识产权法院设置

德国法院系统分为联邦法院系统和各州法院系统两个层次，按照主管范围又分为宪法法院、普通法院和专业法院（包括劳动法院、财政法院、社会法院和行政法院）三大类。其中，普通法院分为四级，即地方法院、地区中级法院、州高等法院和联邦最高法院，主要负责审理民事和刑事案件。各州专门法院在联邦层次也有对应的负责上诉审的专门法院。此外，设在慕尼黑的联邦专利法院审理工业知识产权案件。

1961 年德国国会第十二次修订的《德国基本法》，就有关产业法律保护的事项设置联邦法院做出了概括性的规定。《德国专利法》第 65 条进一步细化了该条规定，提出设置联邦专利法院，这使德国成为世界上第一个设立知识产权法院的国家。①

在德国，知识产权侵权纠纷案件由指定的 12 个地区的州民事法院受理一审，二审由相应的州民事高等法院受理，对二审判决不服可向德国联邦高等普通法院上诉。但是，著作权、商业秘密等侵权案件可以在任何一个地方民事法院起诉。

---

① 参见刘远山、余秀宝、余正：《论我国知识产权法院的独立设置》，《襄樊学院学报》2012 年第 1 期。

德国联邦专利法院设于慕尼黑，内设无效和强制许可审理庭和上诉审理庭，与州高级法院的级别相同，该法院的主要受案范围涵盖了专利、商标、集成电路布图设计、植物新品种纠纷的上诉案件，对于专利权的无效宣告案件也有管辖权。专利法院由院长、审判长和法官组成。法官包括法律法官和有技术专长的技术法官两种。技术法官与法律法官有着相同的权利和义务。

德国这种设立独立知识产权法院以及由不同领域的专业人员组合而成审判庭的审理模式，对保障判决的高效与公正方面有着极其重要的作用。德国联邦专利法院的可借鉴之处在于：第一，区分法律法官和技术法官，增加了知识产权审判的专业性；第二，对审判庭作了明确的综合分工，将审判庭分为无效庭和上诉庭，确保各种类型案件审判的分工明确；第三，联邦专利法院统一了对联邦专利局、联邦品种局的行政确权等行政行为不服而上诉的管辖法院。

③意大利知识产权法院设置

意大利实行的大体是四级三审的司法制度，司法体系包括刑事、民事和行政诉讼三大诉讼。意大利的法院组织系统分为两个部分：普通法院和特别法院。

普通法院系统包括三级：（1）一审法院，包括初审法院、普通法院、重罪法院、未成年人法院和监察法院。其中初审法院（包括其中的检察院）于2000年1月2日全部被普通法院合并。（2）上诉法院，包括普通上诉法院和上诉重罪法院，是对第一审法院的刑事和民事判决进行上诉审的法院。（3）最高法院，只对刑事、民事案件的审理是否合法进行审查，不对案件进行事实审查。最高法院审理案件实行书面审，不进行辩论，它不是一个独立的审级，它所作的判决具有司法解释的效力。

特别法院系统有四个：行政法院、审计法院、军事法院和宪法法院。

意大利于2003年6月27日颁布的第168号法令规定：与知识产权

有关的所有法律诉讼由特定的意大利法院的知识产权庭审理，划分该类法院的依据是地域和统计标准。

④法国知识产权法院设置

法国实行二审终审制，司法体制上存在两个法院系统，即一个普通法院系统（属于司法系统）和一个行政法院系统（属于行政系统），二者均能独立行使审判权。另外，法国设立有权限争议法庭，负责解决两个法院系统的权限争议。

法国的普通法院系统由一审法院、上诉法院和最高法院组成。一审法院包括民事法院和刑事法院。上诉法院是一般民事案件和刑事案件的上诉机构，审理重大的民事案件和刑事案件，对上诉案件进行事实和法律适用是否正确重新审理，但主要侧重对案件的事实审。

法国知识产权法典（法律篇）L411—4 条第二款规定："在履行该职责时，其(指法国工业产权局)不受监督机构管理。不服其决定的上诉，应至法规规定的上诉法院。这些上诉法院应当在听取公诉人和国家工业产权局局长意见后，做出决定。上诉人和国家工业产权局局长，均可进一步请求该判决无效。"

在法国，对于不服法国工业产权局局长有关专利、商标的授予、驳回、维持工业产权决定等授权行政案件，由法国司法法院系统中的上诉法院按照民事诉讼法来审理。上诉法院的选择可以按上诉人住所地来确定。此外，除工业产权负责部长之规定、命令或其他行政决定，由行政法院管辖之外，法国工业产权（专利、商标）的侵权诉讼、无效诉讼，均由一审法院和相应的上诉法院管辖，即由法国的民事法院管辖。

4. 中国台湾地区的"台湾智慧财产法院"模式

为了进一步强化知识产权审判体制，改善民事、行政以及刑事诉讼制度分轨进行导致的诉讼拖延、裁判不一的局面，中国台湾地区于

2007 年颁布了《智慧财产法院组织法》，并根据该法于 2008 年正式成立"台湾智慧财产法院"，统一受理台湾地区的知识产权民事、行政和刑事案件。①

"台湾智慧财产法院"为二审审级，审判部门主要设第一庭、第二庭和技术审查官，对以下案件具有管辖权：第一，"台湾法"保护的知识产权的第一审和第二审民事诉讼案件；第二，不服地方法院裁判而上诉或抗诉的知识产权二审刑事案件；第三，知识产权所一审行政诉讼案件和行政强制执行案件；第四，其他依照法律规定或经"台湾司法院"指定的案件。

在法官的配置方面，《台湾智慧财产案件审理细则》规定，关于同一法律事实而提起的智慧财产民事或者刑事诉讼的上诉、抗诉以及行政诉讼案件，以及同时或先后属于智慧财产法院管辖时，由相同法官办理。这样，同一案件的三种诉讼由同一个法官审理，以此保证裁判的统一。

同时，台湾地区还在知识产权审判过程中设立了技术审查官以及行政授权确权和侵权判定合一机制。针对一项涉及专利的技术性案件，法官为委托技术调查官对技术问题的焦点进行审查认定。认为有必要时，还可以借助专家鉴定、专家资讯等其他手段。不仅如此，与美国和法官的法院情形相似，法官在审理民事诉讼案件时，可以自行对专利权和商标权的有效性做出判断，从而大大节约司法资源。

二、域外知识产权法院制度的启示

在知识产权案件的管辖方面，美国一审案件主要由地方管辖，专

---

① 参见冯晓青：《台湾智慧财产法院的设立及其对大陆知识产权司法改革的启示》，《月旦民商法杂志》2008 年第 9 期。

利等部分特殊二审案件才由联邦巡回上诉法院审理。这种做法有助于上诉法院集中审理疑难案件，统一全国的案件审判标准。日本的做法则较为严谨，虽然普通的一审案件由地方法院管辖，但对专利等技术性强的一审案件仍实行专属管辖，从源头上严把质量关。因此，我国可以扬长避短，借鉴这些做法，在现有的基础上，不断完善知识产权案件的管辖制度。

在解决专利效力方面，美国提供了两条救济路径，即专利商标局的再审程序和联邦法院的诉讼程序，当事人可从中择一来保障自身的合法利益，最后由美国联邦巡回上诉法院做出有效判决。中国台湾地区在知识产权审判过程中设立了行政授权确权和侵权判定合一的机制，法官在审理民事诉讼案件时，可以自行对专利权和商标权的有效性做出判断。由此可知，包括美国、日本在内的法院法官有权对涉案专利的效力予以直接认定，其判决具有约束力。此种做法对于我们目前专利无效诉讼周期冗长的困境具有很好的借鉴意义。

在技术事实认定方面，美国采取了专家陪审团、咨询专家、司法鉴定等方式，日本设置了技术调查官和专家委员制度，德国则设立了技术法官。因此，可借鉴上述国家的相关做法，健全技术调查官等专家辅助人制度，合理解决技术问题。

我国在知识产权审判中采纳了美国、日本的部分制度。近年来，知识产权审判领域的改革极为剧烈，法官员额制改革、终生错案追究制、巡回法庭设置、实行省以下人财物统管等政策，都或多或少影响到知识产权的案件审判。

小　结

随着国家经济的转型升级，传统的"三审分立"模式因淡化了对知识产权案件程序特殊性的关注，弊端和问题逐步显现，独立审判机构统一审理知识产权民事、刑事、行政案件已逐渐成为未来司法变革的趋势所在。

在探索"三审合一"的改革路径中，地方法院走出了一条自发的由下至上的改革之路，这一改革之路已经在全国范围内形成较大的影响，并且推动了我国法院系统知识产权审判改革的步伐。地方法院所做的多方探索对于完善我国的知识产权审判机制无疑是有极高价值的。

然而，看似轰轰烈烈的"三审合一"审判模式改革并未顺畅解决知识产权案件审理中的特殊困难，业已广泛推行的知识产权"三审合一"审判模式的根本样态仍是民事、行政案件的"二审合一"。同时，囿于知识产权民事、行政、刑事案件的差异性，以及我国法院系统与行政机关的衔接问题，知识产权"三审合一"审判模式仍有许多待解决的问题。基于以上，知识产权交叉案件的审判改革任重道远，在"摸着石头过河"的基础上，还需要找寻国际审判模式的成功实践，以探索出一条符合中国国情的道路。

第六章　知识产权案件审判效能考察

改革开放 40 多年来，我国知识产权保护走过了不平凡的历程，而今又面临着特殊的国内外形势。国内层面看，随着中国特色社会主义进入新时代，我国经济站在了由高速发展向高质量发展的新起点。知识产权保护是激励创新的基本手段，是创新原动力的基本保障，是国际竞争力的核心要素，它在促进高质量发展进程中正在并将继续发挥重要作用。国际层面看，世界经济形势错综复杂，知识产权保护面临新变量和新挑战，需要我们谨慎实行各项知识产权改革措施，以使我国知识产权司法保护制度持续行走在健康的道路上。

中共十八大以来，知识产权司法体制方面的改革力度很大。以知识产权审判"三审合一"模式为核心的知识产权专门法院的建立，改变了长期以来的法院组织机构设立的规则，促使法院系统掀起了创新知识产权审判机制的热潮。在知识产权司法审判"王侯与将相"并存且运行达 4 年之久的此刻，对于知识产权案件的审判效能进行考察，是极有必要的。

理论上，知识产权案件的审判效能受制于知识产权法律规范的适用和知识产权案件的审理效果两个层面。

第一节　知识产权法律续造及其限制

法律续造是指当法律存在漏洞和缺憾而不能为当前案件提供裁判依

据，或虽有依据但可能导致裁判结果不公正或违反宪法原则时，出于维护实质正义和不得拒绝裁判之要求，司法者得以以立法者的立场创制或运用法律进行价值补充、弥补漏洞或者利益衡量的活动。究其实质，法律续造本身并不单纯等同于法官造法，亦不同于法律解释。

时至今日，法官进行法律续造的必要性已为人们所充分认知，也已无人再将法官视为一个制定法的自动机器。然而，法律续造终究是一类需要警惕的司法活动。法律续造在某种层面上具有僭越立法权的潜在可能，虽暗含于审判之中却又不仅仅是简单的宣布法律。在认可并接受其正当性的同时，极有必要对其进行适当限制。在知识产权法的司法实践领域，这种限制显得尤为重要。

一、法律解释与法律续造

法律解释来源于法律的不圆满。早在 19 世纪秉持"完美论"的"概念法学"盛行的时代，人们就意识到了法律并非是"逻辑自洽"的封闭体而存在漏洞，并且已经在原则上接受了法官在司法过程中填补法律漏洞的必要性。[①] 在英美法系，人们也同样认识到，既有判例不可能涵盖社会生活的全部，也不可能永葆其正确性。面对法律的不圆满，在司法过程中的解决之道就是法律解释，法律在实际运用中或多或少都面临着被解释的问题。[②]

法律续造与法律解释存在着极为密切的联系。通常而言，法律续造存在于较为宽泛的法律解释之中。在很多情况下，人们对之并不加以区

---

① 参见［美］本杰明·卡多佐：《司法过程的性质及法律的成长》，张维编译，北京出版社 2012 年版，第 125 页。

② 法律解释有广义和狭义、有权解释和无权解释等多种区分方法，笔者是在狭义上和有权解释的层面上展开讨论的。

别，统称之为法律解释，普通法系尤其如此。但是，长于理论构造的德国法学界对法学方法的研究显得更加精细。在他们的阐发下，法律续造从法律解释中被区分出来，并成为与狭义的法律解释相并列的一种法律适用方法。

严格说来，法律续造与法律解释有着各自的特征和适用条件。法律解释的对象是表达法律规范的文字。

至于法律续造，其对象已经不仅仅是文字本身，而是法律规范的漏洞和法律秩序的意义整体，因而是超越了文字意义范围而对法律和秩序所进行的全新理解与表达。① 在司法实践中，法官们通过自己的行动填补法律的漏洞，解决规范竞合的问题，还透过法律解释和续造活动，努力缝合现有法律与不断变化着的社会生活之间日益扩大的缝隙，直至新的法律秩序构建完成。

拉伦茨在其著作中首次分析了法律续造和法律解释之间的关系："如果是首度，或偏离之前解释的情形，则法院单纯的法律解释已经是法的创造，虽然法院多未意识及此；另一方面，超越解释界限之法的续造，广义而言亦运用解释性的方法。"②

法律解释与法律续造两者之间并不存在不可逾越的鸿沟，区别之处在于法律适用主体创意程度的高低。法律解释的对象是表达法律规范的文字，法律解释的边界以其文字本身含有的意义范围为限。而法律续造既谓之"续"，理应建立在一定的基础之上。这一基础可以是某一特定的法律秩序或者是国家的整体立法规划，也可以是法律的诉讼价值目标。法律续造活动既可以该法律规范框架为界限，实现"法律内的续造"，也可创造性地突破既有空间实施"超越法律的续造"。

---

① 参见丁戊：《法律解释体系问题研究》，《法学》2004 年第 2 期。

② ［德］卡尔·拉伦茨：《法学方法论》，陈爱娥译，商务印书馆 2003 年版，第 246 页。

在案件审判当中，法官的目光在法律与事实之间不断穿梭求证的思维过程就是他运用主观能动性判定某一事实并试图"缝合"法律与事实之间空隙的过程。当法官试图结合具体案件对法律进行创造性思考时，可以说法律解释业已悄然过渡为法律续造，"虽然法院多未意识及此"。①

对法律续造的接受有助于激发法官在司法活动中衡平案件的积极性和创造性，但对法律续造的过度扩大却会带来对实在法的轻视与否认。个案裁判中的法律续造会创设出一些新的法律规则，它在消除法律固有的漏洞、僵硬性缺陷的同时，也在改变着现有秩序。这种改变可能会损害社会对法律的既定预期，甚至有僭越立法权的潜在可能。这对国家的法制安定来说是一个危险的信号，需要对其进行一定的限制。

二、知识产权案件法律续造的正当性

法律续造活动最早发端于英美法系国家，其最终的成熟则有赖于英美法系各国的司法实践探索。早在 1615 年，同为英国都铎王朝和斯图亚特王朝重臣的培根与科克大法官之间爆发了激烈的关于王权与民权的大论战，最终使得詹姆士一世做出了衡平法优先的裁定，"在今后的案件中，如果普通法与衡平法的规则发生冲突，则衡平法优先。但是衡平法必须尽可能遵循普通法规则，只有在普通法未能提供足够的救济时，衡平法方能干预普通法。"② 这项裁决确立了衡平法判决的效力优于普通法的判决的原则，更在不经意间赋予了衡平法的法官依据价值原则创造

---

① 参见梁兴国：《法律续造：正当性及其限制》，载葛洪义主编：《法律方法与法律思维》第 7 辑，法律出版社 2011 年版。

② 何勤华主编：《西方法学家列传》，中国政法大学出版社 2002 年版，第 63 页。

性地运用法律和适用法律的权利，第一次为实践领域的法律续造活动打下了合法性基础。

自此之后，各级法院法官对于疑难案件的精彩论证无异于一次又一次法律续造活动，而以此产生的众多诉讼规则（原则）又成为下级法院审理此类案件的续造基础。"往往我们制定出来的法律墨迹未干的时候，一系列新的事实、新的复杂事件所施加给我们的力量就已经出现，要求我们审慎考虑，做出某些限制性规定，甚至有可能需要我们推倒已有的规定重新来过。"①

大陆法系国家长期以来曾秉承严格限制立法权的理念，强调法官对法律的绝对服从，法律被视为"写在纸上的理性"而广受推崇。然而经过司法实践的漫长验证，人们开始逐渐认识和承认法官并非"司法机器"或"宣告法律的喇叭"。"尽管法律是一种必不可少的具有高度裨益的社会生活制度。但是，它像其他大多数人类创造的制度一样，也存在一些弊端。如果我们对这些弊端视而不见，那么它就会发展成为严重的操作困难。"②

法律的弊端首先表现为法律存在局限性。自然法学派曾经认为，只要通过理性的努力，便能塑造出一部作为最高立法智慧而可以由法官机械运用的完美无缺的法典。③然而，"任何实在法的立法，哪怕准备一千年，也难逃导致漏洞、矛盾、晦涩、歧义的厄运"。④现代社会关系纷繁复杂，社会主体之间的矛盾频繁变化，理应表现为前在的、确定的、稳定并具一般性的法律规范，逐渐呈现出其滞后性、不确定性和僵

---

① ［美］本杰明·卡多佐：《司法过程的性质及法律的成长》，张维编译，北京出版社 2012 年版，第 128 页。

② ［美］E. 博登海默：《法理学：法律哲学与法律方法》，邓正来译，中国政法大学出版社 1999 年版，第 402 页。

③ 参见 ［德］考夫曼：《法律哲学》，刘幸义等译，法律出版社 2004 年版，第 136 页。

④ ［德］J.H. 冯·基尔希曼：《作为科学的法学的无价值性——在柏林法学会的演讲》，赵阳译，《比较法研究》2004 年第 1 期。

硬性的特征。反映在司法实践中，则是大量规则滞后、规则冲突甚至规则不明确案件的出现；加之语言本身的模糊性、立法者反映客观现实和预测未来的有限性以及社会价值多元化等原因，使得法律在纷繁变化的社会现象面前愈发显得捉襟见肘。知识产权法律实践尤其如此。

进一步地，法律的局限性体现为法律具有空白和漏洞，导致无法可依或严格依照法律规范却出现合法而不合理情形。一方面，一部高度概括且相对稳定的法律确实可以涵摄人类社会生活的大部分问题，实现法律规范的稳定性。但其简洁的语言无异于编织了一张处处需要"注解"的大网。另一方面，限于立法者的预见能力、立法技术、案件实情及语言释义等各方因素制约，对于本应归入法律调整范围之内而实则未能归入其中的社会现象，形成难以规制的空白地带。这是立法本身的无奈，也是客观上无法克服的不能。

与法律的局限性相映成趣的是，法官却不能因为法律存在空白或漏洞而拒绝裁判。由此，法律续造成为法官审案时破解法律适用难题的妥当选择。相应地，法官针对具体案件所开展的适度续造成为连接法律之局限性与不得拒绝裁判之间的桥梁。

知识产权法是当今世界最变动不居的法律制度，其剧烈的变动性和频繁的立法活动已被各国的立法实践所确认。进入 21 世纪后，信息技术、生物技术、新材料技术及航空航天技术的发展更是日新月异。它们不仅极大地促进了高新产业的发展，更对现存的知识产权法律制度提出了更高要求。一方面体现为当事人的知识产权维权的意识和要求不断提高，另一方面则体现为知识产权的客体范围、知识产权权限以及财产权制度不断受到新型知识产权的挑战。其结果是，科学技术的飞速发展要求将更多的智力创造成果纳入知识产权法的保护范围之内，而采取概括式和列举式并举的知识产权法因其滞后性难以涵摄新型权利客体的类型，需要通过法律续造活动给予及时回应。

知识产权法的高度抽象性为司法实践者预留了大量的续造空间。知识产权具有不同于一般财产权的特性——客体的非物质性和无形性，知识产权缺乏像有形财产那样清晰、稳定的权利边界，导致权利的界定变得非常困难。或因如此，知识产权法律规范中充满了大量的描述性语言和兜底条款。这些语言本意是为了描述一项知识产权的制度设计，但其本身受到人类语言描述客观世界能力的限制却又成为需要再次被明晰和解释的对象。

同时，无形财产的非直观性为权利的隐性扩张提供了便利条件。反过来，文字内容的待解释性又蕴含了权利过度扩张的危险，亟须司法实践者在个案中充分发挥主观能动性予以解释或续造。在司法审判中，法官或据此类规定创造性地将尚未纳入现行法律之中却应当规制之行为判定为归属于此类兜底条款所摄之范围，以尽力弥合知识产权法与科技飞速变化之间的鸿沟；也可为法官秉持知识产权维护创新之价值理念而能动地维护智力成果的创造与运营良好秩序提供直接的法律依据。

知识产权案件法律续造的正当性还来自于技术变革与法律僵硬性之间的巨大矛盾。知识产权在私权领域内的确立不仅极大地丰富了现代社会财产权的类型，更是传统财产权制度体系的一项重大变革与创新。尽管我国已建立了较为完善的知识产权法律体系，各种知识产权制度也渐趋成熟并已与发达国家的保护水准趋向一致。但由于知识产权领域的时代触角极为敏感，知识产权客体和保护范围不断扩张，侵权行为手段亦不断翻新，社会利益主体的多元化趋向等都给当今的知识产权制度提出了大量待解难题。纷繁复杂的知识产权诉讼实践与高度概括性的立法语言为知识产权司法领域的法律续造提供了广阔的释法机缘。①

---

① 知识产权领域的现象总是层出不穷，超乎立法者的预期。王老吉与加多宝的连环诉讼纠纷中对法官提出了广告创意可否成为知名商品的装潢范围的问题，电影《人再囧途之泰囧》的制作方与《人在囧途》的制片人的著作权侵权纠纷引发了电影名称是否是受著作权法保护的客体的讨论，法律均未有明确，各界观点不一。

在现行制度下，当知识产权法律面对难解谜团之时，捉襟见肘的法官或可选择的另外一个解决方案就是以调解方式结案，以回避知识产权法律适用的难题，亦技术性地回避了没有相关法律可以作为审判依据或是依现存法律做出的判决可能导致的审判风险。自 2005 年以来，在我国民事审判实践中调解结案被广泛应用并有继续推崇之势，在知识产权民事案件中调解更是占据着主导地位。

据统计，2011 年全国法院共接收和审结知识产权民事一审案件59621 件，接收二审案件 7642 件，其中调解结案案件占近七成。① 原本负有划清合法与非法界限，教育引导社会行为的审判机关正企图以"和稀泥"的方式磨平法与非法之间紧张对峙的棱角，这一现象令人堪忧。同时，作为另一种伪装的拒绝裁判之形式，调解容易异化成控辩双方转移纠纷的新战场。

立法之概括性规范和司法实践的切实需求似乎都指向法律续造这一解决方案。事实上，我国知识产权法官早已在 20 世纪末期展开法律续造的实践。② 近年来，法官在案件审判中进行法律续造的情形有上升的趋势。

最高人民法院的一项报告指出，我国知识产权案件审判具有以下的特征：因法律规定较为原则，需要明确具体界限的疑难案件所占比重越来越大；网络技术的发展，方便了知识产权产品的传播，创新了商业经营模式，也影响了相关行业原有利益的分配格局，因而引发的新类型知识产权纠纷和不正当竞争纠纷明显增多；涉外案件的裁判规则越来越受

---

① 参见萧海：《最高法院发布 2011 中国知识产权司法保护状况白皮书》，《中国专利与商标》2012 年第 3 期。

② 专利法中的等同原则即是通过先司法审判确立最后被最高人民法院以司法解释方法确认的一项专利侵权判定原则。《最高人民法院关于审理专利纠纷案件适用法律问题的若干规定》（法释〔2001〕21 号）第十七条。

到国际社会的关注等。① 在此报告中，最高人民法院精选的案件均具有一个共同点，即案件裁判都极具个案色彩，大有抛开现存法律规则或是从现存法律规则中另辟蹊径之感。

最高人民法院此举不啻于对知识产权司法领域客观存在的法律续造现象予以认可甚至某种程度的鼓励。新型、复杂、疑难的知识产权案件不断冲击法律的边界（知识产权相关法律相比其他法律具有更明显的滞后性），拓展出需要法律调整的新领域，为此知识产权领域更容易产生强烈的司法新需求。知识产权法作为平衡公共利益与私人利益的工具，肩负着应随社会经济科技文化发展状况而进行相应调整以促进知识产权的利益在全社会进行合理分配之职能，为解决法律的稳定性与社会变动的紧张关系，位于最前沿的知识产权法律适用理应与时俱进。

随着我国建设创新型国家宏伟目标的提出，鼓励创新、维护创新的法治环境自是经济建设之必须。可以预见，未来我国司法实践中将会面临更多的知识产权纠纷案件，使这类案件纳入更为公平透明的审判系统、实现更为公平的审判结果将成为知识产权司法改革的努力方向之一。而法律续造恰可作为将知识产权法的变动性与法律的滞后性之间的连接媒介。

需要警惕的是，法律续造行为是应当受到限制的。无论何种形式的法律续造行为，都应当严格被控制在妥当的范围内。前德联邦最高法院院长霍依辛格曾说："作为法官，我们并不想僭取立法权，但我们也深切的意识到，于此界限内，仍有宽广的空间提供给法官作有创意的裁判、共同参与法秩序的形式。"②

---

① 参见《最高人民法院知识产权案件年度报告（2010）》，2011 年 4 月。该报告收录了 36 个案件作为具有普遍指导意义的案件。此举被部分学者视为是我国建立了案例指导制度的迹象。

② ［美］罗斯科·庞德：《何为遵循先例原则》，李鸻译，《山东大学学报（哲学社会科学版）》2006 年第 5 期。

三、知识产权法官法律续造的理念限制

无论一个法官如何秉公断案，事实上他的续造行为都会或多或少地受到一些司法理念的影响。在裁判具体案件时，法官对法律续造活动所持的态度可分为司法能动和司法克制两种。①

司法能动性关涉法官在司法过程中的能动司法问题，其最直接的表现为法律适用中的自由裁量权。根据司法能动性理论，应当允许法官面对个案时"结合生活实际，从立法目的入手"，创造性地解释和运用法律。这种创设规则或曰创造性的解释法律，在某种含义上使法律适用主体变相地获得了本应受到严格限制的立法权，容易引发人们对法律稳定公正性和民主制度的担忧。②

与司法能动相对应的概念是司法克制，司法克制要求法官在司法过程中严谨地执行法律的意志，在进行价值评价中尽可能不要渗入法官的个人信仰和倾向，以实现法的价值。

司法能动和司法克制体现出法律续造（或法律解释）过程中法律适用主体对自我行使权限的把握，对二者予以绝对区分是极为困难的。两者的最大区别在于法官在审判过程中自由裁量权的大小。

坚持司法能动主义的观点强调法官负有"实现公平正义"的使命，从而弱化甚至轻视对司法权的限制。表现在法律适用过程中，秉承司法能动理念的法官更容易将自己看作是"社会工程师"而不是单纯的适用法律规则的法官，而那些旨在"建造社会工程"的判决有时候表现出对立法和行政权力的侵犯。倡导司法克制的观点则倾向于强调民主国家对

---

① 参见张榕：《司法能动性何以实现？——以最高人民法院司法解释为分析基础》，《法律科学》2007 年第 5 期。

② 参见 [美] 克里斯托弗·沃尔夫：《司法能动主义——自由的保障还是安全的威胁?》（修订版），黄金荣译，中国政法大学出版社 2004 年版，第 217 页。

司法权应该进行必要的限制，并通过各种方式对法官发挥自由裁量权设置限定条件。①

　　我国社会主流所普遍接受的是对权力的控制。或因如此，学者对于司法审判中应当秉承司法能动抑或司法克制的理念持极为谨慎的观望态度。自信春鹰最早发出"中国是否需要司法能动主义"之疑问之后，很长时间里鲜有学者予以回应。

　　进入 2010 年后，在应对国际金融危机的大背景下，最高人民法院明确提出了能动司法理念，要求全国各地、各级人民法院积极践行能动司法的理念。② 至此，法院系统内对于司法能动与司法克制理念的选择之争已不复存在。司法能动理念成为法院在处理各类案件（包括知识产权案件）时，囿于服务大局之政治前提下解决具体诉讼案件的工作态度与方式。2012 年 8 月，在法院系统内更是评选出 100 个"全国法院践行能动司法理念优秀案例"并将之视为经典推而广之。至此，司法审判中采取何种理念似乎已无讨论之必要，能动主义的司法理念已经在事实上占据了主导地位。

　　针对全国法院系统上下一致的大刀阔斧践行司法能动之倾向，有学者表达了深深的忧虑。③ 短期看，司法能动之理念固然可为案件审判提供更为积极的解决态度。但是，我国长期以来承袭的法律传统以及法官

---

① 法是调整社会秩序的行为规范。随着信息传播媒介的日趋丰富化，法官所做出的判决对社会的影响程度亦超乎其想象。如有观点认为备受质疑的南京彭宇案的审判结果造成了整个社会的道德滑坡。同样，成都宝马碾压幼童案的裁判结果对于纠正当下"撞伤不如撞死"的社会评价有着一定的规范指引作用。

② 参见最高人民法院：《发挥能动司法作用推进社会矛盾化解》，《人民法院报》2010 年 5 月 5 日。

③ 参见程汉大：《司法克制、能动与民主——美国司法审查理论与实践透析》，《清华法学》2010 年第 6 期；类似观点参见杨建军：《变革时代政法人的司法使命——沃伦与王胜俊能动司法哲学观比较》，《政法论丛》2012 年第 4 期。

的思维逻辑均不能为该理念的执行增加保障。能动抑或克制理念的讨论不应脱离具体案件的法律适用范围。否则，极易被异化成不良法官制造冤假错案的"尚方宝剑"。

不仅如此，知识产权法官的续造行为还应当受到更为严格的考量。广义而言，法官以及各级法院已经事实上成为司法能动主义的实施主体。法官在具体案件中行使自由裁量权的行为，最高人民法院出台司法解释、批复等行为以及法院在构建和谐社会中的其他能动行为都可归入司法能动的范畴。

如前所述，鉴于中国现实情况和知识产权法律领域的特殊性，允许法官以及最高人民法院发挥司法能动性弥补立法缺漏是可行的，也是事实上客观存在的。

问题在于，一方面，依据司法能动主义，既然司法过程中的法律续造不可避免，那么究竟何者得以何种方式进行续造活动？是运用司法解释方式还是法官的个案裁判？另一方面，依照司法克制主义，司法过程中的续造活动必然受到一定的制约，这种制约应当存在于何种领域？是在所有的可诉法律关系中，涉及到所有的法律规范？还是实行有所区分的原则？继而，制约的依据是诉争法律关系的性质还是当事人的诉讼权利？对于前者的回答，涉及到法律续造的适格主体；对于后者的回答则关乎法律规范所调整的社会关系问题。

四、知识产权法官法律续造的主体限制

依照司法能动主义，既然法律续造能有效地缩小合法裁判和个案正义之间的偏离，那么应当是由哪些主体来进行续造，是审理个案的法官还是其他司法机关？

自 1981 年 6 月 10 日《全国人民代表大会常务委员会关于加强法律

解释工作的决议》（以下简称《解释决议》）赋予最高人民法院和最高人民检察院就审判工作和检察工作中具体应用法律、法令的解释权后，最高人民法院和最高人民检察院实质上获得了法律续造的权限，发布了大量的司法解释。这些司法解释的规模已经远远超越了法律，部分司法解释已突破了释法的边界，从"比附而立"到"并行不悖"，成为立法不可或缺的部分。无论是解释的边界还是解释的主体都已经突破了现行法律规定。

《解释决议》依照《立法法》对法律解释的主体和权项作了 4 项原则性的规定，它们分别是：全国人大常委会对法律、法令进行补充解释或规定；最高人民法院和最高人民检察院对应用法律、法令问题进行解释，两高解释若有分歧则报请全国人大常委会解释或决定；对于不属于审判和检察工作中的其他法律、法令如何具体应用的问题，由国务院及主管部门进行解释；属于地方性法规本身需要进一步明确界限或做出补充规定的，由制定法规的同级人大常委会进行解释或做出规定。

从所涉及的解释方式看，该规定授予适格主体以解释或者规定的方式解决法律不足或缺漏的权项，解释主体十分广泛，上至全国人大常委会、最高人民法院、最高人民检察院、国务院及其主管部门，下至地方各级人大甚至地方政府的主管部门，形成了多元多级的群体特征。

在这种法律解释权的配置体制下，法律解释呈现出一种混乱的局面，既有法律解释的外部矛盾如立法解释与司法解释、行政解释的矛盾，也有法的解释的内部矛盾如法院解释与检察院解释的矛盾，地方法院与地方人大解释的矛盾。同时，宽泛的释法群体之法律解释甚至法律续造难免出现失控的风险。

但是，问题还远不止于此。即使是如此分工合作的权项设计，在实际中也未得到切实执行和遵守。我国各级的法律解释在实际施行中出现了与上述规定偏差的情形，体现为释法的主体出现空置或混乱。如上述《解释决议》中第一项规定的法律解释权实际上几乎由最高人民法院代为行使，多数情况下，全国人大常委会被空置。而第二项法律解释权的主体早已超越了两高的范围，还扩及到公安部、司法部及国务院的其他部委以及地方人民法院、人民检察院等，形成了多头多级的格局。

更有甚者，一些非独立主体机构在没有任何授权的情形下，以非法人身份（如"最高人民法院某某审判庭"、"最高人民法院研究室"）发布规范性法律文件，指导本级和下级法院的案件审判。地方性法院也有此类情形。①

显然，地方各级法院的释法权限没有法律依据，其释法活动突破了法律规定的界限，应当受到严格限制。无论其是否属于法之不明确的进一步阐释还是补充规定，都无异于法律续造，不利于法律建设的统一。如果确定由最高人民法院和个案审理的法官行使法律解释权。那么，需要回答的问题就变成，面对一个地位悬殊的释法群体，有否制约条件？抑或何者在何等情形才是适格的释法主体？

最高人民法院的司法解释包含解释、批复、答复、决定四种。从法律续造的目的属性出发，只有审理案件的法官才能享有解释或续造之权限。最高人民法院发布的各项法律文件均不应当允许存在法律续造，只能就具体问题展开进一步以明确和清晰为目的的解释。倘若其解释超出了法律解释的应有之义，则属于超前立法。这是因为法律续造的引发缘由乃是个案的特殊性使其无法在现存的法律体系中找到可以适用的规则或是现有规则会明显导致裁判不公的情形。

我国司法解释出台的背景来源颇多，既有根据个案所做出的批复、意见，也有事后根据司法实践中的回馈对制定法进行进一步的细分和阐述。这些法律文件形式上具备了规范性文件的要求，实质上可供未来审

---

① 如北京市高级人民法院于 2001 年 9 月 29 日发布了《专利侵权判定若干问题的意见（试行）》（京高法发〔2001〕229 号），其他地方性法院也有类似有关专利侵权认定的法律文件。

理此类案件做参考。虽然司法解释比一国的制定法更加具体明确，但其终究是抽象的条文，与司法实践中将来遇到的案件仍然存在一定的距离，仍有可能让法官对同一解释做出完全不同的理解。倘若允许最高人民法院对不可知的案件进行法律续造，实质上是允许了最高人民法院进行抽象性的法规的创设，无疑是允许司法权的扩大，对立法权的伤害是不言而喻的。

另外需要明确的一点是，虽然法律续造在某种程度上是立法权，但续造的目的绝对不是为了立法或为法律体系添砖加瓦，而是为了"润滑法律和案件事实"，平衡现存法律的稳定与公正，在个案中尽量追求正义。所以，最高人民法院发布解释的行为应当严谨地在法律应有之义中进行，任何超越法律或者偏离法律的法律解释均应视为超前立法，是不应当允许的。

由此，最高人民法院对于下级法院、各专门性法院就审判工作中具体应用法律问题的请示所作的批复可能存在法律续造，对于这种形式的法律续造不应以规范性法律文件的形式出现。此类批复或对法律条文进一步的再解释，满足个案解释的目的性要求，并且具有可参照性，应当鼓励其完善以形成判例。

反过来看，我国法律赋予最高人民法院法律解释权的目的是为了减少法律的抽象性，从而减少、排除法官的自由裁量权。然而，由于解释的技术原因和法官对解释的理解原因，许多解释规范本身也需要进行再解释，无论是重新解释还是解释之解释，都无法很好地达到法律解释权设立的最初目的。而最高人民法院对个案的批复依托于具体个案，并且提请回复的案件多是下级法院在司法过程中遇到的新异、疑难的案件，对该类案件进行合理正当的法律续造，形成判例，有利于统一法律评价，从而有效地减少司法实践中法官进行法律续造的次数，限制自由裁量权。

最高人民法院对个案的批复本身是对法律的补充，也具有法律效力。但我国的现存批复并不足以形成判例，不具有判例所应当具备的较强指引作用。这就要求我国最高人民法院在做出判决时，应当给出合理充分的说理和论证。通过法律续造来定性的案件尤需如此，这对于下级法院的法官在同类案件中做出相同的处理具有更为明确的指引作用。"法律的模糊性应当留待司法在适用时予以清晰化。"对于现存法律规则对其评价不明朗的或通过续造首次作此评价的案件而言，通过判例的形式进行确定无疑是适宜的。当然，考虑到我国法律体系的大陆法系传统，此种做法只能逐渐推进。

在当下的释法体制下，最高人民法院推行的案例指导制度无疑成为另一个法律续造的源泉。最高人民法院对于下级法院工作的指导地位是无需置疑的，通过指导性案例的选编反映其司法倾向似乎也并无不妥。但是，考虑到案例指导制度有涉及司法权与立法权之间的关系之嫌，本应更为审慎。

另外，实务部门和学者对案例指导制度似乎给予了一边倒的支持，片面夸大了指导性案例在填补法律漏洞、限制法官自由裁量权和提高司法效率等方面的功能，试图判例的指导作用实现"同案同判"的统一格局，则似乎走向了问题的另一端。而最高人民法院在明确指导性案例具备"同案同判"的价值导向功能的前提下，又将之前例判决的作用仅限于"指导、参考和借鉴"之效力，难免有使人意犹未尽之感。

法官的释法权限虽为正当，但法官的续造法律应当受到法律价值的制约。知识产权法的终极价值体现在维护和激励创新以及平衡权利人与社会公众之间的利益。知识产权法官在审理案件时，可以依据的最高准则只能是该法的法律原则而不能随意扩大或偏颇。而且，基于法的安定性，在一般情况下应当优先适用规则，原则的优先适用需要具备较为严格的条件并负担严格的论证义务。

知识产权法存在的大量概括性条款留给法官续造的空间甚为宽裕，某种意义上，也可将其视为"预先设计的法律对特殊案件的让步"。如果确需根据原则做出判决，就应当有更充足的论证说理以表明其舍弃规则用原则的合理正当性，而绝非是将个人任性当作法律的随意性举动。"原则所起的一种作用应该是证明违反规则为正当。"①

五、知识产权法官法律续造的领域限制

千百年来，由人类发动和创造的各种社会关系才是法律最终的服务对象。有关司法能动与司法克制理念的讨论不应仅仅存在于理论层面，还应当内化于实践层面。依照司法克制主义，司法过程中的法律续造必然会受到某特定法律的属性制约，即某些法律领域可为而某些领域应当不可为。

我国现行的知识产权法律体系主要包括制定法，前述的案例指导制度尚未形成实质意义上的法律规范。就责任形式而言，我国知识产权法律规定的法律责任形式包括民事责任、行政责任和刑事责任三种，诉争法律关系有民事法律关系、行政法律关系和刑事法律关系，它们分别由民事、行政、刑事三类法律规范予以调整。三种法律关系既是案件的审理对象，也是法院内部各法庭之间的案件受理依据。

但是，知识产权案件的法律关系往往较为复杂。一件知识产权诉讼案件可能仅涉及一种法律关系，也可能出现多重法律关系交织的局面，从而形成所谓的知识产权交叉案件，给知识产权司法审判带来了不小的困难。自 20 世纪末期起，我国先后有数十个法院率先开展了知识产权案件合一审判的模式改革，而自 2008 年以来最高人民法院推动的各地知识产权案件审判的"三审合一"审判体制改革就是对多重法律关系并存于同一案件之中审理模式的新探索。

---

① [英] A.J.M. 米尔恩:《人的权利与人的多样性——人权哲学》，夏勇等译，中国大百科全书出版社 1995 年版，第 46 页。

"三审合一"审判模式并非三种诉讼程序的简单叠加。在一个多重法律关系交织的案件中，不同种法律关系的诉争当事人之诉讼权利义务有着较大的差异，所适用的法律规范之价值指向也有差异。与民事法律关系不同，行政法律关系与刑事法律关系的一方当事人为行政机关或代表被害人的控诉机关，其往往以强势的身份出现于案件之中，双方当事人地位存在事实上的不平等。鉴于此，有必要对法官在审理不同性质案件时的法律续造进行区别对待。

民法立法奉行"意思自治"和"法无禁止即自由"的法律原则。在这两个基本原则的框架下，民法的法律规定显得较为宽泛，允许当时在法律范围内自由表达个人交易意愿，这一法律氛围决定了民法注重当事人的自由意志，以保障当事人的合法民事交易为价值追求。

体现在知识产权民事案件的审判中，就是法官在审理案件过程中应当更加注重实质公平正义以维护民法的立法宗旨。在最高人民法院每年发布的知识产权典型案例中，针对知识产权民事案件，法官突破规则审判的案例不但并不鲜见，甚至创设性地提出了许多解决疑难问题的思路。从侧面也反映出最高人民法院在适用知识产权民事法律时较为积极能动的司法理念。①

在行政案件和刑事案件中，情况恰恰相反。我国的行政法律规范以"限制行政机关权力，促使其依法行政"为价值目标。行政机关的相对人往往是具体行政行为的受害人，本身处于劣势。不当的法律适用理念有可能影响当事人权利的保障甚至侵蚀弱势地位当事人的合法权益。因此，需要特别警惕法官在法律适用中的不当僭越行为。而刑法出于保障

---

① 例如在柯林龙安公司诉龙安公司商标（84消毒液）许可适用合同纠纷案中，判案法官创造性地依据双方约定并结合案件质证情况，提出商标权人广告投入权益应当维护的观点，所作判决获得了双方认可。参见奚晓明主编：《中国知识产权指导案例评注》，中国法制出版社2011年版，第76页。

人权的使命以及自身强大的强制性必然受到"法无规定不为罪"和"罪刑法定"的原则制约。可以被法官所适用的法律必须是最狭小范围内的法律，不应任意扩大法律适用的范围，更加反对法官的恣意续造行为。恣意续造行为带来的将不仅仅是对当事人权益的不当侵害，甚至是社会全体成员对审判机关以及行政执法机关整体的不信任。这些与行政法、刑法如影随形的特性要求刑事案件的审判依据只能是案件被起诉前就已确定存在的法律规则，绝不能根据法官的个人情感或者是社会舆论的倾向而有所易位。

基于以上，即使面对技术变革与社会的异彩纷呈，知识产权制定法固有的僵硬与滞后性乃至高度概括而预留的大量续造空间均不能为法律适用主体在行政和刑事案件领域能动地展开法律续造活动提供合法性基础。在这两个对法律应当更加严谨服从的领域开展法律续造活动必须受到严格的限制。不当的续造行为对权利的保障和法律的稳定性来说是非常危险的，也是应当被严厉禁止的。

第二节　知识产权指导性案例的实证考察

伴随着我国首家知识产权案例指导研究基地在北京知识产权法院的成立，案例指导制度再次成为新一轮司法改革中提升司法公信力的试验田。① 一个基本的事实是，在知识产权指导性案例的创制过程中，不可避免地

---

① 与传统的司法活动相比，知识产权司法领域的法律续造面临着更为复杂的局面。或许基于知识产权法的诸多待解疑难，作为一项司法改革的探索措施，全国首家案例指导基地于 2015 年 4 月 24 日在北京知识产权法院挂牌成立。其设立宗旨为：贯彻落实中共十八届四中全会提出的"加强和规范司法解释和案例指导，统一法律适用标准，提升司法公信力的精神"。

会遭遇法律的"盲区"。相较于一般的民事行政或刑事案例，知识产权指导性案例有着自己的特殊性。其特殊性不仅体现于知识产权法所采用的高度概括式立法为其法律适用带来了大量待解疑难，还体现在各级法院对于知识财产收益进行的法律续造活动颇受学者质疑。[①] 同时，急剧变化的现代科技手段加剧凸显了现行知识产权法律规范的立法缺陷，使得弥补制定法立法之缺陷和填补法律漏洞的客观需要与知识产权法定主义原则之间形成了客观上的紧张关系。那么，创制知识产权指导性案例究竟应当遵循何种原则方能实现二者间的和谐共处？成为当下需要思考的首要问题。

2018 年 4 月 19 日，全国知识产权宣传周新闻发布会上，最高人民法院发布了《中国法院知识产权司法保护状况（2017 年）》（白皮书），2017 年中国法院十大知识产权案件和 50 件典型知识产权案例同时公布。加多宝王老吉"红罐之争"、"茅盾手稿"著作权纠纷案、"路虎"商标侵权纠纷案等知名案件入选了 2017 年中国法院十大知识产权案件。另有"汇源"商标侵害案件、法国轩尼诗公司与蓬莱酒业有限公司侵害商标权纠纷案等案件被评为 2017 年中国法院 50 件典型知识产权案例。

在知识产权典型案件以及指导性案例纷繁发布的背后，隐藏着一个不争的事实。知识产权案件有着大量的待解疑难，需要在全国法院系统内统一裁判标准，指导后续的案件审判。而这些典型案例和指导性案例中，不乏法官对案件审判的说理和法条适用的论证。

知识产权指导性案例的创制活动是一个典型的法律续造过程。事实上，知识产权的扩张不仅存在于法律层面，在司法实践、行政管理和商业惯例等层面均有不同程度的显现。作为统一法律适用标准的指导性案例制度，应当在创制知识产权案例时秉持更为审慎的考量。从《最高人民法院关于案例指导工作的规定》（以下简称《规定》）中所列之条文看，

---

① 参见崔国斌：《知识产权法官造法批判》，《中国法学》2006 年第 1 期。

法律续造情形或不可避免。关涉知识产权的法律续造有哪些显著特征？其续造行为应当遵循何种规律？在对最高人民法院发布的知识产权指导性案例进行系统分析之后，可以得出一些有益的信息。

一、知识产权指导性案例的一般考察

我国案例制度的雏形缘起于 20 世纪 80 年代初期，最初仅有刑事方面的案例。自 1985 年 1 月始，《最高人民法院公报》(以下简称《公报》)、《人民法院案例选》，以及《中国审判案例要览》等登载了一系列案例。除此之外，最高人民法院、各地方法院还采取过内部文件、新闻发布、十大典型案例等多种方式公布过一些案件。尽管如此，在《公报》上刊登案例却是最高人民法院发布案例最为规范、最为系统也最为稳定的形式。而《公报》案例在编选机构、遴选程序、案例选择及案例内容等方面独具权威性，加之这些案件均是经最高人民法院认可的适用法律和司法解释的典型案例，具有先例作用。由此，最高人民法院以《公报》上刊登案例的方式对下级法院进行"案例指导"成为必然。

1.《公报》知识产权案例种类分析

2010 年 11 月起，为贯彻落实《人民法院第二个五年改革纲要（2004—2008）》精神，最高人民法院、最高人民检察院相继出台了数份规范性文件，就指导性案例的产生主体、审批流程及行文结构等问题做出了相对细致的规定，先后发布了 16 批指导性案例。① 至此，可称为

① 自 2010 年 11 月至 2016 年年底，最高人民法院、最高人民检察院相继颁布了数份法律文件。其中，对案例指导制度建构比较重要的有三份文件：包括《最高人民法院关于案例指导工作的规定》、《〈最高人民法院关于案例指导工作的规定〉实施细则》及《最高人民检察院关于案例指导工作的规定》。

指导性案例的知识产权案件包括两个部分，一部分是最高人民法院以《公报》形式自 1985 年 1 月起至 2012 年 12 月止公布的知识产权案例（共计 148 个），这些案例对下级法院审判类似案件具有参考性价值。另一部分是最高人民法院根据《规定》自 2012 年起在《人民法院报》上发布的 16 批 87 件指导性案例（含 20 个知识产权指导性案例），地方各级法院在司法审判中应当参照，如表 6-1 [①] 所示。

表 6-1　最高人民法院公报案例种类分析（2001—2012 年）

（单位：个）

序号	年份	案例数	知识产权	知识产权权益种类				
1	2001	36	7	版权 3	专利 1	商标 2	不正当竞争 1	
2	2002	33	3	版权 1	专利 1	其他 1		
3	2003	37	3	版权 2	商标 1			
4	2004	61	6	版权 1	专利 2	商标 1	不正当竞争 1	其他 1
5	2005	64	9	版权 2	专利 1	商标 3	不正当竞争 2	其他 1
6	2006	69	8	版权 2	专利 2	商标 2	不正当竞争 1	其他 1
7	2007	51	6	版权 1	专利 1	商标 4		
8	2008	42	6	专利 2	商标 3	不正当竞争 1		
9	2009	36	7	版权 2	专利 2	不正当竞争 1	其他 2	
10	2010	38	10	版权 3	专利 3	商标 2	不正当竞争 1	其他 1
11	2011	39	7	专利 2	商标 3	不正当竞争 2		
12	2012	50	12	版权 2	专利 1	商标 4	不正当竞争 3	其他 2
合计		556	84	其中，知识产权行政案例 4 个，刑事案例 3 个				

上述案例既不同于用作法制宣传的一般案例，也不同于学者编辑的教学案例。这些案例都是最高人民法院从众多实际案件中精心遴选出来

[①] 鉴于 2001 年前后，我国《著作权法》、《专利法》及《商标法》均做过较大修改，故统计数据采自 2001 年起。

的，蕴含了深刻的普遍意义。编写人员对此的认知是，"它具有典型性、真实性、公正性和权威性的特点，是最高人民法院指导地方各级法院审判工作的重要的工具，也是海内外人士研究中国法律的珍贵资料"。①在保障裁判的统一，规范法官自由裁量，确保法律的准确适用方面发挥了积极的作用，是我们分析知识产权指导性案例所具共性和个性的样本资料。至于最高人民法院在媒体上公布的典型案例或案件年度报告，更多偏向于宣传目的，因而没有进入本课题分析的视野。②

　　从《公报》选编的案例看，伴随着我国知识产权法律制度的全面确立，最高人民法院给予了知识产权案件一定的关注。截至 2012 年，《公报》发行 27 年，共发布知识产权案例 148 件。其中，知识产权法全面修改后发布案例 84 件，知识产权案件数占总案例数的 15% 左右。从知识产权权益角度看，这些案件仍以传统的著作权（19 件）、专利权（18件）和商标权（25 件）为主，所涉纠纷多为知识产权权属纠纷、侵权纠纷及反不正当竞争纠纷（13 件），知识产权行政案件和刑事案件较为鲜见（仅 7 例）。当然，也不乏一些知识产权类的新型案件，如植物新品种、信息网络出版权纠纷等。

2.知识产权指导性案例种类分析

　　《规定》出台后，最高人民法院对"指导性案例"的称谓有了明确

①　最高人民法院公报编辑部编：《中华人民共和国最高人民法院公报全集（1985—1994)》，人民法院出版社 1995 年版，前言部分。

②　一个显见的现象是，不同于一般的民事行政或刑事案例，知识产权指导性案例的遴选、发布往往较一般的司法案件更受国内外媒体关注，知识产权指导性案例的表现形式较其他案件更为丰富。现已经形成以指导性案例、年度十大案件、50 件典型案例、案件年度报告为主体的知识产权案例指导制度体系，但就发生"指导"意义而言，最高人民法院在《规定》出台之前刊载于《公报》上的案例，以及《规定》颁布之后，公开发布并冠以"指导性案例"的 16 批次案件可谓各界公认的指导性案例。

的定义，它特指"裁判已经发生法律效力并符合特定条件的案件"。①
这些条件既是民事、行政、刑事指导性案例的遴选条件，也是普通案件
上升为指导性案例需达致的标准。根据《规定》所列举的条件，社会关
注度高、法律适用法律困难、具备典型性、复杂疑难案件等具备指导作
用的案件是指导性案例的基本要求。

最高人民法院 2012—2017 年共发布 16 批 87 个指导性案例，内容涉
及民事、行政和刑事案件（含国家赔偿案件）。其中，知识产权指导性案
例达 20 件之多，占比 22.9%。这一数据较之前《公报》中所披露的知识
产权案例占比略高。为了便于分析，我们仍以被侵犯的知识产权种类为检
索词，将最高人民法院发布的 87 个指导性案例做出分类，见表 6-2。

表 6-2　最高人民法院指导性案例种类分析（2013—2017 年）

年份	批次	案号	知识产权种类	关键词
2013	5 批	20 号	发明专利权	民事、临时保护期
2014	7 批	29 号	不正当竞争	民事、不正当竞争、擅用他人企业名称
2014	7 批	30 号	商标、不正当竞争	民事、侵害商标权、不正当竞争
2015	10 批	45 号	不正当竞争	民事、不正当竞争、网络服务
2015	10 批	46 号	商标、不正当竞争	民事、商品通用名称
2015	10 批	47 号	不正当竞争	民事、知名商品、特有包装
2015	10 批	48 号	计算机软件著作权	民事、著作权侵权、捆绑销售
2015	10 批	49 号	计算机软件著作权	民事、著作权侵权、侵权对比
2015	11 批	55 号	实用新型专利权	民事、保护范围、技术对比
2016	12 批	58 号	商标、不正当竞争	民事、老字号、虚假宣传
2017	16 批	78 号	不正当竞争	民事、滥用市场支配地位等
2017	16 批	79 号	不正当竞争	民事、捆绑交易等
2017	16 批	80 号	著作权侵权	民事、民间文化艺术衍生作品

---

① 《规定》第二条：本规定所称指导性案例，是指裁判已经发生法律效力，并符合以下
　条件的案例：（一）社会广泛关注的；（二）法律规定比较原则的；（三）具有典型性的；
　（四）疑难复杂或者新类型的；（五）其他具有指导作用的案例。仔细斟酌可知，这一
　分类标准并不周延，反映了指导性案例多元化的功能定位。

续表

年份	批次	案号	知识产权种类	关键词
2017	16 批	81 号	著作权侵权	民事、影视作品、实质相似
2017	16 批	82 号	商标权	民事、诚实信用、权利滥用
2017	16 批	83 号	发明专利权	民事、必要措施、连带责任
2017	16 批	84 号	发明专利权	民事、技术查明、技术调查官等
2017	16 批	85 号	外观设计专利权	民事、功能性特征
2017	16 批	86 号	植物新品种权	民事、相互授权许可
2017	16 批	87 号	假冒注册商标罪	刑事、非法经营数额
合计 20 件指导性案例				民事 19 件、刑事 1 件

多达 20 件知识产权指导性案例首先反映了国家层面对知识产权保护的重视程度明显提高，显示出政府通过司法切实加强知识产权保护的努力。其次，专利（5 件）、商标（5 件）和著作权（4 件）指导性案例在数量上大致相当（也有可能是最高人民法院有意为之）。这一现象与《公报》所表现出来的情况相似，表明了包括专利、商标和著作权等在内的传统知识产权仍是纠纷频发的权益类型。同时，传统知识产权与不正当竞争行为同时出现在一个案件的诉求之中，而单纯的反不正当竞争案件数目（5 件）有所下降。这一方面反映了反不正当竞争法的兜底保护作用，另一方面也反映了反不正当竞争法的高度抽象性和滞后性。一些新型的案件开始出现（如反垄断、技术措施的界定、软件著作权等）。此外，还有一个司法倾向值得研究，即在第 16 批知识产权指导性案例中，第 84 号指导性案例开创性地使用了技术调查官，显示出专利案件的审判逐步走向精细化和专业化。

二、创制知识产权指导性案例的功能定位

知识产权案例指导制度的关键在于指导性案例的确定，这涉及法院的审级、裁判的形式及案例的遴选机制等方方面面的问题。《规定》虽

然列明了指导性案例的遴选条件和发现机制。但寥寥数文，并未清晰地勾勒出案例指导制度的全貌。

抛开知识产权指导性案例需要具备的形式要求，就其应当具备的实质要件而言，我国相关法律规定相对模糊，案例的遴选机制也语焉不详。如果仅就《规定》（含《实施细则》）中所明确指向的指导性案例之定义而言，指导性案例的数量将会十分庞大。① 但事实上，每年最高人民法院发布的指导性案例数目是非常有限的，有些时候甚至是个位数。那么，究竟是什么因素在指导性案例的遴选中发挥了关键作用？换言之，究竟什么样的案件可以上升为指导性案例并被赋予指导下级法院审判类似案件的"光环"？这涉及到知识产权指导性案例的功能定位。

最高人民法院和最高人民检察院均将指导性案例的功能定位为"指导"，这一定位可以视为我国司法领域向真正的判例制度迈出的实质性一步。在判例法国家，判例是制定法的有益补充。严格说来，普通法系国家的判例并不是指对某一案件的整个判决，而是指判决中所包含的、能作为先例的某种法律原则或法律规则。不过，先例判决中所包含的法律原则或法律规则并不会像制定法的条文那样明确、清晰，需要后来的法院不断总结和概括，这就要求法官必须掌握能区分先例的比较复杂的司法技术。② 在大陆法系国家，虽然判例不被视为正式的法源。但是，法院"尽管没有正式的遵循先例原理，但仍像其他国家的法院一样，具有一种遵循先例的强烈倾向，特别是对高级法院的判决"。③ 表现为法官似乎始终在运用演绎推理，从而使得判例中的规则更像是对制定法条

---

① 根据《〈规定〉实施细则》第二条，裁判已经发生法律效力，认定事实清楚，适用法律正确，裁判说理充分，法律效果和社会效果良好，对审理类似案件具有普遍指导意义的案例均可作为指导性案例。

② 参见梁迎修：《判例法的逻辑》，载葛洪义主编：《法律方法与法律思维》第 4 辑，法律出版社 2007 年版，第 156 页。

③ ［德］K.茨威格特、H.克茨：《比较法总论》，潘汉典等译，法律出版社 2003 年版，第 382 页。

文的解释。

我国理论界对指导性案例的认识接近于大陆法系学者对判例的认知。这固然与我国继受大陆法系的传统有关，同时也或多或少反映了实践的要求。那么，实践中，最高人民法院发布的16批次指导性案例又能给我们带来哪些启示呢？

为便于抛开具体纠纷的表象，去探寻蕴含在不同类别案件中的普遍规律。我们试图对最高人民法院20件知识产权指导性案例展开定性分析。考虑到要与《规定》所列明的指导性案例的遴选条件相衔接，同时为了更加准确把握指导性案例的功能定位，我们将案件划分为5种类型。分别是：社会关注的案件、法律规定比较原则的案件、具有典型性的案件、疑难复杂或者新类型的案件及其他具有指导作用的案件。鉴于已有学者就《公报》自创刊起至2008年以来的知识产权案例展开过细致研究，本书拟采最高人民法院发布的历次知识产权指导性案例为样本，展开统计比较（见表6-3）。[①]

表6-3　最高人民法院知识产权指导性案例分类表（2012—2017年）

案例名称	裁判要旨	类型
深圳斯瑞曼精细化工公司诉深圳坑梓自来水公司、深圳康泰蓝水处理设备公司侵害发明专利权纠纷案（20号）	发明专利权的临时保护延及产品的后续使用和销售行为	B
天津青年旅行社诉天津国青旅行社擅自使用他人企业名称纠纷案（29号）	商号简称用作企业名称的合法性判断（创设）	D
兰建军、杭州小拇指汽车维修公司诉天津市小拇指汽车维修公司等侵害商标权及不正当竞争纠纷案（30号）	制止不正当竞争行为与制止商标侵权不相冲突	B

[①]　有学者将《公报》上案例分为新类型案件、有重大影响的案件、正确适用法律的案件，疑难案件和创设司法规则的案件五类。参见袁秀挺：《我国案例指导制度的实践运作及其评析》，《法商研究》2009年第2期。

续表

案例名称	裁判要旨	类型
北京百度网讯科技公司诉青岛奥商网络技术公司等不正当竞争纠纷案（45 号）	强行弹窗行为属于不正当竞争（创设）	A、E
山东鲁锦实业公司诉鄄城县鲁锦工艺品公司、济宁礼之邦家纺公司侵害商标权及不正当竞争纠纷案（46 号）	具有地域性特点的商品通用名称的认定标准	D
意大利费列罗公司诉蒙特莎（张家港）食品公司、天津开发区正元行销公司不正当竞争纠纷案（47 号）	知名商品和知名商品特有包装装潢的认定	D
北京精雕科技公司诉上海奈凯电子科技公司侵害计算机软件著作权纠纷案（48 号）	为限制竞争而实施的技术措施不能免责（创设）	B
石鸿林诉泰州华仁电子资讯公司侵害计算机软件著作权纠纷案（49 号）	证据难以获得情况下软件实质性相同的认定（创设）	E
柏万清诉成都难寻物品营销服务中心等侵害实用新型专利权纠纷案（55 号）	权利要求书明显瑕疵以致专利保护范围不清晰的处理	B
成都同德福合川桃片公司诉重庆市合川区同德福桃片公司、余晓华侵害商标权及不正当竞争纠纷案（58 号）	老字号与注册商标权利冲突情形下的不正当竞争行为的认定	B
北京奇虎科技公司诉腾讯科技（深圳）公司及深圳市腾讯计算机系统公司滥用市场支配地位纠纷案（78 号）	互联网领域相关市场的界定及滥用市场支配地位测算（创设）	A、D
吴小秦诉陕西广电网络传媒（集团）公司捆绑交易纠纷案（79 号）	市场支配地位与搭售行为的认定	D
洪福远、邓春香诉贵州五福坊食品公司、贵州今彩民族文化研发公司著作权侵权纠纷案（80 号）	民间文学艺术衍生作品著作权的判断	E
张晓燕诉雷献和、赵琪、山东爱书人音像图书公司著作权侵权纠纷案（81 号）	影视作品实质相似的判断	C
王碎永诉深圳歌力思服饰公司、杭州银泰世纪百货公司侵害商标权纠纷案（82 号）	恶意取得商标权并以此主张他人侵权属权利滥用（创设）	D
威海嘉易烤生活家电公司诉永康市金仕德工贸公司、浙江天猫网络公司侵害发明专利权纠纷案（83 号）	网络服务商通知删除措施及其实施	A
礼来公司诉常州华生制药公司侵害发明专利权纠纷案（84 号）	药品制备方法实际生产工艺的确定及专家辅助人的技术查明	B、E

案例名称	裁判要旨	类型
高仪公司诉浙江健龙卫浴公司侵害外观设计专利权纠纷案（85 号）	外观设计产品功能性特征与装饰性特征并存的认定（创设）	B
天津天隆种业科技公司与江苏徐农种业科技公司侵害植物新品种权纠纷案（86 号）	父本与母本植物新品种相互授权	D
郭明升、郭明锋、孙淑标假冒注册商标案（87号）	假冒注册商标罪非法经营数额的认定	E

　　在表 6-3 中，A 代表社会广泛关注的案件，B 代表法律规定比较原则的案件，C 代表具有典型性的案件，D 代表疑难复杂或者新类型的案件，E 代表其他具有指导作用的案件。① 同一案件可归类于两种类型的，则按案件事实及法律问题所显示出的更强倾向排列。考虑到上述分类标准本身并不周延，一个案件可能同时划入两个或两个以上的类别。鉴于统计的便利，只核算其排位靠前的分类。案件名称后括号中的数字表明该指导性案例的案号。

　　需要指出的是，最高人民法院有关指导性案例所列举的条件并不存在非此即彼的截然鸿沟。易言之，一件广受社会关注的案件可能是具有典型性的案件，也可能是疑难复杂案件。这是因为社会广泛关注的标准侧重于社会效果，而典型性案件侧重于案件所涉及的法律问题，疑难复杂案件有可能既基于事实复杂，又源于法律适用的复杂局面，而其他具有指导作用的案件更像一个兜底条件，功能指向较为模糊。因此，在分析中，本书尽量按照指导性案例裁判要旨中所涉及的法律问题进行分

---

① 试图通过一次分类展示知识产权指导性案例的全貌是极为困难的。本书采取了最高人民法院的案件分类方法。同时，又期望刻画出知识产权指导性案例的本质特征，故借鉴袁秀挺的观点，在该分类表中，引入了一个"是否创设司法规则"的指标，这一指标用文字描述，如表 6-3 所示。凡是在案件裁判要旨内注有"创设"字样的案件，其审判法官的裁判文书创设了司法规则。反之，则仅是对现有规则的细化。

类，兼顾案件的社会影响和案例类型。

1. 社会广泛关注的案件以社会影响力为首要条件

此类案件不以法律适用为亮点，对社会广泛关注事件的处理，解释着重考虑的是案件的社会效果而非法律效果，案件当事人的知名度是一个重要参照标准。如最高人民法院第 78 号指导性案例"北京奇虎科技公司诉腾讯科技（深圳）公司及深圳市腾讯计算机系统公司滥用市场支配地位纠纷"一案中，虽然案件裁判并未支持原告提出的 1.5 亿元赔偿额的诉讼请求。但该案以其影响面广，双方"互掐"不断导致案件逐步升级，波及到了腾讯公司及奇虎公司的庞大用户群，因而成为 2010 年年底最受关注的案件。在案件审判过程中，广东省高级人民法院一审驳回了北京奇虎科技有限公司的诉讼请求，奇虎科技有限公司不服，提出上诉。最高人民法院二审时判决驳回原告上诉、维持了原判。

2. 法律规定比较原则的案件常常出现创设司法规则的现象

这些案件主要考虑法律适用问题。知识产权法充满了大量抽象的语言和待解释的条文，往往需通过正确适用法律原则而寻求个案的解决，或是在对现有规则加以阐释的基础上而适用之，因而可从这类案件出发总结裁判方法或提炼新的规则，以指导其后的实践。在很多场合，这种"规则"常被以后修订的法律所吸收。如指导性案例第 20 号、30 号、45 号、55 号、58 号等案件的审判法官，都在原有法律之外依据法律原则创设了一些新的"规则"，客观上发展了知识产权法。

3. 典型性案件不在于案件适用法律存在疑难

何谓"典型性案件"，最高人民法院并未给出界定。第 48 号案例和第 81 号案例貌似可归类于此。两类案件之所以典型，盖因其所涉及的法律问题在相关领域较为常见，所涉及的法律问题亦不复杂，法院趋向于借助案例的发布确立该领域的法律规则。第 81 号案例涉及由历史题材改编而成作品的著作权侵权判断。该案中，法官再次重申了思想和表达的分界线，明确了法院保护作者具有独创性表达，对创意、素材、公有领域信息、创作形式、必要场景，以及具有唯一性或有限性的表达形式不予保护的立场。此外，法官还采纳了"接触＋实质性相似"规则判定被告作品并未构成侵权。借助指导性案例的形式，将学理中的"接触＋实质性相似"规则作为判案的法律规则。

4. 疑难复杂和新类型案件关注新问题

疑难案件反映为在事实认定或法律适用方面有较大争议的案件，但这一标准如不细化也难以把握，在此，拟将一审、二审有不同意见，二审对一审做出改判（仅对赔偿数额及因客观原因做出的改判除外）的案件均归为此类。如吴小秦诉陕西广电网络传媒（集团）公司捆绑交易纠纷案（79 号）就有较为典型的体现。审理该案时，我国《反垄断法》施行时间不长，法官对于法条的理解尚待深入。该案中原告所主张的经营者市场支配地位和搭售行为的认定，需要综合多方知识和证据予以确认，法官在适用该法时出现了疑难。同样，在《反垄断法》中，搭售行为是经营者滥用市场支配地位的一个表现。而何谓搭售，我国法律对此并无列举性规定，需要法官创造性地适用法律，创制新的规则。一审判决做出后，被告不服上诉，二审法院判决撤销一审判决，一审原告不服，向最高人民法院提出再审申请。

新类型案件强调的是"新"，或属前所未有，或表现为对法律新规定的及时反应。不过，有一个共同点是，疑难案件和新类型案件在审判中的特点表现为对新规则的创设。如第 86 号指导性案例所涉及的父本与母本植物新品种的权利人相互授权许可的案例可谓新案件。

其他具有指导性作用的案件可谓兜底条件。

这一分类在实践中事实上起到了"兜底"的作用，即凡有不便归入其他类别的案例，均可在本类别中找到位置。如第 80 号指导性案例涉及的法律问题并不复杂，关键在于法律适用方面具有标杆意义。案件判决中提及的民间文学艺术衍生作品的独创性表达应予保护的观点，属于著作权法的基本常识。

不可否认，上述分类本身参照《规定》列明的类别，但个人归类不一定周全。对个案而言，出现了一个案件同时符合不同分类标准，或者难以归入任一类别的情况。本书只能是尽可能地把每个案例归入最合适的那种类型之中。其原因在于，本书关注的目标是最高人民法院历次发布的指导性案例之实际状况，以及其反映出来的价值取向。至于案例分类的不同称谓则是次要的。基于此，结合知识产权案例的总量，从总体上作一个量化分析是可行的。

通过对表6-3的分析，可以看出知识产权指导性案例分布的几个特点：

一是法律规定比较原则的案件及疑难复杂和新类型案件占比相对较高（占总案件数的55%）[1]。反映出知识产权案件的一个显著特点，即知识产权领域法律适用的情况要较一般民事、行政或刑事案件更为复杂。

二是其他具有指导意义的案件也占有一定的比重，社会广泛关注和典型性的案例相对较少。其他指导性案件较多的原因是多方面的。一方面某些新近执行的制度（如技术调查官）需要推行而将其列入备选之中；

---

[1] 经统计分析，最高人民法院 20 件指导性案例中，社会广泛关注的案件约占 3 件，法律规定比较原则的案件约占 5 件，具有典型性的案件约占 2 件，疑难复杂及新类型案件占 6 件，其他有指导意义的案件占 4 件。排除案例分类的问题，这一比例可能更高。如有些案例可同时归类于两类案件，但只能按照排序靠前的分类进行统计。

另一方面或因其需要指导下级法院审判（如软件著作权侵权证据难以获得情况下的处理），而作为遴选的对象。

三是社会广泛关注的案件和典型性案件数量相对较少。这说明最高人民法院知识产权指导性案例并未过于强调案件的社会影响和社会效果，反而趋向于解决疑难案件及法律适用问题，体现了指导性案例统一法律适用标准的功能价值。

四是从公布的裁判要旨看，创设知识产权司法规则的情形在五类案件中均不鲜见，尤以疑难案件和法律规定比较原则的案件为甚（大约占比35%）。究其原因，在于知识产权案件面临着法律漏洞和空白，需要通过创造性适用法律原则或在对现有规则加以阐释的基础上适用成文法，并总结裁判方法或提炼新的规则。① 在很多场合，这种"规则"常被以后修订的法律所吸收。②

考虑到知识产权指导性案例是经过最高人民法院精心筛选过的案件，浓缩着诸多优秀法官的审判方法和智慧，我们无疑相信其是正确且具有指导意义的。那么，为什么知识产权指导性案例的创制过程中，会出现如此频繁的创设司法规则的现象呢？

一个直接的原因是，知识产权指导性案例不可避免地存在法律续造的困惑和法律的局限性。知识产权法律的局限性体现为法律存在空白和漏洞，导致无法可依或严格依照法律规范却出现合法而不合理情形的出

---

① 王利明认为，指导性案例的作用不限于填补漏洞，还在于包括各种事实认定和法律适用的典型案件的指导。王利明：《我国案例指导制度若干问题研究》，《法学》2012 年第 1 期。

② 关于指导性案例的实证研究，较为典型的有，梁志文：《法院发展知识产权法：判例、法律方法和正当性》，《法学论坛》2011 年第 3 期；袁秀挺：《我国案例指导制度的实践运作及其评析》，《法商研究》2009 年第 2 期。梁秀挺指出了知识产权指导性案例创设司法规则现象的普遍性，指出《公报》案例中创设知识产权司法规则的案件大约占比 19.1%，统计分析样本截至 2008 年年底。

现。而与此相映成趣的是，法官却不能因为知识产权法存在空白或漏洞而拒绝裁判。由此，根据法律目的进行创设活动就成为法官审案时破解法律适用难题的自然选择。

这种新创设的知识产权司法规则或许在审理案件之初并不具有普适性，只是法官对于个案的利益衡量和价值评价，但如被遴选为指导性案例，则可以对各级法院审理此类案件提供参考，在一定程度上达到了"法律续造"的目的。但要注意，新的规则的创立并不是随心所欲的，需要借助相应的法律原则、类推适用、风俗习惯、社情民意等进行设立。

三、创制知识产权指导性案例的法律续造

法律续造并不单纯等同于法官造法，亦不同于法律解释。法律解释来源于法律的不圆满，任何法律在实际运用中都面临被解释的问题。而法律续造则存在于更为宽泛的法律解释之中。其实质是一种与法律解释相并列的法律适用方法。①

在司法实践中，法官们通过自己的行动填补着法律的漏洞，用于作为解决规范竞合问题的工具。同时，法官还透过法律解释和续造活动，努力缝合现有法律与不断变化着的社会生活之间日益扩大的缝隙，直至新的法律秩序构建完成。这一现象在大陆法系国家和英美法系国家同样存在。在知识产权法律的适用过程中更为明显。

创设知识产权司法规则的行为无疑是一定程度上的"法律续造"。

---

① 一般认为，法律解释的对象是表达法律规范的文字。而法律续造的对象已经不仅仅是文字本身，而是法律规范的漏洞和法秩序的意义整体，因而是超越了文字意义范围而对法律和法秩序所进行的全新理解与表达。参见丁戊：《法律解释体系问题研究》，《法学》2004 年第 2 期。

从这个层面上看，指导性案例与其说是因为裁判文书规范、判决已发生效力而被"自然而然"遴选出来的，毋宁说是法官通过大胆创设司法规则以解决法律适用疑难而被"创制"出来的。在将这些案件上升为指导性案例的过程中，法官所付出的创造性劳动必须被认可。换言之，当一个案例被遴选为知识产权指导性案例时，其本身就表明该案的审判达到了很高的水准，可以为全国地方法院作为先例援引，审理该案例的法官无疑应当为此感到自豪。

必须明确的是，虽然法律续造在某种程度上扩充了立法权的内涵，但续造的目的绝对不是为了另行立法或为知识产权法添砖加瓦，而是为了"润滑法律和案件事实"，平衡现存法律的稳定与公正，在个案中尽量追求正义。任何超越法律或者偏离法律的法律解释均应视为超前立法，是不应当被允许的。

四、知识产权指导案例法律续造的限制

接受法律续造的正当性有助于激发知识产权法官在司法活动中的积极性和创造性，但对法律续造的过度扩大却会带来对实在法的轻视与否认。个案裁判中的法律续造会创制出一些新的法律规则，它在消除既有法律的漏洞、僵硬性缺陷的同时，也改变着现有秩序。这种改变可能会损害社会对法律的既定预期，甚至有僭越立法权的潜在可能。这也是知识产权法官续造规则时备受知识产权法定主义质疑的核心所在。不容忽视的是，无论一个知识产权法官如何秉公断案，事实上他的续造行为都会或多或少地受到一些因素的影响，也必须予以限制。

1. 司法理念的限制

司法理念是影响法官在司法过程中创造性程度的首要问题。法官对

法律续造活动所持的态度可分为司法能动和司法克制两种。① 根据能动理论，允许法官面对个案时"结合生活实际，从立法目的入手"，创造性地解释和运用法律。这种创制规则或者创造性的解释法律，在某种含义上使法官变相获得了本应受到严格限制的立法权，容易引发人们对法律稳定公正性和民主制度的担忧。②

与司法能动理念相对应的是司法克制，克制理论要求法官在司法过程中严谨地执行法律的意志，在进行价值评价中，法官应当尽可能不渗入法官的个人信仰和倾向，以实现知识产权法的价值。

司法能动和司法克制体现出法律适用主体对自我行使权限尺度的把握，对二者予以绝对区分是极为困难的。③ 两者的最大区别在于法官在审判过程中自由裁量权的大小。

坚持司法能动主义的观点强调法官负有"实现公平正义"的使命，从而弱化甚至轻视对司法权的限制。表现在法律适用的过程中，秉持司法能动理念的法官更容易将自己看作是"社会的工程师"而不是单纯的法律适用者。而那些旨在"建造社会工程"的判决有时候表现出对立法和行政权力的侵犯。倡导司法克制的观点则倾向于强调民主国家对司法权应进行必要的限制，并通过各种方式对法官发挥自由裁量权设置限定条件。

在长期的司法实践中，法官究竟秉持司法能动抑或司法克制不是一成不变的，不过，有一点是客观存在的，即我国法官的办案理念受到所处环境、司法政策及领导人讲话等因素的影响。在1985—2000年长达15年的司法审判中，鲜有司法能动和司法克制理念的讨论，遑论法官

---

① 参见张榕：《司法能动性何以实现？——以最高人民法院司法解释为分析基础》，《法律科学》2007年第5期。

② 参见[美]克里斯托弗·沃尔夫：《司法能动主义——自由的保障还是安全的威胁？》（修订版），黄金荣译，中国政法大学出版社2004年版，第217页。

③ 有学者认为，司法能动与司法克制绝不是一个"性质不同"的问题，而是一个"程度不同"的问题。

将其渗入案件审判。①

　　以最高人民法院公布的指导性案例为基础展开实证研究，可以发现我国司法界对于司法理念的把握呈现相对谨慎和尺度不一的状态。《公报》自 1987 年第 4 期发布首例知识产权指导性案例至 2010 年 2 月止，知识产权指导性案例一共 122 件。据学者统计，《公报》所载的指导性案例中创制司法规则的案件占比约 19%，而正确适用法律的案件占比约 30%。② 由此可知，总体来看，司法界对于法官创制新的规则仍持谨慎态度。从年份上看，法官创制新规则进而直接用于司法裁判的案件自 1995 年出现第 1 起案件（何某诉吴县经济技术开发研究所使用新型专利侵权纠纷案）后，到 2001—2006 年间出现飞速上升的趋势，至 2012 年达到顶峰，之后步入了相对平稳期。2012 年后，随着最高人民法院指导性案例的公布，创制司法规则的案件不时出现，所占比例亦上升至约 30%。可见，在知识产权指导性案例的产生过程中，创制知识产权司法规则的现象较《公报》公布的案件更为频繁。这或许是知识产权指导性案例展示出来的另一个特征。换言之，在知识产权司法审判领域，知识产权指导性案例中创设司法规则的情形渐渐成为司法审判的"新常态"。这一表现与最高人民法院期望指导案例发挥规则指引作用的初衷相吻合。

2. 主体的限制

　　知识产权指导性案例是弥补司法解释的不足并配合司法解释发挥作用的重要措施。指导性案例允许法官开展续造的目标在于促使法律规范，保持其灵活性，以适应变动不居的社会生活，实现个案的公平正

---

① 参见信春鹰：《中国是否需要司法能动主义》，《人民法院报》2002 年 10 月 18 日。

② 参见袁秀挺：《我国案例指导制度的实践运作及其评析》，《法商研究》2009 年第 2 期。

义。由此，法律续造必须结合个案进行。一个随之而来的问题是，既然法律续造能够有效的缩小合法裁判和个案正义之间的偏离，那么应当由谁来实施这项续造活动？

以指导性案例的形成路径为分析脉络，我们或可探寻些许制度性因素。

在我国法院，指导性案例的形成需要经过创制和审查发布两个阶段。这两个阶段的主体权限是不相同的。

就创制而言，法官是首选的法律续造主体。我国法官隶属于各级法院，在成文法语境下，各级法院法官并不当然地享有法律创制的权限。在指导性案例的推行过程中，法官实际上获得了续造法律的机缘。《规定》仅规定了最高人民法院确定和发布指导性案例的职能，并未规定指导性案例的创制主体。从语义上理解，各级审判组织（包括基层法院法官）均有创制指导性案例的可能。

在指导性案例的创制主体问题上，学界存在有限创制主体和无限创制主体两种观点。

持有限创制主体论的观点认为，只有最高人民法院和地方高级人民法院才有权创制指导性案例，而中级人民法院和基层人民法院不宜行使此项权力。[①] 无限创制主体论者则认为，案例的创制权应当平等地授予各级法院，而不能简单地以审级的不同而给法院不同的待遇。

笔者更倾向于后一种观点，从理论上看，我国各级法院都担负着审判任务，尤其是基层法院审理的案件处于绝对多数，所做判决贴近案源发生地和生活事实。理论上，只要案件的审判质量达到指导性案例的要求，基层法官同样可以创制指导性案例。

---

① 参见魏大海：《案例指导制度建构中的几个需要厘清的问题——以知识产权审判为说明模式》，《科技与法律》2010 年第 2 期。

实践中，从最高人民法院公布的历次指导性案例可知，虽有部分案例源自最高人民法院，中级人民法院作为创制主体的情况比较常见，倒是基层人民法院创制指导性案例的情况较为罕见。知识产权指导性案例的来源相对比较集中，绝大多数指导性案例来自地方中级人民法院。这与知识产权案件的级别管辖多为中级人民法院的现实情况相一致。① 从另一方面看，最高人民法院的主要职能是针对全国各级人民法院审判工作的监督和指导，其自身办理的案件数量较少，要求所有的指导性案例均来源于最高人民法院不大现实。

还有学者认为，自 2014 年 8 月 31 日全国人大常委会做出《关于在北京、上海、广州设立知识产权法院的决定》后，知识产权领域的司法改革可谓轰轰烈烈。三地知识产权法院相继成立，各地方人民法院亦开启了知识产权审判机构的改革。从这个角度上看，三地知识产权法院应当在贡献知识产权指导性案例方面有所作为。那么，实践果真如此吗？

笔者对最高人民法院发布的历次知识产权指导性案例进行了统计分析，如表 6-4 所示。② 实际统计结果与学者的认知有一定的出入。

表 6-4　最高人民法院知识产权指导性案例创制主体统计表（2013—2017 年）

发布时间	案号	发布批次	侵害权利	生效裁判组织	备注
2013.11.8	20	第 5 批	发明专利权	广东省高院	最高院提审
2014.6.26	29	第 7 批	不正当竞争	天津市高院	

---

① 最高人民法院于 2010 年 1 月 28 日发出了《关于调整地方各级人民法院管辖第一审知识产权民事案件标准的通知》，调整了知识产权民事案件的级别管辖标准。根据该通知，结合之前的司法解释精神，专利纠纷、商标民事纠纷、著作权民事纠纷、反不正当竞争民事案件一般由中级人民法院管辖。

② 自 2012 年 1 月 10 日发布第 1 批指导性案例到 2017 年 3 月 6 日为止，最高人民法院总共发布了 87 个指导性案例。其中，涉及知识产权方面的指导性案例达 20 个，其中涉及专利、商标、著作权和不正当竞争。表 6-4 系根据最高人民法院历次公布的指导性案例整理而来，指导性案例数据截止日期为 2017 年 3 月 6 日（第 16 批）。

续表

发布时间	案号	发布批次	侵害权利	生效裁判组织	备注
2014.6.26	30	第 7 批	商标、不正当竞争	天津市高院	
2015.4.15	45	第 10 批	不正当竞争	山东省高院	
2015.4.15	46	第 10 批	商标、不正当竞争	山东省高院	
2015.4.15	47	第 10 批	不正当竞争	最高法院	
2015.4.15	48	第 10 批	计算机软件著作权	上海市高院	
2015.4.15	49	第 10 批	计算机软件著作权	江苏省高院	
2015.11.19	55	第 11 批	实用新型专利权	四川省高院	最高院提审
2016.5.20	58	第 12 批	商标、不正当竞争	重庆市高院	
2017.3.6	78	第 16 批	不正当竞争	最高法院	
2017.3.6	79	第 16 批	不正当竞争	陕西省高院	
2017.3.6	80	第 16 批	著作权侵权	贵阳市中院	
2017.3.6	81	第 16 批	著作权侵权	山东省高院	最高院提审
2017.3.6	82	第 16 批	商标权	浙江省高院	最高院提审
2017.3.6	83	第 16 批	发明专利权	浙江省高院	
2017.3.6	84	第 16 批	发明专利权	最高法院	
2017.3.6	85	第 16 批	外观设计专利权	浙江省高院	最高院提审
2017.3.6	86	第 16 批	植物新品种权	江苏省高院	
2017.3.6	87	第 16 批	假冒注册商标罪	宿迁市中院	
小计	最高法院审案 3 件（不含提审），地方高院审案 15 件，地方中院审案 2 件				

表 6-4 显示了四个方面的特征：

其一，在 20 件知识产权指导性案例中，没有一例来源于北京、上海、广州三地知识产权法院。三地知识产权法院作为我国法院系统司法审判改革的样板，获得了社会各界的普遍关注，连年来的政府工作报告亦宣告其"运行效果良好，达到了设立三地法院的预期"。但是，现实情况是，没有一例知识产权指导性案例来自三地知识产权法院，这对于施行近 3 年的三地知识产权法院，不得不说是一件并不美好的记录。

其二，最高法院的案例遴选工作并非以当年各地法院做出的判决为选择范围，案件判决生效时间与案例遴选公布时间之间不存在直接的关联关系，这不由得令人对案例遴选的机制产生合理怀疑。如上述第48号指导性案例，其生效时间为2006年12月31日，距离公布时间相差近9年。观察其他案例，也可以发现这一现象。回溯到10年前进行案件甄选，这一做法是否妥当及时，尚有待研究。

其三，知识产权指导性案例的产出地与当地经济发展水平之间的关联关系不甚明显。5年内贡献2份指导性案例的审判组织有最高法院、天津市高院、山东省高院、江苏省高院和浙江省高院。与此同时，经济发达较落后地区的法院也有贡献（如贵阳市中院）。

其四，大多数指导性案例的生效判决由高级法院作出，少量案件的生效判决由中级法院做出，无一指导性案例的生效判决来自基层法院。

从上可知，地方中级及其高级法院是知识产权指导性案例的主要创制主体，地方基层法院在指导性案件的创制中几乎没有贡献。究其原因有二，首先，我国采取两审终审制，知识产权案件一审判决后服判息讼的情况较为鲜见，多数案件需要经过二审程序方可定案。其次，知识产权案件的级别管辖一般为中级法院。理论上少数案件可由上级法院指定给基层法院管辖，但实践中极少出现。

3. 领域限制

知识产权制度具有独特的内在体系，表现为知识产权法律关系并不是单纯的一种社会关系，它是多种社会关系的综合，法官在审理知识产权案件时需要同时适用一种甚至多种法律规范。同时，知识产权法律规范的价值取向各有差异，需要法官在审理不同性质的案件时区别对待。

民事法律规范以调整平等主体的人身关系和财产关系为己任，其强调"私法自治"，维护交易公平和诚实守信的市场秩序。这一氛围决定了民法注重当事人的自由意志，以保障当事人的合法民事交易为价值追求。体现在知识产权民事案件的审判中，就是法官在审理案件过程中可以也应当更加注重实质公平正义以维护民法的立法宗旨。如 2010 年 10 月，柯林龙安公司诉龙安公司商标（84 消毒液）许可适用合同纠纷案在北京二中院作出终审判决。① 案件中双方约定涉案商标的广告宣传费用由双方共同承担，但双方当事人均未就涉案商标的产品的广告宣传费用的具体情况提交充分证据，并对广告费用是否包括商品促销、海报等费用存在较大异议。在此情形下，法官根据双方约定的广告宣传费用的分担比例及公平原则推翻一审判决，判决龙安公司向柯林龙安公司支付 212 万元广告宣传费用以维护商标使用者对经营商标的权益。

在知识产权行政案件和刑事案件中，情况恰恰相反。与民事法律调整平等主体的财产人身关系不同，行政法律关系和刑事案件中双方的诉讼地位存在实质上的不平等，不当的适用法律理念有可能影响当事人民主权利的保障甚至侵蚀处于弱势地位当事人的合法权益，因而在涉及知识产权行政法律关系和刑事法律关系的审判中，应更注重司法公信力的塑造。

表 6-4 的数据也可以清晰地支持上述观点。在最高人民法院发布的 20 件 16 批知识产权典型案例中，民事纠纷占指导性案例的绝大多数（95%），刑事案件仅有一例。而这仅有的一例，法官并未创制新的规制，仅仅对案件所涉的侵权赔偿数额的确定展开了详细的说理。② 由此可见，最高人民法院在遴选知识产权指导性案例时，对于民事法律规范的创造性适用秉持较为宽松的态度，对刑事法律规范的续造采取相对谨慎的态度。从另一个层面看，无异于指导和宣示各级法院应在刑事法律规范的续造活动中采取克制主义，以维持激励知识产权创造者创新激情和社会公众接触及分享知识产权产品之间的利益平衡。

---

① 参见奚晓明主编：《中国知识产权指导案例评注》，中国法制出版社 2011 年版，第 76 页。

② 参见最高人民法院指导性案例第 87 号：郭明升、郭明锋、孙淑标假冒注册商标案，最高人民法院审判委员会讨论通过于 2017 年 3 月 6 日发布。

　　我国的行政法律规范以"限制行政机关权力，促使其依法行政"为追求目标。行政机关的相对人往往是行政机关不当行政行为的受害人，本身处于劣势。需要警惕法官在法律适用中的不当僭越行为。而刑法出于保障人权的使命以及自身强大的强制性，受刑法"谦抑性"特征的影响，必然受到"法无规定不为罪"和"罪刑法定"原则的制约。因此，知识产权法官在适用行政或刑事法律规范时，能够被法官所适用的法律必须是最狭小范围内的法律，而不应任意夸大法官法律适用的范围，更加反对法官的恣意法律续造行为。这些与行政法和刑法如影随形的特性要求行政案件以及刑事案件的审判依据只能是案件被起诉前就确定存在的法律规则，其次才是法律原则。而不能根据法官的个人情感或者是社会舆论的倾向而有所易位。

　　而且，如果允许法官在行政案件和刑事案件中随意进行法律续造的话，容易引发人们对公权力专横和人民利益受损的担忧，甚至会导致审判机关乃至行政执法机关的不信任。

　　由此，从事知识产权刑事、行政审判的法官应当更严谨地服从刑事法律和行政法律的原则性规定，随意续造可能造成对人们私有权利的不当侵入和对法律的稳定性的挑战，应当被严厉禁止。而民事法律规范领域的法律续造行为，则更多地倾向于保障社会公众和权利人的自由，在维护知识产品创造者权益的基础上实现全体社会成员对先进知识的共享。

小　结

　　知识产权法是当今世界最变动不居的法律制度。一部高度概括且相对稳定的知识产权法确实可以实现法的稳定性功能，但充斥于内的描述性语言和大量兜底性条款无异于为法律适用编织了一张处处需要"注解"的大网。于此领域之内，既有法律续造之可能，亦有法律续造之必要。

在法律续造的适格主体方面，当今我国多元多级的司法解释主体已经成为事实上的法律续造主体，法律续造主体的宽泛性现象应当受到遏制和纯化。在司法理念的选择方面，不加区分地推行司法能动之理念不具有合理性。这既是法律续造的现实要求，也是各部门法的独特规范价值之所需。

在业已形成的多元多级法律续造主体难以短期内实现纯化的当前形势下，通过不断完善法官在知识产权案件中运用法律续造进行审判的技巧，同时辅之以最高人民法院指导性案例的规制和指引，统一法律评价，不失为弥补知识产权制定法不足的一个可行方案。

第三编 制度建构

在知识经济全球化的背景下，能否提供健全的知识产权保护制度激励创新，体现了国家创新能力和科技竞争实力的强弱。可否为权利人提供高效而专业的知识产权保护机制，不仅涉及到司法资源的整合与分配问题，更是对我国知识产权司法审判公信力的保护和促进。

在历经传统"三审分立"和"三审合一"的创新时期后，知识产权的司法审判机制仍旧存在不容忽视的问题。易言之，在当今中国，全国上下如火如荼的知识产权审判组织改革，尚未解决我国部分司法案件的审判结果仍欠缺公信力的根本问题。业已构筑成型的知识产权司法审判体制大厦，尚有亟待修补和向精细化推进的现实需要。构建符合中国特色的知识产权专门审判法院不仅需要顺应知识产权司法保护的国际化趋势和专业化要求，而且应当能够最大限度地体现简化、完善诉讼程序的最终选择。从这一角度出发，知识产权法院的建立只是个开始，后续的任务仍将十分艰巨。

从微观层面看，正当的救济程序以及设计精密的制衡机制有助于在知识产权案件审判中发挥正面效应。从宏观层面看，合理的诉讼体制与权责分明的案件处理模式是促进司法效率、确保公平正义的外在因素。我国未来知识产权案件审判机制的制度建构，需要分别从微观和宏观两个层面去考量。

第七章　司法辅助人制度冲突及其共容

知识产权法是维护创新之法，亦是促进创新之法，其与一国的科技发展水平息息相关。知识产权案件通常涉及技术问题和法律问题的双重难题，这给法官审理此类案件带来了不小的麻烦。如何解决知识产权案件中技术难题和法律难题的冲突，一直是困扰各国知识产权司法实践的一大难题。

第一节　专家证人制度及其完善

为了解决技术判断和法律判断的不确定性，基于不同的法律文化和法律传统，世界范围内产生了两种相互对立差异颇大的技术辅助人制度，即英美法系国家的专家证人制度和大陆法系的司法鉴定制度。

知识产权案件的复杂性主要体现在它对法律问题以及专业技术问题的高度融合上。法官在审理过程中难免会遇到很多只凭借自己知识水平仍难以解决专业问题。为了解决知识产权案件中专门性事实问题的判断，在英美法系跟大陆法系分别采用了专家证人制度和司法鉴定制度两类差距较大的制度。

在很长一段时期里，我国实行的是以司法鉴定为主的大陆法系模式。然而，最高人民法院 2009 年的一纸答复，似又默认了我国司法实践中已经存在并建立起了专家证人制度。① 此外，实践中还存在着专家陪审员、技术咨询专家、技术调查官等多角色的技术辅助人。② 这些人员共存于同一个知识产权诉讼之中。多种角色互相交织，并存的同时也存在着冲突，为我国的证据制度、诉讼规则及诉讼理论构成了新的挑战。基于此，笔者拟以知识产权诉讼为法律关系的基点，从理论上对知识产权诉讼中专家辅助人的角色定位和制度构建展开探讨，以期对相关研究有所裨益。

一、专家证人制度及我国的司法实践

专家证人制度，是指由一方当事人委托具有相应专业知识和实践经验的专家就某些专门性问题在法庭上运用专业知识发表其意见并做出合理性推断或结论的一项法律活动。由此可知，专家证人是具有专业知识并有一定的实践经验的人，他需要出庭对该专门性问题运用通俗的语言进行解析并接受询问。

专家证人制度原是英美法系国家证据法中特有的一种法律制度。一个国家的法律文化往往影响着国民的诉讼行为，又间接影响到专家证人作证的环境。这两种法律文化的相互交织，逐渐形成了专家证人制度。

在证据法领域，专家证人是英美法上的概念。《布莱克法律词典》对专家证人如此定义："专家证人"是指"因接受教育和训练或者具有专业技术和经历适格的证人，提供关于科学技术的或者其他特殊的关于

---

① 参见郭华：《鉴定人与专家证人制度的冲突及其解决——评最高院有关专家证人的相关答复》，《法学》2010 年第 5 期。

② 在最高人民法院公布的第 84 号指导案例"礼来公司诉常州华生制药有限公司侵害发明专利权纠纷案"中，对于被诉侵权药品制备工艺等复杂的技术事实，法院综合运用了技术调查官、专家辅助人、司法鉴定以及技术专家咨询等多种途径，对技术事实进行查明。

事实问题的证据，也称技术证人"。①

英国法在学理上对专家证人的定义是："作为普通法一项古老的规则，如果诉讼中有某一事项需要特殊知识与能力，那么通过在该方面（通过研究或实践）有所特长的证人获得有关证据，此类证人就被称为'专家证人'。"②英国证据法理论将专家证人就案件事实所提出的意见称为"专家意见证据"（expert opinion evidence），在证据分类上，属于言辞证据的一种，归类于一种特殊的意见证据。而美国证据法理论将此种证据称为"专家证据"（expert testimony）。③

《布莱克法律词典》对此的解释是："熟悉相关问题或者受过相关领域内的训练的人提供的关于科学技术的、专业的或者其他特殊问题的证据。"也有专家认为，受美国法影响，我国许多学者倾向于使用"专家证据"这一概念，但采用"专家意见"这一提法更为妥当。因为作为证据的并不是专家本身，而是专家证人就诉讼中某一具体事项出具的意见。

专家证人的产生源于英美法系国家的诉讼模式。与大陆法系不同，英美法系国家诉讼模式的核心是陪审团制和对抗制（当事人主义）。抗辩双方在法庭上激烈交锋，互述己方观点，交叉询问并出示证据，最终由陪审团裁决。

在英国，专家证人的萌芽可以追溯到陪审团的产生初期。当时的社会背景下，陪审团主要是由专家或者具有相关经验的人组成，他们依据自身的专业知识或者特殊检验对案件进行裁决，同时充当案件的专家证

---

① Jennifer.L.Mnookin, "Expert Evidence: An Abbreviated History", *NY Law Rev.*, 183（1997）. 转引自周湘雄：《英美专家证人制度研究》，中国检察出版社 2006 年版，第 19 页。

② 邵劼：《论专家证人制度的构建——以专家证人制度与鉴定制度的交叉共存为视角》，《法商研究》2011 年第 4 期。

③ 参见汪建成：《专家证人制度研究》，何家弘主编：《证据学论坛》第 15 卷，法律出版社 2010 年版，第 6 页。

人、法庭顾问、事实裁判者的角色。他们都是由法庭指定的。

随着法庭审判的发展，法官越发意识到获得专家帮助的重要性，更加注重专业知识在法庭审判中的运用。到 16 世纪，法官向专家咨询相关专业意见已经十分常见，但是此时的专家依然是"法庭的专家"或"法官的专家"，他们受雇于法庭。此时专家的意见对陪审团的约束是不确定的，这与现代意义的专家证人有着本质上的区别。

随着当事人权利自治的深入，改由当事人聘请专家证人。1851 年美国最高院在一个案件的审理中首次使用"Expert Witness"这一说法，标志着专家证人制度在立法层面已经确定下来。[①] 随后经过几百年的发展，逐渐形成现代的专家证人制度。

《美国联邦证据规则》第 702 条规定，如果科学、技术或其他专业知识将有助于案件事实审判者理解证据，或者确定争议事实，凭其知识、技能、经验、训练或教育够格为专家的证人，可用意见或其他方式作证。相对于大陆法系的鉴定人而言，英美法系国家将这种具有专门知识的实际起到鉴定作用的人看作广义证人。

从诉讼程序看，专家证人制度主要用于解决诉讼过程中产生的技术争议，弥补法官在专业知识上的缺陷，帮助查明审理案件过程中遇到的专门性问题，与当事人主义诉讼模式即对抗制相适应。在英美法系国家，专家证人出庭发表意见帮助法官及陪审员对涉及专业领域的证据资料进行解读，帮助法官及陪审员理解案件所设计的专门性问题。但是，专家证人不能对证据材料做出结论性的意见，否则被视为对裁判者裁判权的篡夺。除特殊情况外，专家证人一般由当事人自行聘请。

随着科技的发展，专家证人在诉讼中的地位越发重要。当事人为了赢

---

① 参见汪建成：《专家证人制度研究》，何家弘主编：《证据学论坛》第 15 卷，法律出版社 2010 年版，第 7 页。

得诉讼通常会花费重金来聘请专家证人，这导致了职业专家证人的产生。

职业专家证人的出现对于协助陪审团和法官的公正裁判具有积极的作用，一定程度上发挥了专家证人在查明技术事实方面的积极作用。但是，随着专家证人在诉讼中所起的关键作用不断加强，经过一段时间的发展，专家证人已经不再是站在中立的位置为陪审团和法官解析专门性问题的专业人员。在日益高昂的诉讼费用面前，专家证人逐渐表现出向委托人倾向的趋势。此外，专家证人制度可能造成的诉讼迟延、诉讼不经济以及可能造成的当事人财力竞赛等缺陷日益被人们所诟病，甚至有学者尖锐的指出："美国的专家证人就像律师手中的萨克斯管，律师想吹出什么调它就会照做。"①

二、知识产权诉讼中专家证人的引入与实践

目前，我国立法及司法解释中并没有专家证人的明确说法，更无有关专家证人选任、专家证人权利义务、专家证人出庭程序以及专家意见运用等具体内容的规定。现行民事诉讼法的相关规定，或可解释为专家证人。② 最高人民法院的司法解释也可以大致理解为此类含义。

在审判实践中，适用专家证人制度的法律依据主要是《最高人民法院关于民事诉讼证据的若干规定》第六十一条第一款的规定，即"当事人可以向人民法院申请由一至二名具有专门知识的人员出庭就案件的专门性问题进行说明"。在司法审判中，这个具有专门知识的人，不是以往的司法鉴定人，而是具有专业知识、对案件所涉技术事实进行说明的

---

① ［美］米尔健·R.达马斯卡：《漂移的证据法》，李学军等译，中国政法大学出版社2003年版，第106页。
② 《民事诉讼法》第七十九条规定："当事人可以申请人民法院通知有专门知识的人出庭，就鉴定人作出的鉴定意见或者专业问题提出意见。"

人，其证词供法官理解和参考。

根据我国现行司法解释的规定，就专家证人的费用承担，人民法院准许其申请的，有关费用由提出申请的当事人负担。审判人员和当事人可以对出庭的具有专门知识的人员进行询问。经人民法院准许，也可以由当事人各自申请的具有专门知识的人员就有关案件中的问题进行对质。具有专门知识的人员可以对鉴定人进行询问。①

2013 年 1 月 1 日生效的新修改的《民事诉讼法》将上述内容明确规定在第七十九条，即"当事人可以申请人民法院通知有专门知识的人出庭，就鉴定人作出的鉴定意见或者专业问题提出意见。"从严格意义上说，2013 年《民事诉讼法》及《最高人民法院关于民事诉讼证据的若干规定》创设的仅仅是专家辅助人制度，在性质上属于当事人的专家证人，并不是真正意义上的专家证人制度。但其毕竟为专家证人制度在我国民事诉讼中的运用及其未来发展提供了法律空间。此举也被认为是我国民事审判从职权主义模式向当事人主义模式的重大转变。在当下中国的诉讼环境中，引入专家证人制度并不适宜。②

知识产权案件富含技术疑难与法律疑难，给审判人员带来了不小的难题。要求知识产权法官熟知案件所涉及的各类技术疑难，既不科学，更不经济和现实。因此，产生了对具有专门性知识的人的客观需要。

对于知识产权案件中专家证人制度的设计，我国民事诉讼法上对此并无明确规定，各级法院在知识产权案件的审判事务中却已经展开大胆的尝试。就查明技术事实的相关制度而言，我国采用的鉴定人制度所暴

---

① 在该司法解释的起草说明及相关著作文献中，通常将"具有专门知识的人员"称之为诉讼辅助人。由于"具有专门知识的人员"主要是各类专家，故也被称为"专家辅助人"。

② 参见邓晓霞：《论我国不宜引入英美法系专家证人制度》，《中国司法鉴定》2010 年第 1 期。

露出的种种缺陷已经在理论界和实务界引起了极大的反响。

面对这一现象，部分学者转而倾向于论证专家证人制度的优越性，并主张适当地引入专家证人制度有利于弥补鉴定人制度中的不足。而且，2013 年刑事诉讼法已经尝试性地提出了司法鉴定人的出庭作证义务，可以看作是我国司法鉴定制度向专家证人制度的一个转型。

近年来，为了解决我国知识产权诉讼案件的技术问题，不少地方法院在聘请司法鉴定人的同时也开始了各种尝试。有些法院尝试在诉讼中引入专家证人，还有一些法院在诉讼中借鉴了技术咨询专家解决技术难题。例如：2009—2012 年间，在我国的上海、福建、湖南、天津等地方人民法院先后成立了知识产权审判咨询专家库。随后，最高人民法院在第 84 号知识产权指导性案例中开创性地使用了技术调查官。此举视为技术调查官已经正式介入案件，成为案件参与人的标志，共同参与案件事实的查明。自此之后，上海、南京、北京法院先后聘请了技术调查官，帮助法官解决知识产权案件中的专业疑难。

目前，在知识产权技术类案件审理中，法院对涉及专利、技术秘密、软件、植物新品种、技术合同等复杂技术事实的查明，主要依靠司法技术鉴定，其他则辅之以专家咨询，或者聘请技术专家担任人民陪审员直接参与案件审判。至于不同种类专家意见的采信效力则没有统一的做法。

不过，在司法实践中，司法技术鉴定的周期普遍较长，影响审判效率，且鉴定费用过高，导致当事人诉讼负担较重等问题频频出现，导致诉讼参与人缺乏启动司法鉴定的动机。而且，某些案件所涉技术问题可能并不高深，或者查明技术事实无需借助实验设备等技术手段，仅仅是因为审理法官不具备相关专业技术知识，无法直接做出技术事实判断，而不得不借助司法技术鉴定，就显得有些费时费力了。面对这一情形，法官会倾向于求助专家证人或技术咨询专家。

专家咨询是一类虽然存在却显得更为随意的做法。在某些建立了知识产权专家咨询库的省份，专家咨询逐步成为法院查明技术事实的常用方式。但是，随之出现的问题是，没有经过质证的专家咨询意见，是否具有证据效力？答案应该是否定的。只不过，在现有的知识产权案件审判中，专家咨询意见、未经质证的技术调查结论已经相当微妙地影响着案件的审判结果。① 而依据诉讼法的相关规则，专家咨询意见并不是诉讼证据的一种，即使能够归类于诉讼证据也应当经过当庭质证。假设法庭不要求技术专家出庭，抑或技术专家不愿意出庭。那么，专家意见因未经质证不能作为裁判依据，其作用也就仅限于支持法官就技术事实的认定形成裁判心证。

人民陪审员制度也是解决技术难题的一个方案。我国《民事诉讼法》规定了人民陪审员制度，各地法院一直在积极推行技术专家陪审员直接参与案件审判。但是，考虑到专家陪审员的技术背景与涉案技术领域重合的概率较低。而且，专家陪审员往往是兼职人员，其工作繁忙的程度可能远甚于一般人民陪审员，其实际参审案件的数量极少，故该项制度运行的实际效果远未达到预期。

上述现象显示出我国知识产权诉讼制度中多元辅助人共存的现状。可以预见，专家证人、司法鉴定人、技术咨询专家、技术法官等各种制度相互交织，势必在一个程序中相互冲突。如果不能妥善解决，势必会阻碍我国诉讼制度的健康发展。

客观而言，相较于一般的民事、刑事或行政案件，诉讼中遇到技术问题的现象在知识产权案件中更为突出。某些时候，知识产权诉讼的特殊性本质恰在于所涉及法律问题和事实问题的特殊性。为了弥补法官专

---

① 参见宋健：《专家证人制度在知识产权诉讼中的运用及其完善》，《知识产权》2013 年第 4 期。

业技术知识上的缺失，使得案件能够得到公正的审判，给予一定的制度设计实属必然。问题在于，如此多元的辅助人制度，如何实现在一套诉讼机制内的制度共容？

2008 年 6 月 5 日颁布施行的《国家知识产权战略纲要》第 46 条明确提出，要针对知识产权案件专业性强等特点，建立和完善司法鉴定、专家证人、技术调查等诉讼制度。基于以上原因，在我国已经建立实质意义上的专家证人的前提下，在知识产权审判领域，加强对专家证人制度的研究与探讨极其必要。

三、知识产权诉讼实践中专家证人制度的构建

有资料显示，在美国约有 60% 的案件使用专家证人制度。另有资料显示，加利福尼亚州高等法院在 20 世纪 80 年代末审理的案件中，有专家证人出庭的占 86%，平均每个案件中有 3.3 个专家证人。一些评论家认为，美国的司法程序已经变成由专家审理的程序。由此，在美国"面临的问题不是如何鼓励专家参加诉讼，而是如何有效控制专家参加诉讼，如何有效地分辨专家证言的真伪"。[①]

而我国民事诉讼继承大陆法系司法的传统，对技术类知识产权纠纷案件、医疗纠纷案件等主要采取司法鉴定方式查明事实。仅就知识产权诉讼而言，司法面临的问题不是"如何有效控制专家参加诉讼"，而是如何积极推动该制度实施，并通过一定案件数量的积累，总结经验，完善机制，促进有关专家证人制度立法和司法解释的发展，以满足日益增长的司法实践的需求。

在我国现行的诉讼模式下，结合我国的鉴定人制度与我国的法治的

---

① 　汪建成：《专家证人模式与司法鉴定模式之比较》，《证据科学》2010 年第 1 期。

现状，知识产权专门诉讼中的专家证人制度建构应当考量以下方面。

1. 知识产权诉讼中专家证人的身份确认

一般认为，专家证人区别于普通的案件证人。专家证人的实质在于解决与案件有关的技术难题，为法官的法律判断提出技术支持。通常情况下，专家证人与案件没有相关性且具有可替代性。这决定了专家证人的主体具有广泛性。换言之，只要他具备某领域内的知识或技能，法庭认为其对审判有帮助就有可能成为专家证人。

英国 1999 年《民事诉讼规则》第 35 章第 2 条规定，专家证人是指法院诉讼程序之目的指定提供或准备证据的专家。《美国联邦证据规则》第 702 条规定："如果科学、技术或其他专业知识将有助于案件事实审判者理解证据，或者确定争议事实，凭其知识、技能、经验、训练或教育够格为专家的证人，可以用意见或其他方式作证。"

（1）专家证人的选聘

鉴于我国的实际情况，本书认为，我国专家证人的资格条件不宜设置过高门槛，具体可以从以下几个方面设定：

①只需要具备某一领域的知识、技术或者经验的人，知识、技术或者经验的来源不受限制，不需要在该领域具备权威。

专家证人的作用主要是协助法官理解诉讼中的专门性技术问题，问题不在于该证人在这一领域是否比其他的专家更具备资格，而是该证人是否比其他的专家更具有从事实中做出推断的能力。当然，专家证人的权威性虽然不影响他的资格，但是会对其证言的证明力造成影响。为此，对专家证人资格条件的规定可以适当地放宽，以应对案件中纷繁复杂的各种专门性问题，保证更多的专家进入诉讼程序为法官和当事人所用。

②专家的知识、技术或者经验对法庭解决专门性问题有帮助。所谓

对法庭有帮助是对审理本案的法庭而言的。只要本案的法庭不具备与案件相关的专门性知识，该领域的专家即可成为本案的证人。

如前所述，我国现行的是鉴定人制度。所以，考虑到现行制度下鉴定人制度对于我国现行法治的可适用性，专家证人可以包括现有鉴定机构中的任职人员，他们都是在专业领域具有权威性的专家，是专家证人中不可忽视的强有力的主力人选。同时，考虑到一方面因为鉴定机构缺乏统一的标准，另一方面因为个体对技术和法律的主观认识的偏差，故专家证人只能是自然人，鉴定机构可以接受聘请后单独指定某具有专门知识的人承接案件，由其单独出具专家意见。司法实践中，一度出现的以集体身份共同出具专家意见的情形，其形成的专家意见对于案件的审判仅仅具有形式上的参考意义，其效力并未因为鉴定意见人数的多寡而得到强化。

（2）专家证人的权利

专家证人应当被赋予一定的权利，以保障其正确、合法履行作证的义务。各国法律都一致认为，专家证人应当享有最基本的权利。这些权利至少包括两项内容。

一是拒绝聘请的权利。专家证人可以根据自己的意愿选择是否接受聘请，为当事人作证。专家证人可以来自法庭的遴选，也可以由当事人聘请。实践中，一方当事人聘请的情况比较常见。就个人聘请而言，专家证人自然有权利选择是否接受聘任。但是，就法庭遴选的情况而言，专家证人在拒绝法庭的聘请时必须作出合理解析。

二是查阅案宗的权利。专家证人出具专家意见书时应该根据专业知识以及结合相关的法律原则，有时还要总结出技术争议的焦点。这就要求专家证人全面准确地理解案件所涉的法律事实和技术事实。由此，出于帮助专家证人更快、更好地得出结论性意见角度的考量，专家证人应该拥有查阅案宗的权利。

（3）专家证人的职责

一是专家证人对当事人的职责。当事人聘请的专家证人可以通过提供建议、出具专家意见书、出庭作证等方式来或是强化当事人的诉讼请求，或是反驳对方专家的观点，或是发表自己的意见，但是不能异化为当事人的代理人或辩护人，以免影响其客观公正的立场。

需要指出的是，强调专家证人应该保持客观公正的立场，客观作证与其维护当事人的利益之间并不冲突。这是因为，专家证人可能会基于当事人的聘请而具有一定的倾向性。但是，在杜绝伪证的法律义务前提下，专家证人本身具有依照客观事实作证的义务。一旦发现专家存在作假证的现象，就应当取消其证言，并对其给予消极性评价。为了避免这种情况的发生，专家证人通常会倾向于恪守诚实信用的原则，依法依规出具专家证言。当然，随之而来的一个问题是，采取何种程序或手段，采纳有效的克服假证或伪证，及时从专家出具的证言背后挖掘出专家出具假证和谎证的事实？对于这个问题的回答，尚无有效的结论。

二是专家证人对法庭的职责。遴选专家证人的宗旨是为了协助法官审判案件，所以专家证人应当履行一定的职责。专家证人对于法庭的职责应包括：

①提供建议或者结论性意见。这是专家证人对法庭的主要职责，专家可以针对案件的专门性问题提供建议或出具结论性意见并出庭作证的形式履行这一职责。并且，专家证人在做出结论性意见的同时必须向法庭提供其做出该意见所依据的科学判断，以便法官理解该专门性问题并形成他自己的独立判断。需要指出的是，在庭审时一方当事人出于自己利益的考虑往往会故意混淆或模糊对方当事人对某个问题的说明，为了避免法官对该问题的理解出现偏差，专家证人必须出庭作证并对该技术问题做出解释。

②通过调查分析生成附加信息。当双方当事人都没能和好的解决某

个专门性问题时，法庭聘请的专家证人就可以通过相应的调查分析为法庭解决这一难题提供帮助。

③帮助确定诉讼的焦点。针对双方当事人所做出的诉讼请求和抗辩理由找出案件的分歧点，从而确认进一步调查的方向或者是有针对性地提供一个或几个可供选择的建议。

（4）专家证人的诉讼地位

在专家证人制度的探索中，许多法院对专家证人的诉讼地位的认识仍存模糊。就我国的诉讼体制而言，专家证人毕竟是一个新生事物，有关专家证人的身份界定尚无有效的法律规范依据。从最简单的层面看，专家证人既区别于鉴定人，也不属于普通证人的范畴。因此，只有扩充现行法中证人概念的内涵与外延，明确专家证人的地位，才能有效运用专家证人制度，从而服务于司法审判。

①专家证人不属于鉴定人。鉴定人与专家证人虽然存在相似性，但仍然有着明显的区别：首先，因为鉴定结论的科学性与证明力是需要经过法庭的质证，但质证往往是难以否认其证明力；其次，专家的结论性意见还需要经过专家出庭作证加以解释说明，仅仅属于证据资料，其对于法官的影响力远远低于鉴定结论。

②专家证人不属于普通证人。诉讼中的证人是指与案件情况相关的人，他们所需要证明的往往是案件非专门性问题，利用他们的言词作为证据；而专家证人则是利用其自身的专业知识或者实践经验对案件的专门性问题做出合理的推断并做出解释。并且普通证人具有不可替代性，而专家证人具有可替代性。

③应当扩充现行法中证人概念的内涵与外延。这就需要明确规定进入诉讼程序除鉴定人之外的专家的证人地位，将其发表的意见纳入意见证据的范畴。我国现行立法所规定的证人属于普通证人，其作证时必须要真实的，不可使用猜测、推断或是评论性的语言。实践中，往往将聘

请的专家证人之地位进行模糊处理的一个重要的原因，是聘请专家证人不符合我国现行立法中关于证人的特征，不能将其纳入证人的范畴。即使将他们称之为证人，也不能发表结论性的意见。所以，应该扩充证人概念的内涵与外延，并明确规定当事人与法官所聘请的专家属于专家证人，而专家的结论性意见可以不受证人意见规则的限制，那么法官就可以合法地采用专家的结论性意见作为裁判的依据。

2. 专家证人程序的启动

专家证人制度出现的目的主要解决知识产权诉讼中的专业技术问题，故使用专家证人的前提是确定何为知识产权诉讼中的技术问题。

（1）知识产权案件中技术问题的确认

知识产权诉讼中涉及的技术问题主要有两个方面：一是纯技术问题，如被控侵权产品的物理构成、化学成分等；二是因技术所产生的法律意义问题，如被控侵权的作品是否属于著作权保护的范畴，是否超出保护期限等。这两个方面的技术问题相互联系，前者呼应后者，后者依赖于前者，但二者间仍有区分的意义。对于纯技术问题法官可以求助于专家；对于因技术所产生的法律意义问题，则更多地涉及价值判断问题，最终由法官做出独立判断。

此外，知识产权案件还存在疑难案件和新类型案件，这在最高人民法院设立案例指导的相关规定中已有说明。针对新技术、新疑难问题，法院在案件审判中选择专家证人介入庭审应该没有法律和程序上的障碍。

（2）专家证人程序的启动

①当事人有权聘请专家提供帮助，但其聘请专家的权利应受一定的限制。

构建专家证人制度既是扩充法庭获取专门性知识渠道的需要，也是当事人寻求专家帮助的需要。特别是在诉讼中时，遇到一方当事人提起不加解释的意见，而将解释的成本转嫁给另一方当事人的情形时，当事人更加需要自行聘请专家证人。并且通过当事人聘请专家证人对专门性问题进行解释说明、质疑推断，可以减轻法官依职权查明事实的负担，避免混淆当事人证明责任与法官查明责任的界限，有利于法官保持必要的独立性。

另外，专家证人的引入也适当缩短了诉讼的时间。对于当事人聘请专家的权利应受一定的限制主要表现有三：首先应该限制当事人聘请专家证人的时间，减少不必要的诉讼迟延；其次如果根据案情法官判断不需要聘请专家证人的，当事人就不得聘请专家证人，避免不必要的诉讼成本；最后经过法院的审核认为不具备专家证人资格的专家，该专家不具备在法庭上发言的权利。

②法官可以依职权聘请法庭专家证人，但是应当允许当事人参加选任专家证人的过程。

如果当事人没有聘请专家证人或聘请的专家证人对于诉讼中专门性问题难以解决，法庭应当依职权聘请专家证人。为了保证诉讼的公正性，也为了避免当事人对于法庭聘请的专家提出异议，应当赋予当事人参与聘请的权利。为了挑选适合的专家，法官可以向学术权威或者适合的专门学会寻求协助，选择具有该专业知识的专家作为候选人。对于挑选出来的候选人，法官应当赋予当事人充分的权利，尽可能地挑选出符合双方当事人意思的专家证人。

③除特殊的情形外，专家证人必须出庭以口头的方式作证。

根据证据规则一般原理，只有经过质证的证据方能为法官所采信。故专家证人应当负有出庭的义务，可以要求专家出庭作证。如果在庭前，双方当事人对于对方专家的结论性意见就能够达成一致的意见并被记录在案，那么专家证人就不需要出庭作证；如果存在专家不能出庭作证的特殊情形，如死亡、病重的，则可以仅提供专家的结论性意见作为书面证言。除去这些情形以外，专家证人理应出庭接受发表意见，接受质询。

3.专家证人相关诉讼规则

专家证人不是诉讼当事人，其权利义务受到一定的限制。在知识产权诉讼中适当引入专家证人制度既属可行又有实质意义。但是，专家证人所做的证言仍应受到证据规则的限制。

（1）专家证言的可采用性

专家证言不是对具体案件事实的描述，而是对案件所涉技术问题的解析。随着社会的发展，专家证人在诉讼中发挥越来越重要的作用，为了赢得诉讼，当事人会聘请一个或者几个专家证人为其作证。为了避免诉讼中出现诉讼迟延、诉讼成本不必要浪费的问题，法庭应当对是否需要聘请专家证人做出建议。由此，似乎可以赋予法官在确定是否引入专家证人的问题上享有的自由裁量权。如果假设法官认为某一案件不需要专家证人介入，那么控辩双方就专家证人的聘请请求将得不到支持。相应的，未经批准的专家证人就案件技术问题所做的专家意见就不具备可采性。

专家证人的结论性意见能够成为证据的一种，一个主要的原因在于，该结论性意见是与本案的案情相关。当然该结论性意见必须是专家证人依据专门领域的专业知识，对证据资料进行客观分析后所做出的推断性结论或者意见。假如专家意见与案件没有相关性，自然就不具备可采性。这需要庭审法官做出基本判断。

对于一个陌生领域的技术性问题，法官认为其具备可靠性必须满足以下条件：首先该专家证人必须是具有该领域的专业知识和实践经验的人并被法庭认可的；其次专家证人推导结论所依赖的规则、方法等，必须是其所属的特定领域内获得普遍认可的。只有可靠性的专家意见才会被法庭所采纳。

（2）专家证人出庭作证规则

在英美法系国家，专家证人必须出庭作证，接受双方律师的询问。专家证人出庭作证是由于对于诉讼的专门性问题双方当事人存在争议的焦点，通过专家证人在庭上接受双方的询问并作答，使得案件的专业技术问题更加清晰、明了，以便法官理解案件事实做出公正的判断。专家的结论性意见相对于鉴定意见不具有强大证明力，只有经过质证得出的专家证言才会被法官所采纳，所以专家证人出庭作证是必要的。

综上，现代化社会在一些新型案件尤其是在知识产权纠纷中，传统证据理论和制度使得法官查明案件事实出现困难，促使司法机关围绕着立法原则不断探索，寻求新的应对措施。

随着我国的专利权、商标权和著作权的保护力度不断加强，知识产权案件的数量不断地提升，诉讼中需要解决的专门性问题也是越来越多。即使法官具备相当的专业知识，也不可能对于所有的专有技术问题都清楚、对所有行业的情况都了解，所以有必要在知识产权诉讼中引入专家证人制度协助法官理解诉讼中的专门性问题。知识产权专门诉讼中引入专家证人制度可以弥补鉴定制度的漏洞，保证诉讼的公正性，使得双方当事人的合法权益得到充分的保障，使得我国的法制建设更加的完善，实现社会效果和法律效果的统一。

第二节　司法鉴定制度及其完善

随着知识经济时代的到来以及对知识产权保护力度的加大，我国知识产权纠纷将会进入一个高发期。而知识产权司法鉴定作为一种专业的判断，在协助司法人员确定证据，认定事实中起着举足轻重的地位和作用。然而，现行的知识产权司法鉴定制度存在立法上的缺失，加之多元专家辅助人角色的存在，一定程度上构成了对原有司法鉴定制度的冲击，大大削弱司法鉴定在司法证明活动中的辅助作用，甚至还造成了知识产权司法鉴定行业的混乱，极有必要对其进行系统梳理和完善。另一方面，面对日益复杂的知识产权案例审判工作，单纯依靠现有的知识产权司法鉴定制度已无法满足知识产权诉讼事务的巨大需求。知识产权司法鉴定制度改革与完善势在必行。

一、知识产权司法鉴定制度及我国实践

我国现行鉴定人制度源于大陆法系的司法鉴定制度，其产生于职权主义的诉讼模式。根据我国相关法律规定，司法鉴定人是指取得司法鉴定人职业资格证书和执业证书，在司法鉴定机构中执业，运用专门知识或技能对诉讼、仲裁等活动中涉及的专门性技术问题进行科学鉴别和判定的专业技术人员。

1. 立法状况

1998 年，我国开始了司法鉴定制度的改革。随着改革的有序进行，我国的司法鉴定制度已经渐成体系。2000 年 11 月，司法部印发的《司法鉴定执业分类规定（试行）》把知识产权司法鉴定列为十三类司法鉴定事项之一，正式建立了我国知识产权司法鉴定制度，2005 年 2 月，第十届全国人民代表大会常务委员会第十四次会议审议通过了《全国人大常委会关于司法鉴定管理问题的决定》（以下简称《决定》）。

《决定》的颁布施行标志着我国建立统一的司法鉴定管理体制的法律制度。对于加强对鉴定机构以及鉴定人员的监管，促进司法鉴定的独

立性具有重要的意义。2005 年 9 月，司法部先后公布了《司法鉴定机构登记管理办法》和《司法鉴定人登记管理办法》，明确了在司法鉴定管理中，实行行政管理和行业管理相结合的管理制度。

但是《决定》并未将知识产权司法鉴定纳入司法鉴定的统一登记管理体制中来，对于知识产权司法鉴定立法层面的缺失，致使知识产权司法鉴定极有可能游离于司法鉴定范围之外，导致各地实践做法不一混乱局面的出现。

而在实践中，部分省市司法行政部门对社会鉴定机构的业务范围中的知识产权司法鉴定的事项仍进行登记管理。以北京为例，北京市高级人民法院审判委员会 2005 年 7 月 18 日第 8 次会议讨论通过《北京市高级人民法院关于知识产权司法鉴定若干问题的规定（试行）》开创性地对知识产权司法鉴定管理做出了比较详细规定。其中，有专门关于知识产权司法鉴定机构的选拔、公布和管理方面的内容。这一做法是北京地方人民法院就知识产权司法鉴定机构管理中存在的混乱问题所做的制度回应，其内容符合《决定》的基本原则精神，体现了知识产权司法鉴定改革的方向。

2. 知识产权司法鉴定实践

我国诉讼中的鉴定人制度来源于大陆法系的司法鉴定制度，却又异于大陆法系的鉴定人制度，是符合我国国情的一种变形的鉴定制度。

传统的诉讼法理论认为，鉴定人是指那些"受指派或聘请对某些专门性问题进行鉴别判断，提供鉴定意见的人"。[1] 鉴定人一般应在诉讼中由人民法院指派或聘请的，鉴定结论必须是在诉讼中经法院委托制作

---

① 林广海、张学军：《完善知识产权司法鉴定制度之管见》，《中国发明与专利》2007 年第 10 期。

的。但在一定程度上也给予了当事人自由，当事人可以自行委托具有权威性的专门机构进行鉴定，只要经过对方当事人的认可，并经法院的同意即可。

（1）知识产权司法鉴定状况

当今，我国的司法鉴定制度已经广泛应用在知识产权诉讼案件中。据统计，截至 2010 年 7 月 31 日，2006—2010 年北京市 7 家鉴定机构共开展 871 件知识产权司法鉴定业务，其中公权的委托主体中，有 392 件，占 44%。各地法院和公安机关的鉴定需求较大，5 年共委托鉴定 367 件，即司法行政机关主体委托的鉴定中有 94% 来自法院和公安机关，占到全部鉴定业务的 41%，充分说明鉴定机构出具的鉴定意见对法院审理案件及公安机关开展立案侦查工作能够起到重要作用。①

（2）司法鉴定人的身份确定

在制度构建上，作为一类不同于其他诉讼辅助人的存在形式，我国法律对司法鉴定人有很多限制性规定。

其一，司法鉴定人不同于案件的证人。证人是亲身经历或知晓案件的人，其具有不可替代性。而鉴定人必须是具有解决案件中某些专门性问题的知识和技能的自然人，机关、团体、单位、组织等不能作为鉴定人。

其二，鉴定人适用于回避制度。司法鉴定人应当与本案没有利害关系，否则当事人有权申请其回避。

其三，鉴定人并非由当事人指定，通常由司法机关指派或聘请。实践做法是，司法机关对符合鉴定资质的司法鉴定机关造册，当事人要求司法鉴定的请求被法院批准后，只能在列入名册的鉴定机构中选择一

---

① 参见王燕：《2006—2010 年北京市知识产权司法鉴定业务分析》，《中国发明与专利》2011 年第 12 期。

家（或数家）进行鉴定，由鉴定机构出具鉴定意见，并加盖鉴定单位的公章。

其四，鉴定人区别于其他专家辅助人。鉴定人一般是法人，不是专家证人，也不是人民陪审员，更不是技术法官。鉴定人应当聘请具有相应资质的技术专家作为工作人员，但是，对外承担责任的，仍是鉴定机关。而且，专家辅助人只是帮助当事人对一些专门性问题做出解释、说明，其陈述不是证据的一种。鉴定意见却可以作为案件的证据被直接援引。

我国现行刑事诉讼法将司法鉴定机构出具的鉴定意见归类于书证，以其内容来证明案件的待证事实。该种证据与其他书证的不同之处在于，其证明的乃是与案件有关的技术问题，并非一般的事实问题。

此外，还需要注意的是，我国的司法鉴定人并不具有独立性，鉴定人受聘于司法鉴定机构，依据鉴定工作范围参与鉴定，在出具的鉴定意见中参与署名，鉴定意见的法律责任则由鉴定机构予以承担。对于存在异议的鉴定意见，当事人或法官可以废弃不用而另选其他鉴定机构进行。

（3）鉴定程序启动及机构选定

知识产权司法鉴定启动程序是司法鉴定活动开展的基础，知识产权司法鉴定启动程序主要包括鉴定程序启动主体、机构选定以及鉴定人员的选择等方面。

司法鉴定的启动包括鉴定的启动权和鉴定的决定权两方面内容，表现为司法鉴定事项的提出和鉴定人的选任，其实质是谁有权决定是否进行司法鉴定和由谁鉴定的问题。

根据我国诉讼法的规定，诉讼中当事人与法官共同享有知识产权司法鉴定的启动权及司法鉴定人的选任权。在职权主义的影响之下，司法鉴定的决定权仍然掌握在法官手上。当事人是否应该享有启动权在学界和实践中存在不同的看法。

知识产权司法鉴定程序一旦启动，就面临着司法鉴定机构确定的问题。鉴于《决定》并未将知识产权司法鉴定纳入司法鉴定的统一登记管理体制中，实践中，最高人民法院发布的司法解释成为诉争当事人启动司法鉴定程序的参考依据。

部分省市的司法行政部门对知识产权司法鉴定机构采取登记管理制，客观上赋予了诉争当事人选任鉴定人方面的自主选择权。例如2007年4月5日北京市高级人民法院关于印发《北京市高级人民法院关于知识产权民事诉讼证据适用若干问题的解答》提到"当事人应当在公告名册范围内选择鉴定机构。因公告名册中没有适当机构，双方当事人同意在公告名册之外选择鉴定机构的，可以在审查确认该机构资质后委托其进行鉴定"。

在鉴定机构确认后，当事人应该就争议的专门问题向鉴定机构提供相关的材料、证据。

2007年8月7日，我国司法部颁发了第107号令，正式公布了《司法鉴定程序通则》（以下简称《通则》，于2007年10月1日起施行）。《通则》对司法鉴定的委托与受理、司法鉴定的实施、司法鉴定文书的出具等做出规定。

从法律规范的效力等级上看，《通则》属于部门规章，各地法院在执行时可做适当参照，其与法律相冲突的内容，将不被法官适用。从内容上看，《通则》并未对知识产权司法鉴定给予特别关注，全文没有"知识产权"字样，没有对知识产权司法鉴定做出特殊的制度安排，仅在鉴定机构遴选、鉴定程序执行等方面对知识产权案件有一定的指导作用。在知识产权司法鉴定面对大量疑难案件的情形下，这样一个《通则》很难满足现实的客观需要。

司法鉴定程序启动之后，鉴定人的权利义务安排是一个重要的制度安排。我国法律对鉴定人的权利义务做出了一些规定，主要条文散见于我国三大诉讼法的相关规定之中。司法部颁布的《司法鉴定人管理办法》对鉴定人的权利义务做出了更为细致的列举：

根据上述法律文件，司法鉴定人在执业时享有下列八类权利，分别是：

①查阅与鉴定有关的案卷材料，询问与鉴定事项有关的当事人、证人等；

②应邀参与、协助委托人勘验、检查和模拟实验；

③要求委托人补充鉴定材料；

④委托人提供虚假情况或拒不提供鉴定所需材料的，有权拒绝鉴定；

⑤拒绝解决、回答与鉴定无关的问题；

⑥与其他司法鉴定人意见不一致时，有权保留意见；

⑦法律、法规规定的其他权利；

⑧获得执业报酬。

司法鉴定人在执业时需要履行一定的义务，主要表现为道德义务和法律义务。这些义务的设定并无特殊之处。

3. 知识产权司法鉴定存在的问题

专家鉴定制度固然不失为解决案件中技术问题的行之有效的途径，其具有专家中立性强、结论客观性强、费用低廉等诸多优点，但是，鉴定制度还存在着对抗性不高、透明度不足、周期过长以及法官过分依赖鉴定结论等种种不足之处。而且，我国并未专门针对知识产权鉴定机构管理的相关制度，现行有关司法鉴定的规章颁布施行于 12 年前。2006年以来，我国司法部并未出台新的有关知识产权司法鉴定的规范性文件，大量现实问题的积压和科学技术的飞速发展形成相互对立的两端，司法鉴定制度的缺陷不断涌现，引起了当事人、司法机关以及社会各界的不满，集中反映在以下方面。

（1）超越鉴定范围进行鉴定现象普遍

我国的知识产权案件司法鉴定主要涉及的是专利、实用新型、外观设计、技术秘密以及作品问题。根据司法部关于下发《司法鉴定执业分类规定（试行）》第十六条规定，知识产权司法鉴定：根据技术专家对本领域公知技术及相关专业技术的了解，并运用必要的检测、化验、分析手段，对被侵权的技术和相关技术的特征是否相同或者等同进行认定；对技术转让合同标的是否成熟、实用，是否符合合同约定标准进行认定；对技术开发合同履行失败是否属于风险责任进行认定；对技术咨询、技术服务以及其他各种技术合同履行结果是否符合合同约定，或者有关法定标准进行认定；对技术秘密是否构成法定技术条件进行认定；对其他知识产权诉讼中的技术争议进行鉴定。

但是，在知识产权司法实践中，对于鉴定范围的确定，无论法院、鉴定机构还是当事人，都存在混淆事实判断和法律判断的现象。例如，专利转让合同是否有效，讼争的商业秘密是否具有秘密性、实用性和保密性，这些争议都必须由法官在查明事实的基础上进行法律判断。不少法院或当事人直接委托鉴定机构对这些事项进行鉴定，鉴定机构也相应地接受委托并出具鉴定结论。

知识产权鉴定机构的鉴定范围应该是对专业技术问题进行判断，司法鉴定要解决的是对专门技术问题争议的事实判断。鉴定机构以及相关的鉴定人不能逾越鉴定范围，对案件的法律事实进行判断，对案件做出法律判断是法院审判权力与义务的体现。例如：对于著作权案件，技术专家就应该对作品的原创性、被控侵权作品与权利人的作品是否相同或者相似等方面进行判断，但是有的机构曾对其价值性进行鉴定，而对于作品的价值性问题应该是由资产评估机构依据一定的计算方法做出的。

由于鉴定人对于案件事实与其技术的相关性把握不到位，就会使得鉴定人对于技术鉴定的范围扩大，从而导致鉴定意见不符合审判要求，导致产生不必要的鉴定费用，造成诉讼资源的浪费。

（2）知识产权鉴定缺乏统一的标准

知识产权鉴定结论是专家将技术与法律相结合做出判断的产物。由于每一位专家对于技术观点的不同，加之知识产权法律存在着大量抽象的概括性规定，具有专业知识的人员在清晰分离法律和技术的边界时困难重重，由此，势必造成鉴定意见的随意性，出现不同的鉴定机构、不同的专家可能会得出不同或是相反的鉴定结论，从而使得案件的判决具有极大的不确定性。

（3）鉴定机构内部制度的不健全

自 2010 年我国知识产权法全面修改之后，知识产权审判实践领域开展了前所未有的改革。客观上看，知识产权案件对司法鉴定的需求不是降低了，反而是大大增加了，这可以从我国各地法院受理的知识产权案件呈上升趋势侧面得出这一结论。但是，有关知识产权案件的司法鉴定规则迟迟未见出台，司法鉴定机构内部也存在制度不健全的现象。

如有的鉴定机构对专家的筛选制度不完善，造成专家证人回避不完全；有的机构没有对专家说明在鉴定中应当把握的法律原则，造成鉴定结论不宜被法院采纳；有的机构没有严格遵守法律法规安排专家证人出庭作证，履行出庭作证的义务，使得鉴定结论不具备证据性。

二、现行知识产权司法鉴定制度的完善

毫无疑问，司法鉴定制度在查找证据方面发挥了重要作用，但知识产权司法鉴定的内容不同。知识产权面临着巨大的立法空白和大量需要具体解释的技术事实，由此催生了巨大的鉴定需求。在立法空白与巨大

的需求之间谋得生存的知识产权司法鉴定不断凸显出其不足之处。

颁布于 2005 年 2 月 28 日的《全国人大常委会关于司法鉴定管理问题的决定》将司法鉴定划分为法医类、物证类和声像资料类三大类别，客观上使知识产权司法鉴定游离于司法鉴定统一登记管理体制之外。这一现象是造成当今知识产权司法鉴定问题重重的根本原因。由此，立法层面的缺失导致知识产权司法鉴定事实上处于无法可依的窘境。

知识产权司法鉴定既有自己的特殊性，表现在对所涉及技术问题的判断不同于一般的法医类鉴定或者是物证类鉴定。同时，知识产权司法鉴定与一般司法鉴定具有共同性。两者都需要具有专门性知识的人，对案件所涉的事实问题中进行专业判断，并其以判断结果作为案件裁判依据的过程。

由此，两者在本质上是相同的。知识产权司法鉴定是司法鉴定体系中重要的组成部分，应将其纳入司法鉴定的范围，一方面，知识产权司法鉴定制度的构建，有助于完善我国的司法鉴定体制；另一方面，对知识产权司法鉴定实践的种种问题给予制度回应，可以帮助建立更为完善可行的司法鉴定规范，促进良好有序的知识产权司法鉴定制度的建立。

因此，无论是出于现实需要考虑还是立法体系的完善，知识产权司法鉴定都应当纳入司法鉴定的范围之内。

1. 完善知识产权司法鉴定的启动程序

在实行职权主义诉讼制度的大陆法系国家，司法鉴定通常由职能部门启动；而实行当事人主义诉讼制度的英美法系国家，其司法鉴定通常由当事人启动。

传统意义上，我国的司法鉴定启动权在法院，鉴定人也一般由法院选任。但是，根据《最高人民法院关于民事诉讼证据的若干规定》第六十一条以及《最高人民法院关于行政诉讼证据若干问题的规定》第四十八条的规定，当事人享有鉴定启动权（非决定权）。

知识产权诉讼中鉴定人的选任权及鉴定的启动权，可以为当事人与法院共同享有。针对知识产权民事、刑事以及行政三类诉讼对司法鉴定的不同需求，在司法鉴定程序的启动上可以考虑区别对待。

知识产权是私权的一种，在民事诉讼过程中应该充分尊重当事人的意愿。当事人自主选择鉴定机构以及鉴定人，法院原则上不应干涉。因此，在民事诉讼中应当形成一个以当事人启动为主、法院启动为辅的鉴定启动模式。

刑事诉讼有所不同，知识产权刑事诉讼中的司法鉴定所涉及的问题与民事诉讼有所差异。我国刑法分则第四章第七节规定了构成知识产权犯罪的情形。针对这些情形所产生的犯罪行为，应该在保留公安、检察机关的鉴定决定权和鉴定人的选任权的同时，增加犯罪嫌疑人或被告人在鉴定方面的权利。

2. 明确鉴定人的诉讼地位以及法律责任

司法鉴定人在接受当事人或者是法官的委托参加审判活动，扮演着诉讼参与人的角色。与英美法系不同，大陆法系鉴定人的诉讼地位通常要高于证人。我国也是如此。

大陆法系国家设立鉴定人的功能是为了弥补法官知识和经验的不足，帮助法官调查和认定案件事实。基于此，鉴定人在享有证人的基本权利之外，还享有鉴定人特权（如广泛的证据调查权等），甚至还享有询问被告人的权利。

在司法实践中，法官对鉴定结论的认定也往往优先于对证人证言的认定。

司法鉴定人诉讼地位不同于专家证人，鉴定人的诉讼地位高于专家证人，所做的鉴定意见似乎天生具有证明能力。而且大陆法系对司法鉴定证明能力的要求远远没有英美法系对专家证人的可采性要求严格；司法鉴定人享有比证人更多的特权。然而，从本质上看，鉴定人只是特殊的证人，司法实践中也存在鉴定人证人化的趋向。

为加强司法鉴定意见的证据效力，可以借鉴英美法系专家证人的经验，英美法系对专家证人和专家证据的法律定位非常的清晰，将专家证人视为一般的证人，专家证人必须当庭以口头的形式提出意见，并且双方进行对抗辩论，这样专家意见才具有可采性。如果专家不出庭，仅仅一份专家报告发表其意见，那么这个报告就是传闻证据，审判中不能采纳该传闻证据。

3. 改变鉴定机构与鉴定人责任制度缺失的状况

现行民事诉讼法规定了司法鉴定人的出庭义务，貌似从义务层面上解决了司法鉴定意见的证据效力问题。但是，对于司法鉴定人就其错误鉴定需要承担的责任语焉不详。《全国人民代表大会常务委员会关于司法鉴定管理问题的决定》第十三条谈及司法鉴定人及鉴定机构的责任，但终因条文过于概括，倾向于处罚司法鉴定机构而非鉴定人员显得缺乏操作性。

我国《刑事诉讼法》规定，鉴定人故意作虚假鉴定的，应当承担刑事法律责任。《全国人民代表大会常务委员会关于司法鉴定管理问题的决定》第十三条、第十四条以及《司法鉴定程序通则》第九条均规定了鉴定机构和鉴定人严格的行政责任，但是，这两类主体在诉讼中对人民法院应该承担何种诉讼义务和违反该义务应承担何种责任，以及其故意出具虚假、错误报告给委托人及其相关人造成经济损失，应承担民事过错赔偿责任的规定，则相对缺失。鉴定人出具虚假报告，或者是不出庭参加诉讼或者是疏忽职责，给委托人带来经济损失，应当承担相应的民事赔偿责任。

4.建立有效的质证制度

专家证人制度中的过度对抗不利于事实的发现，而鉴定人制度缺乏相应的对抗，也使其鉴定意见的客观性被大大削弱。

在诉讼中，鉴定人对专业问题出具相应的鉴定意见。由于鉴定意见具有相对的专业性，即使诉讼中赋予了当事人质证权，没有专业人士的支持，当事人也无法对鉴定人的鉴定意见和当庭陈述进行有效的质证。实践中，质证重点往往落在鉴定机构、鉴定人员资格、回避等程序问题上，对于实质的问题常常缺乏有效的对抗。

为了保障鉴定人及其鉴定意见的客观性以及公正性，建立有效的质证制度有着广泛动力以及现实可能性。在不改变我国司法鉴定制度的基本内容上，适当地引入针对鉴定意见的有效质证机制或许是改革的方向，我国《刑事诉讼法》第一百九十七条规定：公诉人、当事人和辩护人、诉讼代理人可以申请法庭通知有专门知识的人出庭，就鉴定人做出的鉴定意见提出意见。这一规定符合改革的意图，但是其具体操作未能明晰，有待继续的细化规定。

在知识经济时代，知识产权司法鉴定日益增大的现实需求与立法及其制度缺失的矛盾日益凸显，知识产权司法鉴定制度的有序健康发展依赖于立法和不断完善自身制度的改革。毫无疑问，寻找最适合本国国情的知识产权司法鉴定制度是一个循序渐进的、不断摸索、探讨的过程。而知识产权司法鉴定制度的改革是符合时代发展潮流的。

三、知识产权诉讼中其他专家辅助人制度考察

我国在查明技术事实方面采取了多元混同的司法辅助人形式（也称为"专家辅助人"）。理论上看，这些司法辅助人都有可能出现在同一个诉讼程序当中。基于此，在分析专家证人及司法鉴定人两类辅助人之

外，有必要将视野拓展到更大的范围。

1.人民陪审员

最早出现在我国法律规范中的"具有专门知识的人"可以是人民陪审员。人民陪审员制度是我国民事诉讼法最早引入的审判组织结构，其参照了英美法系的陪审团制，在我国的司法审判中长期发挥着重要的作用。

专家陪审员则是人民陪审员中较为特殊的部分。他们一般拥有专业知识，参与审理专业性较强的特殊案件。中国专家陪审员的使用最初源于知识产权案件的审理，最高人民法院于1991年6月6日在关于审理第一审专利案件聘请专家担任陪审员的复函中指出，人民法院在审理第一审专利案件时，可以根据案件所涉及的技术领域，聘请有关技术专家担任陪审员。

自此以后的知识产权司法实践中，人民法院吸收普通民众参与审判案件已经成为帮助法官审理案件的一项重要举措。在涉及审理专业性较强的特殊案件时，由具有专业知识的人参与已经没有任何制度层面的障碍，对技术事实的认定起到了一定的作用。实践中，一些合议庭也倾向于选用专家陪审员参加专业较强案件的审理。不过，毋庸讳言，我国的专家陪审员是人民陪审员中较为特殊的部分，其"陪而不审"的现象十分突出。

《全国人民代表大会常务委员会关于完善人民陪审员制度的决定》第十四条规定，中级人民法院、高级人民法院审判案件依法应当由人民陪审员参加合议庭审判的，在其所在城市的基层人民法院的人民陪审员名单中随机抽取确定。可是，由于基层人民法院基本无权审理知识产权民事、海事海商等专业性案件，在挑选陪审员时一般不会考虑对专业陪审员的需求。所以地方中级及高级人民法院选定的陪审员很少具备专业知识，难以满足解决案件专门性问题的需要。即使这些陪审员中有合适的专家陪审员，也无法满足司法实践对千差万别技术问题的需求。这恐怕是人民陪审员制度设计者最初没有想到的。

2.技术法官

技术法官制度源于日本的诉讼制度。该法官是从技术专家中选任的，并且要求法官具备极强的专业知识。日本有专门的知识产权法院，强调技术型法官、专家型法官结合，审判组织由法官、调查官、书记员、事务员和专业委员构成。在选聘技术法官时，极其严格，要求法官必须由专业技术人员转型而来。

从我国的社会现状看，这种做法在我国适用的空间不大，原因是多方面的。

首先，作为一名技术专家往往比作为一名法官更有前途。通常认为，具有专业技术的人缺乏法律实务技能，而具备法务技能的人又缺乏相应的专业技术知识，专业技术知识和法律知识兼备的人才非常罕见。

其次，在我国的科学技术人员并不充足，在各个学科领域中的专门技术人员比较缺乏。从技术专家转型做法律专家既不现实，也不经济。

最后，在我国一个技术专家的培养要耗费相当长的时间。只有那些在特定领域具有超常技术水平的人才可称之为专家，而法官的培养与选拔制度则显得相对容易。在我国，通过国家司法考试即意味着取得了司法行业的准入证。因此，通过培养技术法官解决知识产权案件的技术难题，不能满足我国的现实需要。

3.技术咨询专家

为了避免司法鉴定程序的繁复，在一些技术问题不是很复杂的案件中，法院会就相关的技术问题召开专家论证会，这是我国除了司法鉴定外，最为常用的一种审理案件的方法。在司法实践中，由于人员结构、专业领域限制等方面的原因，法官需要咨询的问题经常会超出司法技术人员的专业范围，这时就产生了对外咨询专家的现实需要。对外咨询专家能提高法官对专门性问题的认知能力，也有助于提高诉讼效率，是在审判实践中法官常用也很实用的方法，几乎涵盖所有的审判领域，但其存在的正当性却备受争议。

在实践中，技术咨询专家的使用存在种种问题，集中体现在以下几个方面：

首先，专家咨询经常是法官在开庭和合议之外、不通知当事人而进行的，这种做法剥夺了当事人听审和申辩的权利，无法使专家对咨询结果承担责任。法官获得咨询意见的过程也常常不需当事人参与其中，难免有暗箱操作之感，无法保证当事人的利益。

其次，技术咨询专家未能参加案件的全部审理过程，往往很难从整体上对案件给予指导意见，其出具的专家意见书效力存疑。

再次，聘任的技术咨询专家均属于兼职状态，往往很难配合审判的时间出庭作证。

最后，技术咨询专家如若没有出庭接受双方当事人的询问，其提供的意见就不属于证据，只作为法官裁决案件的参考，法院的裁判文书中也不可能会涉及咨询事项及过程，故其咨询意见难以作为有效证据使用。将裁判结论建立在没有参加庭审、没有进行充分质证和辩论的基础上，对于当事人而言，是极不公平的。

第三节　技术调查官与技术咨询专家的制度共容

知识产权诉讼活动因遭遇技术问题而衍生了查明事实真相的障碍，

为法官审案增添了不小难题，技术问题的是非曲直之判断将直接影响事实认定及法律适用。基于此，法院具有依赖外在技术力量的客观需求。在 2008 年以前，这一需求主要以司法鉴定及吸纳特定技术的人民陪审员作为解决方案，我国民事诉讼法与刑事诉讼法的条文中均有类似表述。2008 年以后，最高人民法院一纸答复，将专家证人制度引入诉讼程序当中，催生了我国司法体制上专家证人、司法鉴定、技术咨询专家及专业陪审员多元共存的复杂局面。之后施行的技术调查官制度更是在专业技术人员辅助审判方面另辟蹊径，其改革力度可谓空前。

然而，在技术调查官制度尚待完善的当下，与技术调查官共同作为帮助法官查明技术事实的技术咨询专家之诉讼地位如何？未来是否仍有存留之必要？可否实现同一司法功能下的制度共容等实践问题，有待各界审慎思量。

在我国，专家辅助人的形成具有典型的顶层设计特征。自 2009 年起，我国司法实践间接确认了专家证人制度。2011 年起，部分法院试行聘请技术咨询专家协助解决知识产权案件中的技术难题。从而使我国知识产权诉讼体制上出现了专家证人、司法鉴定、专业陪审员及技术咨询专家四元同存的局面，为知识产权案件的审判法官提供了多元选择。2014 年 12 月 31 日，最高人民法院审判委员会通过的《关于知识产权法院技术调查官参与诉讼活动若干问题的暂行规定》正式发布。随后，上海、北京知识产权法院相继实行了技术调查官制度。

采用技术调查官无疑是我国知识产权司法体制改革的又一亮点。然而，在业已存在专家证人、司法鉴定、专业陪审员及技术咨询专家的四元格局中，贸然引入技术调查官制度是否切实可行？其能否终结知识产权法院的技术审理难题？抑或是否会沦为一个在我国水土不服的舶来品？仍有待观察。现实的问题是：这一制度与先前施行的多项制度（尤其是技术咨询专家）能否实现制度层面的共容，恐怕是技术调查官制度亟待解决的一个问题。

一、域外技术调查官制度之借鉴

1. 日本

为了解决专利案件的技术问题，日本制定了技术调查官制度。技术调查官每三年更换一次，人员多是来自于专利局。专利案件立案后，案件的卷宗立刻被送到调查官室。调查官的职责是为审理专利案件的法官提供技术方面的支持，负责解释专利保护范围、被告涉嫌侵权产品或方法的技术内涵等内容，对双方进行对比但不作判断。

作为较早关注知识产权案件审判公信力的国家，日本的技术调查官制度可圈可点。2003 年，日本修改了《民事诉讼法》，针对技术调查官难以解决的技术问题，引入了专门委员制度。该法施行后，专门委员制度正式进入医疗、建筑和知识产权三个领域。在修改后的《民事诉讼法》第 5 章"诉讼手续"部分，增加了第 2 节"专门委员"的规定，对专门委员参与案件审理的形式以及专门委员的指定和任免等事宜作了规定。该节中第 92 条之 2 也有关于专门委员的参与案件审判的规定，法院在梳理争议焦点、整理证据、证据调查及事实认定等环节，都可安排专门委员参加诉讼，以便听取其专业意见和说明。

根据这些规定，日本法院专门委员参加诉讼的时间有三个节点，分别是诉讼开始时、质证及和解程序启动时。这三个时间点的设置是有意义的。

诉讼开始时介入的意义在于，可以就诉讼点、整理证据或进行诉讼程序等有关事项，对顺利进行诉讼程序、明确诉讼关系确有必要。质证时介入的作用在于明确诉讼关系、诉讼事实或者明确调查结论的效力。和解程序中的技术调查官则有助于说明涉案技术和解对于双方的价值意义。

日本民事诉讼法就专门委员介入诉讼程序的规定相对宽松。专门委员参加诉讼由当事人申请，法院做出决定。如果专门委员居住的距离遥远，可以通过电话等方式提供意见，无需专门委员到庭。但是，假如专门委员参与了庭审，则当事人可以向专门委员提问。由此可见，日本在启动技术专家时是相对灵活的，但是最终决定权掌握在法院手中。

2. 韩国

同样是为了弥补法官在技术科学领域的不足、提高裁判的专业性，韩国通过技术审查官制度予以解决。韩国法院认为该制度不同于美国的联邦上诉法院的技术调查员，也不同于英国、德国专利法院和日本知识产权高等法院的做法。其特点在于，韩国的技术审查官结合了德国技术法官与日本技术调查官共同优点。

1998 年 3 月 1 日，韩国专利法院正式成立。原韩国知识产权局下设的争议委员会以及争议上诉委员会合并成为知识产权裁判所，作为专利法院的前置审级机构，形成了知识产权裁判所对知识产权授权争议一审、专利法院二审、韩国最高法院三审的审理格局。韩国的技术审查官制度有以下特点：

首先，技术审查官主要负责审查专利问题，对于商标纠纷中涉及的专门问题，一般不做判断。根据韩国法律规定，法院认为必要时，技术审查官应当根据专利法第 186 条第（1）款、实用新型法第 55 条和外观设计法第 75 条，参加诉讼并审理案件。

其次，技术审查官在法院院长指导下开展工作。工作内容包括："就案件中的技术、专业问题，提供咨询和建议；除商标案件外，查阅诉讼案件卷宗，认定技术证据，调查、认定事实；在诉中、诉前程序中向诉讼参加人提问；在有关案件中就技术问题发表意见。"

再次，最高法院院长可以要求有关政府机关（如韩国知识产权局）派遣公务员担任技术审查官。目前，韩国专利法院的技术审查官绝大多数由韩国知识产权局派遣。审查官的专业范围涵盖通信、机械、电力、电子、化学、药学、农学和建筑学专业领域。这些技术审查官多数拥有 10 年以上的专利审查经验或者行政官员经历。在技术审查官的组织和成员遴选等其他必要事项方面，最高法院还制定了一套规则。并且，《韩国技术审查官规定》第 2 条规定了技术审查官的任命资格，符合条件的第一类人员为在韩国知识产权局作为审查官或法官 5 年以上。可见在韩国，技术审查官的选择主动权在法院的手中。

3. 德国

德国的法官分类比较特殊，包括法律法官和具有技术专长的技术法官。技术法官是德国法院系统中独有的设置。他们的法律地位与法律法官一样，有着与之相同的权利和义务。这在法官法第 120 条和专利法第 65 条中有明确规定。

德国的法院系统也有一些特殊性。在德国，专利授权、确权案件与专利侵权案件采取由不同法院分开审理的体系。不服专利局专利授权和确权决定的行政纠纷，一审是由联邦专利法院专属管辖。

联邦专利法院在法院体系中属于高级法院系列，也是唯一有技术法官的法院。审理专利授权和确权的合议庭都由 5 名法官组成，2 名法官是法律背景，3 名法官是技术背景，具体如何选择与受理的案件相关。不服联邦专利法院判决可上诉到联邦最高法院。联邦最高法院没有技术法官，因为一审联邦专利法院独立于专利局，技术法官基本能够把握技术问题。

根据德国专利法的规定，被任用为技术法官的人必须是在德国或者欧盟境内的大学或相关科研机构毕业并通过了技术或自然科学相关方面的国家级或学院级考试，且至少在自然科学或技术领域有 5 年以上的工作经历。此外，技术法官还必须具备法定的法官资格，他们必须经历法律法官必须经历的法律专业学习及专业考核。由于对技术领域和法律领域都有较高的要求，技术法官一般从德国专利商标局的资深技术审查员中选任。

综上可知，德国专利法院的技术法官有两个特点：

第一，技术法官仅存在于联邦专利法院之中，其他任何法院（包括专利无效案件的终审法院——联邦最高法院）均无技术法官的设置。

第二，德国联邦专利法院的案件管辖范围非常窄，只管辖与工业产权授权确权及强制许可相关的案件，普通民事侵权案件仍然由普通法院管辖。

学界一致认为，我国采取的技术调查官制度源自德国的启发。但是，从比较法的视野来看，德国的技术法官制度在我国要实现本土化还是存在较大阻力。

第一，该制度对法官素质要求较高，对于我国法官素质全面培养机制存在短板现象而言，不得不说是个挑战。

第二，我国各地区发展不一，加之知识产权纠纷是对专业性要求较高的案件，要达到每个知识产权法院均配备高素质技术法官不太现实。

第三，我国对知识产权人才培养机制才刚刚起色，知识产权技术型人才占总人口的比例还远低于德国，想实现知识产权人才供给与法院审判的有效衔接任重道远。

4. 我国台湾地区

出于对专家参审制融合过渡的考虑，我国台湾地区"智慧财产法院组织法"设立了"以技术审查官之名，办理案件之技术判断、技术资料之收集、分析及提供技术之意见，并依法参与诉讼程序"的法例。"智

慧财产法院组织法"第三章明确规定了智慧财产法院技术审查官的设置
要求。

"台湾智慧财产法院"共有9名技术审查官，其基本职责"承法官
之命，办理案件之技术判断、技术资料之收集、分析及提供技术之意
见，并依法参与诉讼程序"。技术调查官的设立目的在于弥补法官在理
工领域专业知识不足的问题，解决知识产权案件技术事实认定难的问
题。台湾地区的技术审查官的地位并非法官，而是一种类似于诉讼辅
助人的角色。"台湾智慧财产法院"的技术调查官通常来自台湾"经济
部智慧财产局"，人员均为资深专利审查委员，其专业涉及科技、机械、
生化、医药等领域。在案件审判中所适用的规则基本与日本相似。

二、我国一些地方性法院的做法

我国北京、上海、广州三地都先后施行了技术调查官和技术咨询专
家制度，两种制度并存于司法审判之中。

2015年10月22日，北京知识产权法院技术调查室成立，任命了
首批37名技术调查官和27名技术专家，以帮助法官解决审理知识产权
案件时遇到的技术难题。

首批任命的技术调查官和技术专家主要来自国家机关、行业协会、
大专院校、科研机构、企事业单位中的专业技术人员，涵盖了光电、通
信、医药、生化、材料、机械、计算机等专业技术领域。从选聘的初衷
来看，法院系统自然是希望技术调查官和技术咨询专家们能为法官审理
技术类知识产权案件提供司法辅助，切实提升法官的技术事实查明能
力，确保高质高效地审理好技术类知识产权案件。但是，实际效果如
何，尚无案例予以评析。

上海知识产权法院于2016年3月26日首批聘任了11名技术调查官。

据法院方面宣布，这些技术调查官将根据案件审理需要，参与到案件审理中。

首批聘任的 11 名技术调查官具有来源多样性和成分复合型的显著特点。调查官的专业背景丰富，来自国家机关、行业协会、大专院校、科研机构等机构，涵盖了材料、化工、电子、通信、网络、专利和通讯等多个专业技术领域。据报道，此次聘任的 11 名技术调查官有两个来源途径，9 名是由相关单位推荐的兼职技术调查官，另外两名来自国家知识产权局专利复审委员会，是由复审委派遣到上海知识产权法院交流常驻的技术调查官，两位常驻的技术调查官的交流年限为一年。至此，该院由技术调查、技术咨询、专家陪审和技术鉴定组成的"四位一体"技术事实查明体系基本形成。实施效果如何，有待跟进。

为适应知识产权专业化审判的需求。提高技术类案件审理的科学性、高效性、中立性，广州知识产权法院还制定了《广州知识产权法院关于技术调查官参与诉讼活动的暂行办法（试行）》等规范性文件，对技术调查官的选任与考核管理、参与庭审规则、工作流程等做了原则性的规定。

制度初步构建之后，广州知识产权法院聘请了技术调查官并及时促使技术调查官介入了案件审判。2015 年 4 月 22 日，广州知识产权法院开庭审理了"广州市乐网数码科技公司诉中国联通广东省分公司著作权侵权纠纷案"。这是我国自建立技术调查官制度之后的首次法庭亮相。

综上，三地知识产权法院在技术调查官制度的推行方面可谓走在全国法院前列。这一方面是因为三地知识产权法院的建设起点较高，另一方面也源于三地受理的知识产权案件相对全国其他地方更为复杂，客观上存在借助技术力量的需要。值得注意的是，地方实践远比最高人民法院丰富的情形在我国屡见不鲜。在广州知识产权法院实质性地借助技术调查官参与庭审 2 年时间之后，最高人民法院才在第 16 批知识产权指导性案例中发布了技术调查官参与案件事实认定的案例。

基于以上分析，鉴于我国知识产权案件倾向于职权主义原则，日本的专门委员参与案件审理制度以及韩国和我国台湾地区的技术审查官制度对我国开展的知识产权技术调查官制度具有一定的借鉴意义。其理由如下：

第一，日本、韩国、中国台湾地区与中国大陆同属于大陆法系，所采用的诉讼模式较为相近。

第二，日本技术调查官和韩国、中国台湾地区技术审查官制度的调查人员多出自知识产权行政机关，而中国大陆知识产权保护制度中，行政机关人才的数量、人员经验都较为丰富，具有实施调查官制度的基础。

第三，中国知识产权的改革方向是由"双轨"制变为"专门化"模式，未来国家知识产权行政机关进行行政审查的压力将逐渐向司法机关转移，如果行政机关的人才资源不能得到充分利用，可转移至司法机关，实现资源优化配置。

第四，中国已经建立起专家参审试点，具有实践经验，便于进一步实施改革。

三、技术调查及咨询意见的法律属性

技术调查官所出具的技术调查意见和技术咨询专家所出具的专家意见能否构成证据法意义上的证据？这是一个尚待分析的问题。

依照各国诉讼法的基本原理，证据指证明案件真实情况的一切事实。证据必须经过查证属实，才能作为判案的根据。我国并没有明确技术调查官出具调查意见的形式和规范。不过，结合域外法院审判知识产权案件审判的做法可知，技术调查意见是最为常见的形式。这一意见是

否属于证据仍应分析。

我国三大诉讼法对证据的分类大致相同,那么技术调查官及技术咨询专家所出具的文书能否作为书证呢?

1.以专家证人为参照分析技术咨询意见的效力

前已述及,专家证人是指基于特有的实践经验或专门知识对案件事实提出判断性意见的人。我国《民事诉讼法》第七十二条规定:"凡是知道案件情况的单位和个人,都有义务出庭作证。不能正确表达意思的人,不能作证。"同时,我国《刑事诉讼法》第六十二条规定:"凡是知道案件情况的人,都有作证的义务。生理上、精神上有缺陷或者年幼,不能辨别是非、不能正确表达的人,不能作证人。"

从上述规定不难看出,凡是知情并能正确表达的人都有义务作为证人出庭作证。但是专家证人是受聘于法院的专业人士,其出具的专家意见作为证据应用的话,此类证据真的具备客观真实性吗?试想,作为一个普通民事或者刑事案件的证人,其亲身所见所闻是客观存在的事实,加之有"此证人非彼证人"的不可替代性,最终才会被法院采用。而作为知识产权案件中的专家证人,其主要作用就是在庭审过程中为专业事情的认定扫清障碍。问题就在于,专家证人的人选并不是唯一的,而这种"不唯一性"必然会导致专家证人的可替代性。即相同的问题在不同的专家证人那里会产生不同的专家证言。如果出现这种情况,法官该如何采信?

英美法系国家的可采性规则与大陆法系国家的证据能力并非同一概念。可采性是英美证据法特有的概念,也是英美证据规则的核心内容,主要表现为大量的排除规则。它的基本含义是证据必须为法律容许才能用于证明案件中特定事实的定案依据。它以证据具有相关性(关联性)为前提同时不违反证据排除规则,此即具有可采性。所以,在判断专家证人认定的事实能否成为证据时，其基本原则应当不违背证据的排除规则，这便与证据的合法性相融合，要求专家证人出具的证言必须能够合法真实地说明问题。

在知识产权诉讼中，除法庭指定的专家证人外，当事人聘请的专家证人都具有非常明显的利益倾向性。因此笔者认为，专家证人的事实认定意见不能作为证据，只能作为法官的参考性建议。

同样在知识产权案件中，技术调查官也起到为法官在认定事实上扫清障碍的作用。不同的是，我国对技术咨询专家参与具体诉讼活动的相关事宜尚停留在"暂行规定"的层面上，相关方面的规范也有所欠缺。因此，作为受聘于法院的智囊，技术咨询专家对于技术事实的认定仅具有参考价值。有些时候，不同的技术专家甚至会得出不同的结论。由此，技术专家出具的意见书不具有证据的不可替代性。加之专家享有拒绝受聘的权利，这便与我国对"证人应当承担作证义务"的规定有明显冲突。单纯基于这两点而言，技术调查官的意见成为法庭证据就违背了我国相关法律中规定的证据的一般性质，且其在法理上也说不过去，与我国的证人制度有所冲突。在其启动程序尚未成熟的情况下，存在产生影响程序公正的行为的风险。因此，笔者是不赞同专家证人出具的技术事实认定意见成为证据的。

2. 以司法鉴定专家为参照分析技术咨询意见的效力

司法鉴定是指在诉讼活动中鉴定人运用科学技术或者专门知识对诉讼涉及的专门性问题进行鉴别和判断并提供鉴定意见的活动。或者说，司法鉴定是指在诉讼过程中，对案件中的专门性问题，由司法机关或当事人委托法定鉴定单位，运用专业知识和技术，依照法定程序做出鉴别和判断的一种活动。知识产权诉讼中的司法鉴定专家无疑是解决知识产权纠纷的司法辅助人。

　　与英美法系要求的专家证人应当具备可采性不同的是，证据能力是大陆法系对证据合法性的要求。它是指证据材料可以被采用为证据的资格。它并不分解为相关性或法律性等因素，更加关注形式要件。例如某些材料由于其本身的性质或者由于违反程序禁止的规定而没有证据能力（未经鉴定人签名的鉴定结论等），这一原则并不排除该材料本身的真实性。所以，作为知识产权案件中的司法鉴定专家，其更加强调的是鉴定结论是否具备证据能力。

　　所谓证据能力又称证据资格（或称证据的合法性）。它是指事实材料成为诉讼中的证据所必须具备的条件。我国台湾学者蔡墩明曾指出"对于犯罪事实之证明，只有具备证据能力之证据，方能加以适用，无证据能力之证据，不能用以证明犯罪。"根据法定证据规则，虚假的事实材料以及没有相关性的事实材料，都属于诉讼中应当排除的事实材料，其不能具有证据能力。

　　显然，将知识产权案件中的技术调查官与司法鉴定专家相比较，可以发现，技术专家的证言比司法鉴定材料更易具有虚假的可能，证明能力会显得更加虚化。

　　我国《技术调查官暂行规定》针对技术调查官的第二项工作内容做出规定。在具体的案件审理中，是否需要技术调查官直接参与诉讼活动，需要何种技术背景及从业经验的技术调查官，均由法官根据案件审理需要确定。技术调查官参与诉讼案件后，根据案件的审理情况，必要时，法官也可以决定撤销或者更换技术调查官。

　　可见，技术咨询专家的启动位于司法鉴定专家之前，因司法鉴定专家的鉴定意见具有复杂性，所以在必要的时候才启动。笔者认为，司法鉴定专家的鉴定意见之所以能够成为证据使用是因其鉴定意见具备了三大诉讼程序中鉴定结论的基本属性特征。

　　而对于技术调查官的证言来说，其本身的证言相对其他普通证言而言就具有可替代性和不可确定性，与相对客观的鉴定意见相比，技术调查官的证言被扭曲的可能性更大，从而削弱了其本身的真实性，欠缺相应的证据能力的证言作为参考意见会更加合理。

四、专家咨询意见之效力认定

专家咨询意见在法律实务界并不鲜见。早在最高人民法院关注的辽宁省高级人民法院刘涌涉黑一案中，二审法院将一审判决的死刑改为死缓，此案曾引起媒体一片哗然。被告刘涌的辩护律师称，判决前曾邀请十余位国家一流的法律专家进行论证。专家们论证后出具的意见书一致认为，一审判决刘涌死刑存在问题，应予改判。随之，被公开的"沈阳刘涌涉黑案专家论证意见书"引发了社会巨大的争议，类似此种专家意见书也愈演愈烈。

所谓专家意见书，是指由民事诉讼或行政诉讼中的相关当事人或刑事诉讼中犯罪嫌疑人或其亲属委托社会上有一定知名度的某一法律专业领域的教授、研究员等专业人士根据委托方单方提供的信息而做出的论证意见。那么，专家意见书是否具有合法性及合理性？它对法院审判工作具有何种影响？

现代各国证据法都极为强调证据能力的法定化，而证据能力的法定化，首先就是证据方法的法定化。换言之，证明案件事实需要运用哪些证据形式，法律对此必须做出明确而具体的规定。

专家意见书既不是鉴定结论，也不是专家证人意见陈述。无论是大陆法系的鉴定结论，还是英美法系的专家证人意见陈述，都是以自己的专门知识、特别经验为基础，对案件某一方面的事实，发表自己的意见与看法（即意见证据）。《牛津法律大辞典》将专家证据定义为"具有专门技能的以及在某些职业或技术领域里有经验的人向法院所提供的证据"。

专家意见不能等同于证人证言。证人作证的前提，必须是对案件事实有亲身感受，否则，即不能成为证人。参与论证的专家对案件事实不具亲历性，因而不具备证人资格，其提供的论证意见自然不是证人证言。可见专家意见书不具有诉讼证据能力，因而不是证据，而是法学专家、学者对案件如何处理（包括案件事实的认定和法律适用问题）提出的一种学理意见或者专业咨询意见。它对案件的审理只具有参考作用，并不具有法律上的约束力。

需要明确的是，技术调查官出具的技术审查意见不同于专家意见书，技术审查意见仅就案件事实进行认定，不能掺杂任何的法律意见。也就是说，相对于专家意见书，技术调查官的技术审查意见更具有客观性，可被采纳性。技术审查意见是具有专门技能的以及在某些职业或技术领域里有经验的技术调查官向法院所提供的一种意见。

从另一种层面上讲，技术审查意见比专家意见书具有相对较强的证据能力。这一结论基于两点，其一，技术调查官是以自己的专门知识、特别经验为基础，对案件某一方面的事实，发表自己的意见与看法，在英美法系中，这将被采纳为意见证据。其二，相较于出具专家意见书的专家学者们，知识产权案件中的技术调查官更具有亲临性。也就是说，在面对相同的事实案件中，技术调查官以其独特的专业性而更加具备证人资格。

综上可知，为了解除法院和当事人在知识产权审判案件中关于事情认定的障碍，但同时又不能使其影响到法院审判工作的中立性和客观性。技术调查官制度能够较好地实现两者之间的平衡。但是，就各类司法辅助人所出具的证言之法律效力位阶而言，笔者倾向于司法鉴定证据效力最强，技术调查官次之，专家证人证言、技术咨询专家和专家陪审员的专家意见依次减弱的观点。

小　结

现代化社会中出现的各种新型案件尤其是在知识产权案件中，法官已不能兼备事实案件查明和法律判断的双重职能，这便需要有类似技术调查官的"技术法官"在事实真相的查明上为法官扫清障碍。在我国知识产权案件中，技术调查官的诉讼地位仍旧只停留在"暂行规定"的法律层面。考虑到我国最高人民法院下达了关于"将技术专家引入知识产权诉讼案件中作为陪审员"的批复，再加上各地方法院对技术调查官的诉讼参与先后有了不同的规定。可以预见，司法辅助人多元架构的冲突势必出现。面对如此情势，确立司法鉴定、技术调查官、专家证人、技术咨询专家、人民陪审员的证据效力先后，实属必要。

第八章　未来知识产权专门化审判制度的建构

　　知识产权审判制度的建构是一项系统工程，它牵涉到法院审判机关的组织模式、诉讼规则、法院职能分配、案件分流机制、国家政策导向等因素。

　　知识产权案件相对于普通案件存在不同程序交叉、法院对行政行为审查的深度、证据规则的适用等方面的特殊性。知识产权审判规则的制定，可以使知识产权案件的审理摆脱原有不同程序的冲突，更好地应对知识产权案件审判的需求。

　　民、刑、行政案件"三审分立"是传统的知识产权纠纷的审判处理模式。法院在审理知识产权相关纠纷的过程中，一般先对知识产权案件按照民、刑、行政三种类型进行划分，再将不同性质的案件分庭审判。这种传统的模式容易造成知识产权相关民、刑、行政审判案件之间的等级混乱、民事侵权和行政确权之间相互干扰的情况，导致知识产权案件的审判结果缺乏统一性，从而进一步损害知识产权经济的发展，严重危害司法公信力。

　　"三审合一"试点的推行就是为了解决知识产权民事、行政和刑事案件在管辖、裁判结果的冲突，提高判决的协调性和一致性。因此，知识产权专门法院应该延续此前理念，重新考虑将知识产权民事、行政和刑事案件以及它们的交叉案件集中到一起管辖，体现知识产权专门法院的专门性。我国正处于发展的关键时期，知识产权作为提升综合国力的重要因素，构筑保障当事人合法权益、符合社会发展趋势的知识产权审判机制已是大势所趋。在具体制度上，可以考虑在知识产权专门法院内部设立技术庭和非技术庭，将知识产权非技术案件的管辖权纳入其中，以此来应对单一管辖模式造成的法官视野过度狭隘化。最后，构想建立一个从上到下的知识产权专门法院系统，设置知识产权基础法院、中级法院和高级法院，直属最高人民法院。

第一节　知识产权法院诉讼制度的重构

知识产权诉讼制度的建构是一项系统工程，它牵涉到法院审判机关的组织模式、诉讼规则、法院职能分配、案件分流机制、国家政策导向等因素。对其制度的建构也不是一蹴而就的，需要综合多方因素进行考量。

一、知识产权专门化诉讼制度分析

知识产权法院的成立是全面深化司法体制改革的一项重要成果，在中国知识产权事业发展中具有里程碑的意义，标志着中国知识产权保护进入新阶段。随着经济的进步和知识产权事业的发展，更多知识产权法院（知识产权专门法庭）建成落地。

1.我国知识产权专门法院初探

2014 年 8 月 31 日，第十二届全国人大常委会第十次会议表决通过了关于在北京、上海、广州设立知识产权法院的决定，三地知识产权法院相继启动运行。根据 2014 年 11 月 3 日起施行的《最高人民法院关于北京、上海、广州知识产权法院案件管辖的规定》精神，三地知识产权法院管辖范围如下：

知识产权法院管辖所在市辖区内的下列第一审案件：

（1）专利、植物新品种、集成电路布图设计、技术秘密、计算机软件民事和行政案件；

（2）对国务院部门或者县级以上地方人民政府所作的涉及著作权、商标、不正当竞争等行政行为提起诉讼的行政案件；

（3）涉及驰名商标认定的民事案件。

对知识产权法院所在市的基层人民法院作出的第一审著作权、商标、技术合同、不正当竞争等知识产权民事和行政判决、裁定提起的上诉案件，三地知识产权法院均有管辖权。

北京、上海、广州三地的知识产权法院模式有所区别。北京知识产权法院审理北京地区的知识产权案件，北京地区以外的案件还是由地方法院负责管辖，知识产权授权确权类行政案件全国范围内由北京审理。广州知识产权法院则可跨区域管辖，对广东省内的部分案件享有一审管辖权。对于广东省内基层法院的部分上诉案件，享有二审管辖权。上海知识产权法院与上海三中院等合署办公。北京市、上海市各中级人民法院和广州市中级人民法院不再受理知识产权民事和行政案件。

三地知识产权法院运行之后，西安、杭州、宁波、济南、青岛、福州、合肥、深圳、南京、苏州、武汉、成都、天津、长沙及郑州15家知识产权法庭相继挂牌。这些法庭有些审理本辖区范围内的知识产权一审民事、行政案件，有些可以跨区域审理知识产权一审案件。

2019年1月29日，根据《全国人民代表大会常务委员会关于专利等知识产权案件诉讼程序若干问题的决定》、《最高人民法院关于知识产权法庭若干问题的规定》，最高人民法院设立知识产权法庭。最高人民法院知识产权法庭主要审理专利等专业技术性较强的知识产权民事和行政上诉案件，其上诉层级仍为最高级。

加之尚未设立知识产权专门法庭的其他省市地方法院的内设民事审判庭，上述知识产权专门法院、知识产权专门法庭、最高人民法院知识产权审判庭共同构成了我国现行知识产权案件的诉讼机制。

2. 我国知识产权法院诉讼制度的特点

根据相关法律法规，知识产权法院对其辖区内的下列案件享有一审管辖权：

（1）专利、植物新品种等民事和行政案件；

（2）对国务院部门或者县级以上地方人民政府所作的涉及著作权、商标、不正当竞争等行政行为提起诉讼的行政一审案件；

（3）涉及驰名商标认定的民事一审案件。① 而对于著作权、商标、技术合同、不正当竞争等知识产权民事和行政案件，仍然由相应的基层法院管辖。

此外，北京知识产权法院还负责管辖不服知识产权的授权确权裁定、决定、强制许可等行政行为的一审案件。

我国知识产权专门法院的设置体现了对域外知识产权司法制度的借鉴。

首先，现行司法体系下独立出知识产权专门法院，主要负责相应辖区内的各类知识产权案件，类似于我国台湾地区的"智慧财产法院"，但与"智慧财产法院"有别的是，知识产权专门法院并不管辖刑事案件。

其次，我国知识产权法院移植了日本和德国区分案件类型的做法，将知识产权案件区分为以下两类：第一，专利、植物新品种等案件；第二，著作权、商标等案件，并按类别的不同划定管辖法院，即将案件分

---

① 参见《最高人民法院关于北京、上海、广州知识产权法院案件管辖的规定》。

为技术型与非技术型并拆分管辖，实现了由非专门化向专门化集中审理的过渡。

再次，北京知识产权法院专属管辖不服国务院部门做出的知识产权确权、强制许可决定的行政案件，这与美国联邦巡回上诉法院统一管辖不服专利商标局专利复审委员会和商标评审委员会做出的有关授权确权等案件的做法有很高的相似性。

最后，知识产权法院配备技术调查官，设置技术调查室，负责技术调查官的日常管理。[①] 技术调查官制度是借鉴德国、日本和我国台湾地区有关制度基础上的制度创新。从已有的数据上看，技术调查官制度对于改善法官对案件技术事实的认知难题，提升知识产权案件裁判品质和审理效率具有积极作用。

3. 三地知识产权专门法院运行状况

北京、上海、广州知识产权法院相继成立以来，三家知识产权法院根据中央统一部署，在最高人民法院指导下，锐意进取、大胆探索，审判工作有序开展，改革探索深入进行，司法权威性和公信力不断提升，展示了中国知识产权司法保护的新形象，为推动实施国家创新驱动发展战略起到了有力的服务和保障作用，实现了良好开局。

根据 2015 年最高人民法院通报的《"北上广"知识产权法院运行情况》，从知识产权专门法院建立以来，取得了许多具体成效。[②]

一是人员机构取得阶段性成果。各知识产权专门法院的首批人员基本到位，严格落实专业化、职业化和高素质的要求，为各项工作的有序进展奠定了良好的基础。

---

① 参见《最高人民法院关于知识产权法院技术调查官参与诉讼活动若干问题的暂行规定》。
② 参见最高人民法院对"北上广"知识产权法院运行的情况通报，2015 年 9 月 10 日。

二是司法公信力有所提升。自成立以来，三家知识产权法院受理案件数量较多，审理效率明显提高，审判效果赢得社会赞誉。

三是审判权运行机制更加合理。按照"让审理者裁判，由裁判者负责"的要求，各知识产权法院率先推行主审法官、合议庭办案负责制、司法责任制等审判运行机制改革措施，明确审判委员会、合议庭、主审法官在审判工作中的权力分配，规范审判管理权和审判监督权的行使，探索建立符合司法规律的审判权运行机制，确保审判权依法独立公正行使。

四是司法影响力日益扩大。各知识产权法院根据自身工作特点和优势，结合工作实际，创造性地采取多项工作举措，打造出知识产权审判工作的新亮点，进一步提升知识产权法院工作的影响力。例如，广州知识产权法院大力推动信息化建设，加强基础网络建设，实现内部无纸化办公。

二、知识产权法院专门化诉讼制度的局限

从我国知识产权专门法院的设置来看，在案件的管辖、人员的设置和专业化方面取得了实质性的进步，但是知识产权的司法审判模式还有许多值得讨论的地方。

1. 刑事案件管辖方面

知识产权专门法院在一定程度上对各类知识产权案件进行集中管辖，做出了与以往"三审分立"与"三审合一"模式不同的尝试。

根据《最高人民法院关于北京、上海、广州知识产权法院案件管辖的规定》，知识产权法院仅集中对知识产权民事和行政案件的管辖，知识产权刑事案件仍然按照以往的规定由普通法院审理。

这样的设置或许是考虑到管辖压力、裁判理念差异和程序对接的问题。但是，与媒体通说、屡屡发布的政策文件中所称的知识产权"三审合一"审判制度显然名不符实。同时，将知识产权刑事管辖权从知识产权专门法院剔除出去具有相当的局限性。

首先，知识产权民事、行政案件与刑事案件的审理对象具有高度关联性，侵犯知识产权犯罪通常要以特定知识产权有效存在以及构成侵犯知识产权为前提，刑事案件与民事、行政案件分由不同法院或者不同审判庭审理，很容易造成同一问题在不同程序中得出不同结论。以往传统审判模式下遗留的问题并没有得到有效解决。

其次，维持知识产权刑事案件管辖的原状不利于节省审判资源。知识产权刑事案件本来在知识产权各类案件中占有比较小的比重，刑事法官需花费较多时间处理技术性较强的知识产权事实认定问题，给刑事案件造成审判资源浪费的现象。因此，有必要考虑将知识产权刑事案件也纳入知识产权专门法院的管辖范围之内。

2.非技术案件管辖方面

知识产权专门法院一审仅仅管辖技术类案件。其优点在于法院单一管辖某种类型的案件，有利于塑造法院的专业性，培养在某方面具有一技之长的法官。但是，若法官只处理某类案件，就会造成其知识面受限、思维不够开阔的困局。因此，在设立这种模式的基础上，应该培养法官尽可能多地关注知识产权案件中的各类问题（包括那些容易被忽略的经济与社会因素），以利于其今后的案件审判。在划分技术案件与非技术案件的前提下，可以考虑效仿德国的做法，在知识产权专门法院内设置技术庭与非技术庭，将所有类型的知识产权案件统筹到知识产权专门法院管辖。

3. 知识产权交叉案件问题的处理

以民事、行政交叉为例，我国法院在民事侵权案件审理程序中通常不能够审查专利或商标权的效力，在知识产权领域实行民事侵权与刑事无效分立制度。为了保证民事侵权案件的公正性，法院经常需要等待行政无效程序的结果，导致民事侵权程序久拖不决、诉讼效率低下。

为了克服二元分立体制下的上述弊端，日本和我国台湾地区知识产权法院采取了在民事诉讼中自行审查知识产权有效性的制度。然而，我国的知识产权专门法院并没有被赋予相应的效力审查权。

最高人民法院曾以司法政策的方式要求："合理强化民事程序对纠纷解决的优先和决定地位，促进民行交织的知识产权民事纠纷的实质性解决。对于明显具有无效或者可撤销理由的知识产权，权利人指控他人侵权的，可以尝试根据具体案情直接裁决不予支持，无需等待行政程序的结果，并注意及时总结经验。"①虽然上述司法政策存在争议，但是知识产权法院在此方面可继续尝试和探索。

除了上述三个方面，知识产权专门法院在地域管辖、技术调查、审判庭的设置方面都存在着或多或少的疑惑。三家知识产权法院的成立仅仅是我国知识产权司法审判改革的全新开端，争议不可避免，同时也是知识产权法院诉讼制度改革完善的动力所在。

三、未来知识产权法院的完善路径

1. 统一知识产权各类案件的管辖及审判规则

"三审合一"试点的推行就是为了解决知识产权民事、行政和刑事

---

① 最高人民法院：关于印发《全国法院知识产权审判工作会议关于审理技术合同纠纷案件若干问题的纪要》的通知，2011 年 1 月 2 日，https://wenku.baidu.com/view/。

案件在管辖、裁判结果的冲突，提高判决的协调性和一致性。因此，知识产权专门法院应该延续此前理念，重新考虑将知识产权民事、行政和刑事案件以及它们的交叉案件集中到一起管辖，体现知识产权专门法院的专门性。同时，建议在知识产权专门法院内部设立技术庭和非技术庭，将知识产权非技术案件的管辖权纳入其中，以此来应对单一管辖模式造成的法官视野过度狭隘化。最后，构想建立一个从上到下的知识产权专门法院系统，设置知识产权基础法院、中级法院和高级法院，直属最高人民法院。

另外，知识产权案件相对于普通案件的审理在不同程序交叉、法院对行政行为审查的深度、证据规则的适用等方面呈现出一定的特殊性。在统一对知识产权案件的管辖权后，需要相应的程序规则，以保证知识产权案件在审理过程中能够相互衔接，保障审判结果的质量。知识产权审判规则的制定，可以使知识产权案件的审理摆脱原有不同程序的冲突，更好地应对知识产权案件审判的需求。

即使在尚无法实现真正"三审合一"的情形下，知识产权案件审判也应有程序方面的创新，以适应审判知识产权这一复杂权利的需要。概言之，知识产权法院应当积极探索案件审判程序的优化，必要时将知识产权的确认程序"嵌入"知识产权民事、行政案件的审判之中。对于知识产权交叉案件的处理，这一做法显得尤为重要。

知识产权权利的合法有效是整个诉讼活动的基础，只有当事人拥有无可争辩的私有权利，才有可能获得救济。知识产权确权程序是法院在审理知识产权案件时必须首要解决的问题。如果权利出现瑕疵甚至被认定无效，随后的司法审判无论多么精美，都将因缺乏权利基础而闹出笑话。可见，在知识产权诉讼中，程序的再造将会对案件的审判带来重大影响，从而构成提升或降低司法公信力的关键因素。

2. 探索法官适度审查知识产权效力

因民事行政程序交叉而导致的诉讼效率低下和司法公信力弱的现象是知识产权专门法院必须要解决的问题之一。在民事侵权案件中适度地审查知识产权的效力，有利于缓解因民事、行政二元分立造成的效率低下和判决不公等问题，从根本上解决纠纷。知识产权专门法院作为我国知识产权司法审判改革的最新成果，理应率先尝试引入这一制度。此外，知识产权专门法院设置的技术调查官也为有效保证民事程序对知识产权效力判断的准确性提供了现实基础。对于因民事程序中审查知识产权效力问题可能带来的裁判冲突风险，可以通过相应的制度设计予以避免与缓和。① 基于此，知识产权法院完全可以借鉴我国台湾地区和日本的经验，在此方面迈出决定性的一步。

实践中，我国法律始终未授予法官对于知识产权有效性进行判断的权利。这使得一个知识产权案件往往需要依赖知识产权行政机关的意见，从而造成诉讼上的拖延。知识产权行政授权机关虽享有知识产权有效性的终极判断权，但2014年《行政诉讼法》的施行，为知识产权权利人提起行政诉讼铺平了道路，在保障行政相对人权益的同时，也造成了知识产权行政机关的诉累，形成当下这种司法权和行政权胶着的样态，不利于案件的及时处理。

比较国内外有关司法权和行政权配置的做法，将知识产权有效性的判断权赋予司法人员并无制度上的障碍。我国长久以来没有采纳此种模式，或许源于我国法院法官专业技能方面的缺陷。如果沿着这种思维，法官的遴选将成为有目的的技术专家挑选。如此，法官将异化成为技术专家。到那时，法律方面的缺陷又将成为一个新的制约知识产权审判水

---

① 参见朱理：《专利民事侵权程序与行政无效程序二元分立体制的修正》，《知识产权》2014年第3期。

平的要素。由此，知识产权法官得以裁定涉案知识产权是否有效并非完全基于本身的技术知识储备，未来可以考虑其他辅助措施，借助这些措施，法院在司法中解决权利的有效性问题，为接下来的案件审判奠定基础。

3.健全技术事实认定制度

知识产权由于自身的特性，涉及到文化、物理、化学、建筑、计算机等各方面的知识，专业性和技术性问题较多。作为主要从事审判工作的法官，其在科学技术等专业领域难免存在一些不足和空白，知识结构的局限性使得审判人员难以"面面俱到"。为了弥补现阶段知识产权案件中技术事实认定相关制度的不足，应该充分发挥技术调查官职能作用，以此推动技术事实认定趋向于正确。

然而，与此同时，应注意防止法官对技术审查意见的过度依赖，避免技术调查官"被赋予"实质性的审判权。为此，首先要完善技术审查意见采信机制，与裁判结果有重要关联性的意见内容，应该向当事人适度公开，并且允许当事人推翻调查员的意见。其次，在技术调查官之外，允许专家证人、技术鉴定等多种形式的技术意见提供方式同时共存。

第二节　知识产权专门法院的理想蓝图

通过对上述国家和地区知识产权法院基本情况的梳理，不难发现它们基本上都是通过专业化审判的渠道，建立和完善符合其社会和经济发展需求的知识产权审判机制。虽然它们的模式不尽相同，但彼此之间仍有共同点。它们的做法基本上都是将知识产权案件与普通的案件区别开来，设立专门的法院机构进行审理。我国在知识产权审判机制的改革过程中，可以借鉴域外的知识产权审判机制的经验，完善自身的机制建设。

一、知识产权专门法院模式的构想

知识产权专门法院模式即在现有的司法体系中构建独立的知识产权基层法院、中级法院、高级法院，直属最高人民法院管辖，实行"三级二审"制；与普通法院系统有别的是，以知识产权的类型进行分类设置审判庭，而非按照传统三大诉讼体系分置。这种模式符合中国国情，可以解决传统的"三审分离"以及试行的"三审合一"审判模式带来的问题。

首先，它可以有效解决知识产权案件管辖不集中、审理不专业的问题。将所有与知识产权相关的案件集中到同一个法院系统管辖，有利于统一对知识产权案件争议问题的限定和法律适用，以此提高司法公信力。

其次，知识产权民事、行政和刑事案件的冲突问题可以得到有效改善。知识产权专门法院系统成立后，以知识产权的类型进行分类设置审判庭，有关知识产权的案件统一下发到一审法院管辖。案件管辖权统一以后，可以避免因同一侵权事实引起的知识产权纠纷，部分由中级人民法院管辖，部分由基层人民法院管辖的情况。级别上出现冲突不在，有利于知识产权案件全面高效的审理。

再次，独立系统的建立形成一个可以信息共享的平台，可以有效解决不同法院之间在信息传递过程中出现的拖沓。

最后，三地知识产权法院设立之后，其运行基本达到预期。但是，三地的选择饱受业界诟病，是基于经济总量、当地经济发展水平？还是基于当地的知识产权申请量？当初选择北京、上海、广州三地设置知识产权法院的选择条件并不透明。一些经济较为发达的省份或地区（如江苏、重庆）纷纷提出建立知识产权法院的设想。部分省份的地方法院甚至开始设立跨区划的知识产权法庭，这使得本来就结构较为复杂的知识产权案件审判体系变得更为复杂。急需清理。从这一角度而言，增设知识产权法院是可行之举。

　　无论从我国面临的知识产权司法保护需求与相对滞后的审判机制不相适应的矛盾来看，还是从我国经济发展升级转型的整体环境要求来看，增设知识产权法院有着不可置疑的必要性与可行性。

二、增设知识产权专门法院的必要性

　　随着科技的进步，知识产权纠纷多涉及复杂的技术事实，需要技术认定的疑难案件与日剧增，因此，必须在有效化解复杂技术难题方面找到新的突破口。除此以外，现行的知识产权民事、行政和刑事案件"三审分立"模式的审判沟通协调机制尚不健全，司法保护知识产权的主导作用有待进一步发挥。

1. 我国知识产权司法制度发展的必然阶段

　　知识产权审判模式的选择是知识产权司法职权配置的关键所在。我国知识产权司法审判前后经历了"三审分立"时期和"三审分立"与"三审合一"的"混合"时期，知识产权审判一直以来因审判模式而缺乏司法公信力。不可否认的是，法律界为传统"三审分立"模式到"三审合一"的推行付出了极大努力，新模式的试点运行为解决我国现行诉讼体系下面临的严峻挑战提供了实践的样本，无疑已经迈出了知识产权司法专业化的重要一步。但"三审合一"临时性、非统一性等特征注定其存在一定的局限性，不能作为我国知识产权司法改革的最终选择。基于此，设立一个可以专属管辖知识产权案件、专业化、独立的知识产权专门法院将会是今后必然的发展方向。

2. 完善知识产权案件司法审判制度的需要

首先，知识产权专门法院的建立有助于完善知识产权案件管辖权的冲突。知识产权交叉案件容易导致管辖权冲突，在一些互相关联的诉讼案件中，整个关联诉讼可以分为单个的案件；即使在单一诉讼案件中，也有很多情况会涉及到不同法律关系，因同一事实引起的诉求可能分属于不同的地域、不同级别的法院管辖。在缺乏统一有效的协调和制约机制的背景下，知识产权案件管辖权分散，极易导致相互矛盾的判决和越级管辖的现象出现，有损我国知识产权司法公信力。为此，构建知识产权专门法院，统一知识产权各类案件的管辖，是完善知识产权司法制度的必要之举。

其次，设立知识产权专门法院有利于合理分配审判资源，提高法官的专业化素质。我国普通法院的设置是按照行政区域划分的。全国各个省、自治区、直辖市各设一所高级人民法院，往下再设立中级人民法院和基层法院。知识产权纠纷多发生在东部沿海及其他经济较为发达的地区，东部沿海经济发达地区的法院比中、西部经济欠发达地区的法院受理的案件数量多，对知识产权保护需求旺盛。为此，经济发达地区的法官难以应付超出其最大承受范围的知识产权案件，而中、西部经济欠发达地区的法官却少有案件可审。此外，从事知识产权案件审判的法官水平仍然较低，具体表现在法官缺乏理工科专业背景，难以快速对技术方案进行判定；判决依据多以内部具有审判指导功能的纪要、意见和决议等文件，缺乏权威性；制作裁判文书时，说理简单含糊等。构建知识产权专门法院，整合审判结构，制定一套科学的法官遴选制度，从而提高知识产权审判法官业务水平、合理分配现有审判资源。

3.有助于更好地建设创新型国家

加强我国知识产权制度建设，大力提高知识产权创造、管理、运用、保护的能力，是知识产权保护能力的重要标志。因此，必须不断提高知识产权司法保护能力，增强完善知识产权审判工作的自觉性，为我国进入创新型国家行列提供有力的司法支撑。知识产权专门法院的建立，在以下几方面为建设创新型国家提供了有力的帮助。

第一，搭建机制平台，完善规章制度。现行知识产权司法审判制度缺乏统一有效的规范，知识产权专门法院的建立，将伴随着能够约束知识产权审判的规章出台，以此管理和监督相应的司法审判活动，不断创新和完善审判的运行机制。

第二，统一管辖，提高效率。知识产权专门法院的正常运行，要求法官要熟悉三大诉讼的审判规则，促使法官能够与时俱进，维护司法统一，推动审判程序的高效协调运行，体现效率优势。

第三，正确适用法律，促进社会和谐。知识产权专门法院的建立意味着审判原则及理念的统一，使知识产权案件的审判具有可预期性，有利于塑造司法公信力，促进社会的和谐发展。

中共十八大以来，以习近平同志为核心的党中央给予知识产权以足够关注，在建设知识产权强国的大形势下，在知识产权专门法院设立方面有所突破符合国家社会经济发展大局。

三、增设知识产权专门法院的现实基础

1.设立知识产权专门法院的思想基础

我国公民对知识产权的保护意识经历了一个从无到有、从弱到强、从个人到群体的不断深化的发展过程。

首先，随着知识产权的经济价值逐步体现，公民的知识产权保护意

识也不断加强，公民不仅认识到了知识产权的重要性，而且学会了利用法律手段来保护自己的知识产权权益。

其次，在加入世贸组织后，我国企业普遍意识到了知识产权的重要性，许多大、中型企业都在企业内部成立了专门的知识产权工作部门或是知识产权法务部，以此来创造知识产权的价值，提高企业的创新能力。

最后，国家对知识产权重要性的认知提高到战略高度。党和国家领导人在全国性的重要会议上多次强调了知识产权的重要性。2008 年国务院审议通过的《国家知识产权战略纲要》，将知识产权的发展和保护提高到国家战略的高度。

2. 知识产权"三审合一"的推动

自从上海市浦东新区人民法院开始探索"三审合一"知识产权立体审判模式的改革以来，各地各级法院大胆实践，产生了"浦东模式"、"西安模式"、"武汉模式"等具体的经验，对探索实施知识产权民事、行政和刑事案件"三审合一"审判模式中的主要事项，包括审判庭的设置、案件的归管、人员的配置等都颇有成效。

在"三审合一"审判模式改革的全面推动过程中，相对于知识产权民事案件、行政案件、刑事案件的"三审合一"推进是其中的重点和难点。刑事案件不仅牵涉到法院本身，而且与公安、检察等部门直接相关联，需要相关部门的协调和配合。知识产权刑事案件集中审理的实现，对于由"三审合一"向知识产权专门法院的过渡提供了良好的基础。

知识产权民事审判集中到相关知识产权庭审理已经有较长的时间了，知识产权庭成立和发展的期间，培养了一大批从事知识产权民事审判的专门人才，知识产权法律体系也在知识产权法官的司法实践中不断完善，使得知识产权法官始终走在审判前沿，很多具体的规则都最先来源于国内知识产权法官司法裁判。对于行政和刑事案件，归功于"三审合一"进一步将其引入，对知识产权审判人员提出了更高的要求。无论是在知识产权庭审时引入刑事及行政审判人员，还是在涉及具体案件组成合议庭时抽调刑庭或者行政庭的审判人员，都会使得知识产权审判组织和人员相对集中、更为专业化。当然，在知识产权庭内部充实和配备民事、行政和刑事审判人员，将更有利于知识产权"三审合一"的审判组织和人员固定化和常态化，也为设立知识产权专门法院的过渡提供了组织基础。

3. 不断完善知识产权法律体系

我国《民法通则》规定，我国知识产权按照智力活动成果类型的不同，可以分为著作权、商标权、专利权、发明权、发现权等。近年来，我国著作权法、商标法、专利法以及相关法律面临频繁修改，相继颁布了修改法案和相关的司法解释。与此同时，我国也加入了一系列的知识产权保护的国际组织和国际公约，形成相对完善的知识产权法律体系，足以支撑构建知识产权法院的法律体系要求。我国在知识产权法治建设方面虽然起步较晚，但通过借鉴域外较为成熟的知识产权法律理论成果，用短短的几十年时间建立较为完备的知识产权法律体系，为我国构建知识产权法院奠定了扎实的法律基础。

另外，我国法院体系从成立之初，就有设立专门法院的经验探索，例如海事、军事、铁路运输等专门法院，这些专门法院的设置与运行，与设立知识产权法院有很多相似之处，完全可以为构建知识产权法院提供有益借鉴和参考。

四、知识产权专门法院的具体制度

全局上看，知识产权法院不仅是中国知识产权司法保护制度的重大改革，也是中国司法改革的探索者。在知识产权已经成为国家战略性资源和国际竞争力的核心要素的背景下，深入推进知识产权司法改革，有助于统一审判标准，提高司法公信力。

中共十八届三中全会，明确中央成立全面深化改革领导小组，负责改革总体设计、统筹协调、整体推进、督促落实。全会通过的《中共中央关于全面深化改革若干重大问题的决定》，明确将司法改革作为全面深化改革中最重要的改革之一。

中共十八届四中全会上提出的 190 项重大改革举措中，有关进一步深化司法体制改革的就有 66 项。这些举措分为两方面：

一方面是保证公正司法、提高司法公信力，共有 48 项改革举措，重点包括推进以审判为中心的诉讼制度改革，改革法院案件受理制度，探索建立检察机关提起公益诉讼制度，实行办案质量终身负责制和错案责任倒查问责制，完善人民陪审员和人民监督员制度等。

另一方面是加强法治工作队伍建设，共有 18 项改革举措，重点包括完善法律职业准入制度，加快建立符合职业特点的法治工作人员管理制度，建立法官、检察官逐级遴选制度，健全法治工作部门和法学教育研究机构人员的双向交流与互聘机制，深化律师制度改革等。

在这 66 项改革举措中，与知识产权司法审判直接相关的完全可以纳入现行制度之中。相较而言，法官员额制改革、技术咨询专家及技术调查官制度的建立，对于知识产权司法体制改革具有较大影响。

1.法官员额制改革

员额制改革的具体含义是指，法院、检察院在编制内根据办案数量、辖区人口、经济发展水平等因素确定的法院的法官、检察官的人员限额。员额一旦确定，在一定时期内不能改变，没有缺额就不能递补。此举意在改变现行法官、检察官与普通公务员基本相同的管理模式，在法院、检察院内部重新确立法官、检察官人员比例，强化职业保障，从而提升司法水平和司法效率，筑牢司法责任制的基石……这项无异于让所有现任法官、检察官"重新考察、竞争上岗"的改革，是新一轮司法体制改革的重头戏。

按照相关规定，只有履行具有司法属性工作的部门才能设置员额。不承担办案职能的部门，不得设置法官、检察官员额。领导干部进员额的，必须依照遴选标准和程序进行遴选，并到一线办案，实行司法责任制，对办案质量终身负责。员额制推行以来，北京、上海、广州三地知识产权法院法官的员额数被作为当地法院司法改革的工作之一。

2. 技术类辅助人员

技术咨询专家作为法庭聘请的专业人员，不适用法官的编制系列，其性质属于辅助人员。

如前所述，在知识产权案件中，诉讼活动因遭遇技术问题而衍生了查明事实真相的障碍。而技术问题的是非曲直之判断将直接影响事实认定及法律适用。基于此，法院具有依赖外在技术力量的客观需求，这一需求主要以司法鉴定及吸纳特定技术的人民陪审员作为解决方案，我国民事诉讼法及刑事诉讼法条文中均有类似表述。自 2009 年起，我国司法实践中间接确认了专家证人制度。2011 年起，部分法院试行聘请技术咨询专家协助解决知识产权案件中的技术难题。从而使我国知识产权诉讼体制出现了专家证人、司法鉴定、专业陪审员及技术咨询专家四元同存的局面，为知识产权案件的审判法官提供了多元选择。

技术咨询专家具有灵活性和中立性的特点，在技术查明活动中独立发表个人的意见和看法，供法院参考。技术咨询专家协助技术调查官为法官提供咨询帮助，相对于由当事人申请出庭的专家证人，具备更高的中立性。其所出具的书面意见通常被称为咨询意见。

从制度设计角度看，技术咨询专家介入知识产权案件，具有四个方面的意义：一是以专家技术之长，弥补法官技术之短板，有助于法官更准确认定技术争议事实；二是发挥专家智库作用，推动法官技术类案件审查方式之完善，提升法官审查认定技术事实能力；三是引入技术专家之参与，可以彰显司法民主的原则，增强知识产权裁判的社会认同；四是与技术鉴定、技术调查制度相补充，完善技术调查认定体系。

2011 年，最高人民法院与中国科学技术协会联合签署知识产权司法保护合作备忘录，在全国法院系统引入了技术咨询专家制度。最高人民法院先后开展了数次聘任活动，聘请了 21 位科学技术咨询专家为最高人民法院的知识产权案件咨询专家。天津市高级人民法院、北上广三地知识产权法院根据案件审判需要，也展开了类似的聘任工作。

最早开展技术咨询专家聘任活动的当属天津市高级人民法院。2012 年，天津市高级人民法院聘任了首批 52 名专家，这些专家大多为高校科研机构的领军人物。开启了地方人民法院聘请技术咨询专家介入知识产权案件的先河。

三地知识产权专门法院中，最早实施技术咨询专家聘任的当属上海知识产权法院。2015 年 4 月 21 日，上海知识产权法院举行特邀科学技术咨询专家聘任仪式，首批遴选 18 位学科（或技术）带头人并为其颁发了聘任书。这批技术咨询专家来自复旦、同济、交大、上大、上科大、华东理工等高等院校和中科院、上海化工研究院等研究机构，涉及的专业领域包括机械、化工、材料、软件、医药、化学、通讯等。根据上海知识产权法院的相关规定，知识产权法官在审理案件中遇有需要对技术问题进行查明，且无需启动技术鉴定程序或者不需要借助专门技术设备来提供技术咨询意见的，可以向技术专家进行咨询。

广州知识产权法院沿用了最高人民法院的工作方案，通过公开遴选聘任了一批技术咨询专家。2016 年 4 月，广州知识产权法院正式成立技术专家咨询委员会，聘请了首批 29 名技术咨询专家，聘期为 3 年。法院此举在于希望通过技术咨询专家的介入，发挥各领域技术专家的专业优势，为法院审理重大、疑难、复杂技术问题提供坚实保障。这 29 名技术咨询专家来自广州地区的行业协会、大专院校、科研院所、企事业单位等，涵盖机械、通信、医药生物、化学、光电技术、材料工程、计算机等领域，均是广东乃至全国各自所在专业领域的领军人物，具有很高的专业理论水平和丰富的实践经验。

从历史上看，天津市知识产权法院选择技术咨询专家参与解决案件疑难的做法堪称创新。上海市和广州市知识产权法院则是在最高人民法院颁布技术调查官的相关规定后，仍坚持选聘技术咨询专家介入案件审理。此举既可谓滞后，也与后续自行选聘技术调查官的工作相互冲突，造成两种人员的身份冲突，实则不必要。

从人员选聘上看，上海、广州两地知识产权法院在人员选择上，考量的更多因素主要是备选人员的学术影响力与社会地位。两地知识产权法院的技术咨询专家多数来自于高校，不少人还担任行政职务。可以想见，即使两地法院的领导人在选聘初期有着多么真切的期望，这些身兼数职的"学界高层"仍难以有充沛的精力投入案件的实际研读，遑论阅读案卷和参加案件论证了。从这一点分析，兼职形式担任的技术咨询专家难以有效保障案件审判向着公正和效率的方向迈进。

3. 技术调查官

2014 年 12 月 31 日，最高人民法院发布了《关于知识产权法院技术调查官参与诉讼活动若干问题的暂行规定》（以下简称《规定》）。①
随后，上海、北京知识产权法院相继实行了技术调查官制度。②

上海知识产权法院在建立技术调查官制度之前，曾使用技术咨询专
家解决技术疑难。在《规定》施行后，又于 2016 年 3 月聘任了 11 位技
术调查官，从而形成了技术调查、技术咨询、专家陪审、技术鉴定"四
位一体"复杂格局。据报道，这些技术调查官来自国家机关、行业协会、
大专院校、科研机构等单位，涵盖了材料、化工、电子、通信、网络、
专利和通讯等专业技术领域。在上海法院，技术调查官属于司法辅助人
员，兼职参与庭审，帮助法官查明技术事实，其性质类似于法官的技术
助理。③

北京知识产权法院与上海知识产权法院的做法稍有不同。北京知识
产权法院成立了技术调查室，作为法院内设机构。技术调查官采取了行
政编和事业编两种序列。2015 年 10 月，首批遴选的 37 名技术调查官
被正式任命。从人员结构上看，该批技术调查官名义上是法院的工作人
员，实则为挂职交流人员和兼职人员，工作效果有待进一步观察。④

在此之前，案件审理遇到专业技术问题时，北京知识产权法院的解

---

① 《规定》共 10 条，主要借鉴日本、韩国和我国台湾地区有关技术调查官的立法和成
　熟经验，结合我国司法实践中采用的专家辅助人、司法鉴定、专家咨询等事实查明机
　制，针对知识产权案件审判流程中的各个环节，对技术调查官参与诉讼活动的程序、
　方式、效力等做出了规定，包括案件类型、人员指派、告知和回避、工作职责、技术
　审查意见的效力、裁判文书署名等。
② 北京知识产权法院技术调查室于 2015 年 10 月 22 日成立，任命了首批 37 名技术调查
　官和 27 名技术专家。上海知识产权法院聘请了 11 位技术调查官。相关报道参见中国
　知识产权司法保护网。
③ 参见《上海知识产权法院首聘 11 位技术调查官》，《中国青年报》2016 年 3 月 23 日。
④ 2015 年 10 月 22 日，北京知识产权法院在审理涉及临床治疗转移性乳腺癌等疾病制剂
　的技术类专利纠纷案件中，正式启用了技术调查官。在庭审中，技术调查官充当了法
　官的"技术翻译"，参与技术类知识产权案件的审理。这在全国司法改革的尝试中尚属
　首次，备受各界瞩目。

决方案通常有二：其一，由争议双方各自聘请专家辅助人，来帮助代理人阐述相关意见。这种方法有其弊端，各方所聘请的专家辅助人有较强的倾向性，谁聘请替谁说话，不利于案件事实的查明。其二，是由法官私下找到熟悉相关技术领域的科研人员和生产一线技术人员进行咨询。但是，这种方式的公开性和透明性比较差，一方聘请的专家难以与双方当事人有效沟通，加之对资料掌握得不甚全面，难免影响案件审理的公正性。

技术调查官的出现，可以解决技术类案件审理面临的瓶颈问题。他们可以公开出庭参与案件审理，就其中的技术疑点向双方当事人发问，从而找到技术上的争议焦点，利用其专业知识为法官提供技术审查意见。

为了进一步规范技术调查官的选任和出庭规则，2015年10月23日，北京知识产权法院结合审判实际，发布了《北京知识产权法院技术调查官管理办法（试行）》和《北京知识产权法院技术调查官工作规则（试行）》，对技术调查官的选任、管理、考核、退出以及参与诉讼活动的相关内容进行了规定。对于难以解决的重大、疑难、复杂技术问题，技术调查官还可以向技术专家委员会进行咨询。由此，相比较而言，北京知识产权法院所设立的技术调查官制度最为科学合理，也最为实际。

但是，现行选聘技术调查官机制，存在技术调查官身份不明朗的问题。技术调查官属于司法人员还是法官？答案应当是否定的。那么，这些仅在一定聘期内工作的兼职专家究竟以何种法律角色加入案件审判，这是三地知识产权法院都需要回答的问题。

从技术调查官的定位角度来看，上海知识产权法院虽设立了技术调查官制度。但是，技术调查官的身份问题始终不明，难以实现对技术调查官帮助法官解决案件疑难的殷切期待。

对于这个问题的回答，广州知识产权法院走在了北京、上海的前面。广州知识产权法院通过广泛调研和认真论证，2015 年 4 月制定并发布了《广州知识产权法院关于技术调查官参与诉讼活动的暂行办法(试行)》等规范性文件，对技术调查官的选任与考核管理、参与庭审规则、工作流程等做了原则性的规定。① 虽然身份不明，但毕竟工作规程已经出台了。广州知识产权法院无疑迈出了制度建设的第一步。

在技术调查官的岗位设置方面，北京知识产权法院的做法则更进一步。北京知识产权法院拨出专门的编制，将技术调查官分为在编、聘用、兼职和交流四种类型。此举给予了技术调查官在法院内行走的合法身份（事业编制或行政编制），客观上解决了技术调查官的业务归属问题。

从技术调查官的选聘条件看，北京知识产权法院先前已有的技术咨询专家(或者技术调查官）的产生更多依据的是被选聘专家的社会评价。这些评价有些是客观的，有些则是主观的。有些评价指标可以量化，有些则无法找到恰当的评价指标。如果说各知识产权法院的首次选聘行为多少有点宣示效果的话，作为一种选聘机制，后续的漫长过程中理应遵循一定的规则。而这个规则应当尽可能量化。由此，北京知识产权法院于 2015 年 10 月 26 日出台的《北京知识产权法院技术调查官管理办法(试行)》，虽为试行，却具有创新。

同时，北京知识产权法院注意到了技术调查官与之前聘请的技术咨询专家的身份重叠问题。实践中，就案件的审判疑难，法官既可以请教于技术咨询专家，也可以向技术调查官咨询。这就产生了一个问题，就涉案的技术疑难索取外脑帮助的时候，两者何为优先顺位？以及先后顺位何者更为有效？如果对此不加区分，案件的审判结果是否会受到影

---

① 参见《广州知识产权法院率先探索技术调查官制度　首次亮相国内法庭》，《南方日报》2015 年 4 月 23 日。

响？此类问题虽然繁琐，但作为案件的审判程序之中的必然环节，理应
有统一的规定。

显然，北京知识产权法院结合审判实践，制定的《北京知识产权法
院技术调查官工作规则(试行)》为技术调查官开展工作圈定了行为边界，
是非常及时和必要的。

五、未来知识产权法院的组织结构设想

当今，我国有权审理知识产权案件的法院结构分为两个体系：

第一套系统是普通法院系统。这一系统包括尚未设置地方知识产权
法院的基层法院、中级法院和高级法院。即使是在设置了知识产权专门
法庭的 15 个城市，知识产权案件仍有普通法院管辖和知识产权专门法
庭管辖两种模式。

普通法院是我国自新中国成立以来的基本模式，虽历经数次修改，
仍以其长期的稳定性获得民众的普遍认同。在普通法院系统之外设立的
知识产权专门审判模式，客观上扰乱了既有的法院体系，有必要进行
规整。

最高人民法院知识产权法庭仍属于普通法院系统，其并不影响现行
法院体系的结构，在此不再赘述。

第二套系统是知识产权专门审判系统，这一系统由北京、上海、广
州三地知识产权专门法院和 15 个城市的知识产权法庭组成。这一系统
是从中共十八届三中全会之后密集组建起来的。如将先前某些城市（如
珠海）设立的知识产权法庭也纳入的话，我国知识产权法庭的数目达到
16 家。

上述两个系统的法院各自运作，共同审理知识产权案件。在同一套
知识产权法律制度框架下，遵循同样（相似）的知识产权审判程序，仅

因管辖范围和业务水平的差异而分属于不同的法院系统，实属不必要。

在未来知识产权法院的组织结构方面，建议在全国部分城市（区域）设立跨区域管辖的知识产权法院，将已有的知识产权法庭收归知识产权法院管理，建立知识产权一审、知识产权二审的专门法院机制。

案件的选择方面，可以将知识产权案件从民事、行政、刑事案件中剥离，单独设立知识产权案件的编号体系，以实现专门管理。

如果实行这一设想，我国法院系统将形成专门法院和普通法院两大体系。对于提高知识产权审判水平、统一知识产权案件审判标准将有所裨益。此外，在国际上，两套及两套以上法院系统的例子并不鲜见，因而是一个可以思考的方向。

我们期待在不远的将来，我国的知识产权法院建设能够更进一步，与知识产权司法审判相关的配套制度日趋完善，知识产权保护力度逐步增强，形成全社会尊重知识、尊重知识产权的良好氛围，真正服务于建设知识产权强国的需要。相信到那时，我们的强国梦一定能够实现。

后　记

在我国，知识产权制度的变革和体制创新经历了一个波澜壮阔的过程。与之相伴的，是我国经济的飞速发展和法治体系的逐步完善。

不同于一般的私法规范，知识产权制度从诞生伊始就展现出其独特的社会价值和工具价值。在人类数千年的文明史上，从来没有一项权利能够像知识产权这样，其权利行使虽属个人私益却始终与社会公益紧密相关。也从来没有一套法律制度，如此关注科学技术的创新和发展却仍需面临层出不穷的法律疑难。这些都使得知识产权及其相关的制度建构呈现出复杂多样的形态。

纵观我国知识产权法律的变迁进程，其实质是一系列知识产权制度创新、知识产权理论创新以及知识产权审判实践创新产生并逐步发展的过程。

在知识产权制度创新方面，我国的法制建设成就举世瞩目。自20世纪80年代以来，知识产权法律制度历经多次修订与完善，在短短的30余年时间里，完成了从法律移植、引进到自立创新的过程，实现了以社会主义法治思想和新发展理念为理论基石，以社会政策、环境和文化为支撑的制度转化和法律精神再造，成为具有中国特色社会主义法治体系中不可或缺的一部分。

知识产权法制建设不断发展的30年，也是我国知识产权理论研究不断进步的30年。早在20世纪80年代中期，郑成思、吴汉东等著名学者就率先展开了知识产权领域相关问题的理论研究，由此带动了一大批国内学者投身于知识产权领域的理论研究和创新，从而奠定了我国知识产权理论研究的坚实基础。随着人们认识的深入，学者的研究视野从单纯的法学领域扩展到管理学甚至信息学领域，促使知识产权这一曾不为人所知的高端词汇渐渐融入寻常百姓家。

2008 年《国家知识产权战略纲要》的颁布和实施，是中国知识产权制度建设史上最具时代意义和国际影响的一件大事。它标志着知识产权运行在中国开始走向战略主动，知识产权法律本土化改造出现战略突破，知识产权制度建构不再仅仅关注于技术创新及其保护，知识产权作为一国政策工具的价值功能凸显，并在随后的制度建构中发挥了重要的指引作用。

知识产权审判实践方面的探索与创新同样精彩。知识产权脱胎于公权却又隶属于私权，由此导致了大量的知识产权民事、行政甚至刑事交叉案件。审判中，法律规范和技术规范的双重适用为法官审理此类案件增添了不小困难。

自 1993 年起至今，我国部分地方法院先后自下而上地开启了知识产权司法组织革新的局域性探索，形成了各具特点的知识产权案件专门化审判模式。这些审判组织的创新为法院审判体制改革积累了有益经验。同时，又造成了法院系统内部审判组织"合一模式"与"分立模式"并存的格局，由此产生了司法程序、审判组织、证据标准、法官自由裁量权及其限度以及专家辅助人等一系列新的疑难。

2014 年年底，北京、上海、广州三地知识产权专门法院的建立，为上述部分法院的局域探索增添了新的内容。随后的 5 年时间里，先后有 15 家跨区域的知识产权法庭建成并投入审判运行。一时间，传统审判庭、知识产权法院以及跨区域知识产权法庭兼蓄并存的样貌，成为我国知识产权司法审判组织模式独有的特征。

　　知识产权诉讼制度的建构是一项系统工程，它牵涉到法院审判机关的组织模式、诉讼规则、法院职能分配、案件分流机制、国家政策导向等因素，不是一蹴而就的，需要综合多方因素进行考量。已有的审判组织改革实践损益如何？未来知识产权审判组织当采取何种方式为宜？制度模式与制度创新究竟有无理论证成？都需要学者投入精力整理和分析。

　　本书是本人主持的国家社科基金项目"知识产权交叉案件专门化审判改革研究"（编号：13BFX081）的成果。以该项目为依托，笔者将多年来的思考梳理成型并展现于此，供各界同仁参考，以期能对知识产权理论及实践的发展有所裨益。在书稿的写作过程中，人民出版社的陆丽云编审和李春林编审给予了许多宝贵意见，亦对此稿的成文付出大量心血。唯此，这本稿件才能来到这个世界。

　　不足之处，敬请各位不吝指正！

安雪梅

2019 年 12 月 1 日

责任编辑：陆丽云　李春林

封面设计：林芝玉

图书在版编目（CIP）数据

知识产权交叉案件专门化审判改革研究／安雪梅　著 . —北京：

人民出版社，2020.4

ISBN 978－7－01－021062－9

I.①知…　II.①安…　III.①知识产权－审判－案例－中国　IV.① D923.405

中国版本图书馆 CIP 数据核字（2019）第 148838 号

知识产权交叉案件专门化审判改革研究

ZHISHI CHANQUAN JIAOCHA ANJIAN ZHUANMENHUA SHENPAN GAIGE YANJIU

安雪梅　著

人民出版社 出版发行

（100706　北京市东城区隆福寺街 99 号）

中煤（北京）印务有限公司印刷　新华书店经销

2020 年 4 月第 1 版　2020 年 4 月北京第 1 次印刷

开本：710 毫米 ×1000 毫米 1/16　印张：20.5

字数：280 千字

ISBN 978－7－01－021062－9　定价：88.00 元

邮购地址 100706　北京市东城区隆福寺街 99 号

人民东方图书销售中心　电话（010）65250042　65289539